Tjark Ommen

Schule leiten – aber wie?

Deutschlands wichtigster Chefposten und wie man mit dem Stress leben kann

Klett | Kallmeyer

Dieses Buch widme ich meinen Kindern Jaron und Lenja,
meinen Eltern und meiner „Schildkröte".
Tjark Ommen

Bibliografische Information der Deutschen Nationalbibliothek
Die Deutsche Nationalbibliothek verzeichnet diese Publikation in der Deutschen Nationalbibliografie; detaillierte bibliografische Daten sind im Internet über http://dnb.d-nb.de abrufbar.

Impressum

Tjark Ommen
Schule leiten – aber wie?
Deutschlands wichtigster Chefposten und wie man mit dem Stress leben kann

1. Auflage 2020

Redaktion: Stephan Lüke, Inge Michels, Bonn
Realisation: Stefan Zielasko
Druck: Beltz Grafische Betriebe GmbH, Bad Langensalza
Printed in Germany

ISBN: 978-3-7727-1388-0

Tjark Ommen

Schule leiten – aber wie?

Deutschlands wichtigster Chefposten und wie man mit dem Stress leben kann

Klett | Kallmeyer

Inhaltsverzeichnis

Vorwort

Liebe Kolleginnen und Kollegen,
dieses Buch richtet sich an Menschen, die in Leitungsfunktionen tätig sind oder darüber nachdenken, sich auf eine solche zu bewerben. Es schildert den Weg von Bodo Leiter vom Jungen zum Schulleiter. Es zeigt, welche – als Schüler selbst gesammelten – Erfahrungen einer Schulleitung möglicherweise später wiederbegegnen.

Die fiktive Person Bodo Leiter (auch alle anderen Akteurinnen und Akteure haben fiktive Namen, ebenso die Schulen) zieht sich als roter Faden durch mein Buch. Die Hürden, die sich Bodo im Job stellen, analysiere und kommentiere ich. Sie erkennen diese reflektierenden Textpassagen an dem veränderten Schrifttyp. Zugleich schlage ich Handlungsoptionen vor („Mein Tipp"), die einer Schulleitung die tägliche Arbeit erleichtern können.

Ich habe dafür verschiedene Probleme, die mir aus der Schule bekannt sind, zusammengetragen und unterschiedliche Ereignisse dargestellt, die auf Schulleitungen einprasseln können. Das Kollegium in Bodos Schule wird als sehr schwierig und extrem kritisch dargestellt. Ich selber habe niemals von einem Lehrerkollegium gehört, das sich so verhalten hat. Um jedoch die vielfältigen Reibungen und Missverständnisse, die möglich sind, aufzeigen zu können, mussten die Konfliktpotenziale so geballt dargestellt werden. Ich hoffe und wünsche, dass sich niemand durch meine Gedanken angegriffen fühlt. Ich möchte einen Beitrag dazu leisten, dass darüber nachgedacht wird, wie schwer die Arbeit der Schulleitungen auf der einen Seite oft ist und wie reizvoll und spannend sie auf der anderen Seite sein kann. Eine Schule zu leiten, ist für mich persönlich die schönste Aufgabe, die ich mir vorstellen kann. Allerdings erfordert dies sehr viel Engagement und die Bereitschaft, über sich selbst, seine Prägungen und Erfahrungen nachzudenken und die eigene Persönlichkeit immer wieder auf den Prüfstand zu stellen.

Ich habe dieses Buch geschrieben, damit Sie als an Leitung Interessierte wissen, worauf Sie sich einlassen werden und damit Sie als erfahrene Schulleitungen spüren, dass es anderen genauso geht und ging wie Ihnen.

Dieses Buch soll Mut machen und Entlastung schaffen. Es gibt Tipps und berücksichtigt dabei die Perspektiven aller Beteiligten. Vielleicht fällt Ihnen hier und da auf, dass Sie so etwas schon erlebt haben, und vielleicht bringt Ihnen das Buch eine Klärung oder ein spontanes Aha-Erlebnis. Warum sind wir Schulleitungen manchmal so komisch? Warum ist manches für uns immer so schwer? Warum will kaum jemand diesen Job machen? Wie kann es gelingen, dass einen die Arbeit nicht auffrisst? Wie komme ich mit herausfordernden Situationen klar? Wie kann ich die Rolle „Schulleitung" von mir als Mensch trennen – und will ich das überhaupt?

Wichtig ist mir, dass Sie dieses Buch als Begleitung verstehen. So, wie wir Bodo Leiter begleiten werden, soll das Buch Sie begleiten. Jede und jeder darf das Buch so lesen, wie sie oder er es gerade braucht. Ich hoffe, dass es Ihnen hilft, wenn Sie mal wieder kurz davor sind, die Flinte ins Korn zu werfen und Sie sich die Frage stellen: „Warum tue ich mir das eigentlich an?" Gerade dann sollen Sie sich nicht alleine fühlen. Wir gehen den Weg alle gemeinsam.

Ich wünsche Ihnen viel Freude und gute Unterhaltung beim Lesen!

Tjark Ommen
Nienburg, Juli 2020

1 Geprägt von Kindheit, Jugend und Schulzeit

1.1 Bodo im Regen und eine verlorene Abstimmung

Es regnet. Der kleine Bodo steht auf dem Pausenhof seiner Grundschule. Das Wasser rinnt ihm den Rücken herunter. „Das ist so unfair", denkt er bei sich. „Die Lehrer sitzen natürlich alle drinnen, trinken Kaffee, und ich stehe hier draußen im Regen. Wenn ich mal Lehrer werde, dann werde ich zusehen, dass die Dinge anders laufen." Durch den Regen und den Nebel des Tages schaut Bodo Richtung Lehrerzimmer. Er kann die Damen und Herren Lehrkräfte sehen, wie sie im Warmen sitzen und miteinander sprechen. Innerlich ärgert er sich. Die Situation wird aufgelöst, als es endlich klingelt und Bodo sich die Hand eines Mitschülers suchen muss, um sich in der Reihe der Klasse 2c auf dem Pausenhof aufzustellen, bis die Klassenlehrerin ihn abholt.

Erkennen Sie sich wieder? Erkennen Sie die Situation? Erinnern Sie sich an die Regenpausen? Ein Elend! Vor allem dann, wenn die Schulleitung einfach ignorierte, dass es draußen kalt und nass war. Dennoch musste man raus, weil man ja „frische Luft" brauchte. Mich hat das immer genervt. Ich heiße nicht Bodo. Dennoch war ich auch mal jung und Schüler an einer Grundschule. Und habe ähnliche wie diese und weitere Erfahrungen Bodos geteilt. Fast alle hatten Einfluss auf meine spätere Arbeit als Schulleiter und den Blick darauf.

Zwei Jahre später. Wir befinden uns in der vierten Klasse der Grundschule am Bach. Lehrerin Marta Unruhig ist zufrieden mit der Klasse. Das Leistungsspektrum ist „durchwachsen", wie sie sagt. Die junge Lehrerin hatte kürzlich ihren Unterrichtsbesuch zur Verbeamtung und schrieb in den Entwurf: „Die Klasse ist, was die Leistungen betrifft, recht heterogen. Auffällig ist jedoch Bodo. Dieser Schüler, der auch kürzlich zum Klassensprecher gewählt wurde, ist ein notorischer Nörgler. Er möchte auf das Geschehen in der Klasse stets Einfluss nehmen und diskutierte schon häufiger mit dem Schulleiter."

In dieser Stunde tagt der Klassenrat. Marta Unruhig möchte besprechen, wohin es auf Klassenfahrt gehen soll. Sie selbst würde gerne nach Cuxhaven fahren und geht davon aus, dass das von den Kindern mitgetragen wird. Als sie ihre sorgfältig zusammengestellten Powerpoint-Folien präsentiert hat, fragt sie die Kinder nach deren Meinung. Natürlich meldet sich Bodo. Zunächst möchte Marta Unruhig etwas Bestärkung hören und nimmt Bodo daher zuletzt dran. Nachdem alle „braven" Mädchen die Meinung der Lehrerin bestätigt und die Jungen sich weitestgehend rausgehalten haben, möchte Bodo doch nochmal hinterfragen, warum nicht auch eine Fahrt in den Harz möglich sei. Seine Eltern seien schließlich auch Lehrerin und Lehrer und würden daher einige Landheime kennen. Im Harz existiere ein schönes mit Schwimmbad und Turnhalle. Ohne weiter auf den Alternativvorschlag einzugehen, bittet die Lehrerin zur Abstimmung. Bei 18 Ja-Stimmen, einer Gegenstimme und zehn Enthaltungen fährt die Klasse demnach nach Cuxhaven. Bodo ärgert sich innerlich.

Kennen Sie diese Kinder? Diejenigen, die nicht einfach akzeptieren wollen, was wir Lehrkräfte wollen? Die Nein-Sager und notorischen Nörgler? Hier möchte ich mal ehrlich sein: Als „notorischer Nörgler“ wurde ich früher selber von meiner Klassenlehrerin bezeichnet. Warum? Keine Ahnung. Ich hätte mich eher als „positiv kritisches Korrektiv“ bezeichnet oder auch als „kritischer Freund“. Meine Lehrerin sah das offensichtlich anders.
Eventuell waren solche „Nörgler“ schon immer Menschen mit Ideen. Menschen, die nicht einfach alles hinnehmen wollten, was ihnen gesagt wird. Ich bin der festen Überzeugung, dass vieles von dem, was uns ausmacht, und auch vieles von dem, was uns das Leben offensichtlich so schwer macht, seine Ursache in der Kindheit hat. Um zu zeigen, wie wir zu der- oder demjenigen werden, der oder die wir heute sind, möchte ich einige Episoden aus dem Leben verschiedener Menschen aus Bodos Kindheit und Jugend schildern.

1.2 Verantwortung ergreifen und „Nein“ sagen

Wer traut sich, Verantwortung zu übernehmen? Und wem traut man Verantwortung zu? Darum geht es in diesem Kapitel.

„Die drei ???“ und „TKKG“ sind die Detektiv-Hörspiele, die Bodo mag und mit denen er sich beschäftigt. Aber nicht nur er, sondern auch seine Freunde verfallen den spannenden Geschichten. Eines Tages erkennt Bodo, dass auch in seinem Heimatort Verbrechen begangen werden. Fahrräder werden immer wieder gestohlen, Reifen werden zerstochen. Wer kümmert sich darum? Wer klärt die Fälle auf? Wer trägt dafür die Verantwortung? Niemand!

1.2.1 „Das Feuerauge“

Auf jeden Fall braucht man einen Club junger motivierter Detektive, die sich dieser Probleme annehmen. Also eröffnet Bodo die erste Sitzung des Detektiv-Clubs „Feuerauge“, der im Keller des Elternhauses eines Freundes seine Schaltzentrale eingerichtet hat. Walkie-Talkies, mit denen man, ehrlich gesagt, aus dem Keller gerade einmal in den Garten funken kann, gehören zur Grundausstattung jedes Detektivs. Das Logo ergibt sich aus dem Namen recht einfach: ein Auge mit Feuer drum herum. Nun braucht es einen Chef. Wer sonst bietet sich wohl an, die Fälle und den Kundenkontakt zu koordinieren? Natürlich Bodo. Er übernimmt den Vorsitz der exklusiven Runde und sorgt dafür, dass schnell ein Detektivkoffer mit allem Notwendigen angeschafft wird. Nun kann es losgehen.

Dumm nur, dass ausgerechnet jetzt im Bekanntenkreis kein Fahrrad geklaut wird. Da die zweite Sitzung des „Feuerauges" wegen Krankheit der Beteiligten ausfällt und auch langfristig keine Fälle an die jungen Detektive herangetragen werden, verläuft das Engagement im Sande. Sehr schade.

Ich erzähle das, um deutlich zu machen, dass Bodo ein Macher ist. Wie viele meiner Kolleginnen und Kollegen ist eben auch Bodo, so lange er denken kann, ein Typ, der lieber macht, als plant. Rückblickend hätte er vielleicht lieber erst eine Bedarfsanalyse erstellen sollen und hinterfragen sollen, wie viele Fahrräder in der Gegend denn wirklich gestohlen werden. Er hätte dann schnell gemerkt, dass das „Feuerauge" nicht gebraucht wurde. Dennoch: Es war Bodos erste Erfahrung in der Chefrolle, und das fühlte sich gut an. Kinder nennen es oft „der Bestimmer sein". Das war genau Bodos „Ding". „Der Bestimmer" sein und damit Gutes tun – das waren die ersten zarten Erfahrungen mit „Macht". Bodos Freunde waren aber wohl nicht die Einzigen, die ihm Macht zutrauten, wie die folgende Episode zeigt.

1.2.2 Die Projektwoche

Einige Jahre später: Bodo besucht die 10. Klasse eines Gymnasiums. Er hat erste Erfahrungen mit Mädchen und Alkohol gesammelt. Wir erleben Bodo in einer Stunde seiner Klasse. Alles Jungen. Der Klassenlehrer stellt die Frage in den Raum, welches Projekt die Klasse für die Projektwoche vorschlagen möchte. Schweigen. Bodo denkt nach: *Natürlich habe ich Ideen, aber was sagen die anderen, wenn ich die jetzt einfach ausspreche? Ist das cool? Der Lehrer fragt, und ich antworte einfach? Nein, definitiv nicht cool, ich warte etwas ab.*

Langweilige und genervte Vorschläge machen die Runde: „Können wir nicht Waffeln backen?", „Wollen wir nicht was zum Thema Umweltschutz machen?", „Genau, Atomkraft, nein danke!". Bodo denkt nach: *Wenn diese Vorschläge durchkommen, dann bin ich die Woche krank.* Er fasst nun allen Mut: „Ich schlage vor, dass wir sowas machen wie versteckte Kamera. Wir verarschen Leute und filmen sie dabei." „Sehr gute Idee, Bodo, da habe ich drauf gewartet." Toll, endlich bringt sich die Lehrkraft auch in die Diskussion ein. „Und du machst dann bitte auch den Gruppensprecher, Bodo. Das gehört dazu."

Ich bin mir sicher, dass Sie diese Situationen auch kennen. Es wird diskutiert, und Sie denken: „Ich habe eine gute Idee, aber wenn ich die sage, dann bin ich auch dran.“ So ist es ja ganz oft. Wir haben Ideen, halten uns zurück, weil wir wissen, dass wir nicht „Nein“ sagen können. Vielleicht können Sie das. Wenn ja, haben Sie meinen größten Respekt. Ich kann es nicht. Nach vielen Jahren in verschiedenen Funktionen in Leitung muss ich immer noch üben, „Nein“ zu sagen. „Haben Sie mal eben fünf Minuten?“ – „Ja klar.“ „Mir geht es nicht gut, kannst du das eben übernehmen?“ – „Aber sicher, fahre du nach Hause, ruhe dich aus.“ – Oh ja, dieses Thema wird uns noch beschäftigen. Alleine übers „Nein sagen“ könnte man ein ganzes Buch schreiben. Gibt es bestimmt schon.
Übrigens: Weil Bodo nicht „nein“ sagen kann, hat er im Laufe der Jahre die Gruppenleitung bei der Feuerwehr übernommen, vertritt die Jugend im Kirchenvorstand, renoviert das Gemeindehaus mit, plant die Fahrt des Fußballclubs und ist selbstverständlich stets der Fahrer, wenn es zu Partys geht. Einmal jedoch hat er „Nein“ gesagt – und das war ein entscheidender Punkt seines Lebens. Dazu aber später.

1.2.3 Der Aufenthaltsraum

Wir befinden uns wieder in der Schule. Bodo ist in Jahrgang 11. Seine Klasse hat für die Finanzierung der Renovierung des Oberstufen-Aufenthaltsraums Waffeln verkauft und weitere Aktionen geplant, um Geld einzunehmen. Zwei Wochenenden hat es gekostet, den Raum zu streichen und die neuen Möbel anzuschaffen. Montag, nach der 6. Stunde, ist feierliche Eröffnung. Alles sieht schön und sauber aus. Die Klasse 11L ist sehr zufrieden. Der Schulleiter lobt das Engagement. Eine Woche später. Der Raum sieht aus, als hätte eine Bombe eingeschlagen: die Wände beschmiert, die Tische bemalt.

Die Klasse 11L ist traurig und tief betroffen. Der Klassensprecher (nicht Bodo) schlägt vor, beim Schulleiter einen Antrag auf Schließung des Raumes zu stellen. Schnell stimmen alle zu. Ein Zettel geht herum, alle unterschreiben. Bodo auch. Einen Tag später ist der Raum geschlossen. Ein Schild hängt an der Tür: „Auf Antrag der 11L wurde dieser Raum geschlossen und steht nicht mehr zur Verfügung.“ Dieser Moment war ein entscheidender in Bodos Leben, weil seine Klassenkameradinnen und Klassenkameraden und er sich zum ersten Mal von einem Schulleiter ernst genommen gefühlt hatten.

Das war richtig so, denkt er noch bei sich, bis er beim Mittagessen auf seine ältere Schwester trifft, die sich lauthals beschwert. „Nur weil ihr eingeschnappt seid, müssen alle anderen jetzt leiden. Nur weil ihr euch engagiert habt und keiner ‚Danke‘ sagt, schließt ihr den Raum einfach. Das ist aber schwach!“ *Recht hat sie*, überlegt Bodo. Diese Episode beschäftigt ihn noch lange, und schlussendlich sagt er zum ersten Male „Nein“. Er setzt ein Schreiben an den Schulleiter auf und zieht seine Unterschrift mit der Begründung zurück, dass dies falsch gewesen sei und er dazu nicht mehr stehe.

Eine Antwort kam nie. Der Raum ist nie wieder geöffnet worden. Bodo aber hat gelernt. Er hat gelernt, dass es nicht richtig ist, immer mit der Masse zu schwimmen, und dass es sehr wichtig ist, sich selbst immer wieder zu hinterfragen. Und: Wenn man falsch entschieden hat, muss man dazu stehen.

Diese Episode ist eine Lehre im Hinblick auf Frustrationstoleranz. Kennen Sie das nicht auch? Sie machen sich richtig viel Arbeit als Jugendliche oder Jugendlicher oder auch als Schulleiterin oder Schulleiter und denken, dass jetzt eigentlich alle dankbar sein sollten! Sie opfern Wochenenden und Freizeit, um die Schule richtig nach vorne zu bringen – und niemand bedankt sich. In diesen Momenten möchte man doch auch den Raum abschließen und ein Schild dranhängen: „Wegen mangelnder Dankbarkeit des Kollegiums schließe ich den Raum." Nein, das macht man natürlich nicht. Man ist schließlich erwachsen und man steht da drüber. Ein „Danke" brauchen wir ja nicht. Wir arbeiten schließlich gerne und bekommen ja unser monatliches „Schmerzensgeld". Spaß beiseite: Es tut gut, sich hin und wieder einzugestehen, dass es weh tut, wenn keiner die Arbeit sieht, die man leistet, und wenn keiner die Opfer sieht, die man bringt, um die Schule zu entwickeln.

1.2.4 Partys und Alkohol

Wir befinden uns dieses Mal nicht in der Schule, sondern im Elternhaus von Bodo. Das Thema Alkohol muss wohl mit allen Eltern immer mal wieder diskutiert werden. So ist es auch bei Bodo. Dazu kommen natürlich auch die typischen Fragen: „Wann muss ich zu Hause sein?" und: „Welche Regeln gelten bei Partys?"

Bodo hatte in seinem Leben immer den Vorteil, dass er der Zweite von zweien war. Die jüngeren Geschwister können ja immer von dem profitieren, was die Älteren schon durchgekämpft haben. Bodo hat eine ältere Schwester. Dadurch sind viele Fragen zu Partys und Alkohol schon geklärt. Es wird also weniger diskutiert. Die ursprünglich bestimmt zehn Regeln der Eltern, die für die ältere Schwester galten, sind für Bodo auf eine einzige zusammengeschrumpft: „Du fährst niemals mit Menschen, die getrunken haben." So kann Bodo so lange ausbleiben, bis die Party keinen Spaß mehr macht.

Ich erwähne das an dieser Stelle, weil hier die Wurzel eines Wertes von Bodo gelegt wurde – auch als Schulleiter. Wenn man Menschen Vertrauen schenkt, dann tendieren diese dazu, es nicht zu missbrauchen. Diese Freiheit machte es für Bodo nicht notwendig, bei Partys ständig alle Zeiten bis zum Letzten auszudehnen. Es war ihm möglich, zu erkennen, wenn etwas keinen Spaß mehr machte, und dann einfach nach Hause zu gehen. Er musste nicht bis zum bitteren Ende bleiben, nur weil dahinter ein Konflikt mit den Eltern stand. Bodo lernte aus dieser wichtigen Episode noch eine weitere Grundhaltung: wenig Regeln aufstellen, aber bei diesen darauf achten, dass sie befolgt werden.

Regeln zum Thema Alkohol, die gibt es für Bodo auch nicht. Er darf trinken und sich auch betrinken. Weil er es aber darf, ist es für ihn langweilig und uninteressant. Er mag nicht einmal Alkohol. Aber wie soll er dem ständigen Druck der Umgebung standhalten?

Wir begleiten Bodos Abschlussfahrt. Die ganze Klasse ist nach Bayern gefahren, um dort zu wandern und sich kulturelle Highlights anzusehen. Auf dieser Fahrt wird es für Bodo schwer. Bereits im Vorfeld der Reise bedrücken ihn die Gedanken, wie er cool und anerkannt sein kann, ohne Alkohol zu trinken. Er mag ihn einfach nicht. Den Geschmack nicht, die Wirkung nicht, also warum sollte er trinken?

Wir befinden uns im Wirtshaus „Zum Ochsen“ in einem kleinen Dorf. In diesem Dorf befindet sich die Jugendherberge. Die Wirtsleute und die Gäste kennen bereits die Situation, dass verschiedene Gruppen von Jugendlichen abends hier einkehren. Bodo geht es nicht so gut. Er hat einen Plan, aber er weiß nicht, ob er funktionieren wird. Schließlich hatte man sich bereits im Vorfeld der Reise großspurig darauf geeinigt, dass man mal richtig „saufen“ wolle.

Alle setzen sich an den großen Tisch. Es wird laut. Alle lachen, reden und erzählen sich tolle Dinge. Bodo kann nicht an dem Gespräch teilnehmen, weil ihn der Gedanke quält, was passieren wird, wenn alle ein Bier bestellen und er eine Cola. Die Bedienung kommt und fragt: „Na, was darf es denn sein?“ Carsten, der Lauteste von allen, übernimmt die Antwort: „Na, wir trinken alle ein Bier, klar, oder?“ Sein Blick in die Runde verläuft für Bodo wie in Zeitlupe. *Was nun? Bier bestellen und nicht viel trinken? „Mir geht es nicht so gut“ als Erklärung? Wird das funktionieren? Warum gibt es immer diese Großmäuler, die einfach für alle bestellen und meinen, sie seien die Größten? OK, also mutig sein und das Thema ein für alle Male klären.* Bodo nimmt allen Mut zusammen: „Nein, Carsten, für mich eine Cola.“

Pause. Zumindest fühlt es sich für Bodo so an. Pause ist gar kein Ausdruck. Die Welt steht still. Wie kurz vor einem Sturm – oder wie in einem Actionfilm, in dem sich die Kamera jetzt in Zeitlupe drehen müsste – wartet Bodo auf die Reaktion der Gruppe. Im Film würde man jetzt den Herzschlag hören und die Atmung würde langsam immer lauter werden. Was würde als Antwort kommen? Auf einmal hört Bodo eine weitere Stimme: „Für mich auch kein Bier, ich nehme eine Fanta.“ Verwirrte Blicke folgen. Die Bedienung ist fort, und es stehen ungeklärte Fragen im Raum. Thomas, ein weiterer Mitschüler von Bodo, hat auch kein Bier bestellt. Natürlich muss das geklärt werden, und Carsten schickt sich an, die Fragen zu stellen: „Was soll das? Seid ihr Weicheier, oder was?“ Während Thomas die Ausrede nutzt, die Bodo auch angedacht hatte, wechselt dieser schnell die Antwort: „Ich trainiere doch viel, und mein Trainer hat mir wegen des Wettkampfs am Wochenende Alkohol verboten.“

Wieder alles in Zeitlupe. Wieder hört man den Puls. Doch nach gefühlten Minuten, aber tatsächlich nur wenigen Sekunden, kommt die Antwort: „Ah ok, alles klar." Diese vier Worte lösen ein Riesenproblem für Bodo. Wieder etwas gelernt: Bleibe dir treu; und wenn es zu schwer wird, plane deine Aussagen und Gründe.

Ich bringe diese Situation hier ein, weil sie für Jugendliche prägend ist. Der Gruppendruck ist stets sehr hoch. In Bodos Fall geht es um Alkohol, es kann aber bei anderen Drogen oder wesentlich niederschwelligen Dingen, wie etwa bei Energydrinks, genauso sein. Fast jede Person, mit der ich gesprochen habe, hatte in der Jugend ein solches Erlebnis. Man lernt (hoffentlich), mutig zu sein und eine Grenze zu ziehen. Das ist oft auch deshalb prägend, weil man lernt, dass es meistens gar nicht so schlimm ist, einmal „Nein" zu sagen und das zu tun, was man möchte, ohne dass man sich darum Gedanken machen muss, was die Gruppe von einem hält. Für Menschen mit hoher Verantwortung im Job ist diese Lektion nahezu überlebenswichtig. Wie oft leiden wir als Schulleitungen darunter, dass wir eine harte Entscheidung treffen müssen und dabei wissen, dass wir viele Gegner und Gegnerinnen haben und uns aufgrund der Entscheidung einsam fühlen werden. Am Ende ist es aber wichtig, dass man so entscheidet, wie man es selbst vertreten kann.

1.2.5 Die Jugendgruppe

Bodo hat seine eigenen Talente und Interessen entdeckt. Nach den ersten Erfahrungen in der Planung und Durchführung der Aktionen des „Feuerauges" möchte Bodo nun wirklich Verantwortung übernehmen. Durch seine Kontakte aus der Konfirmandenzeit erhält er das Angebot, eine Jugendgruppe auf die Beine zu stellen und diese zu leiten.

Bodo zögert nicht lange. Das Kommando über eine kirchliche Jugendgruppe zu übernehmen, klingt sehr verlockend. Eine der ersten Aktionen der neu gegründeten Gruppe besteht darin, sich Räumlichkeiten zu suchen. Ein altes Haus der Gemeinde steht zur Verfügung. An mehreren Wochenenden soll aus dem Dachboden ein passabler Jugendraum werden. Zumindest ist es so geplant. Doch mit jedem Wochenende werden die Hände, die Lust haben, freiwillig und ohne Entlohnung zu arbeiten, weniger. So kommt es, dass Bodo am Ende nahezu alleine dasteht und die Arbeiten erledigen muss. Woran das wohl liegt? Auch er hat keine Lust mehr, aber er leitet die Gruppe. Wenn er den Hammer aus der Hand legt, arbeitet niemand mehr.

Dieses Beispiel ist klassisch für eine Gruppendynamik, die wir wohl alle kennen. Einige wenige übernehmen Verantwortung und sind Ansprechpartnerin oder Ansprechpartner für ein Projekt. Oft stehen aber genau diese am Ende fast alleine da. Das Beispiel lässt sich 1:1 auf viele, Schulleiterinnen und Schulleitern bekannte Situationen übertragen: 20 bis 30 Schülerin-

nen und Schüler sind gerne bereit, Abi-Streiche zu organisieren. Wenn es aber ums Aufräumen geht, bleiben meist nur sehr wenige übrig.
In vielen Gesprächen, die ich mit Leitungsmenschen geführt habe, wurde mir dieses Muster immer wieder deutlich. Schulleiterinnen und Schulleiter sind in den meisten Fällen genau diejenigen, die am Ende noch sauber machen. Sie sind diejenigen, die die Verantwortung tragen, die Arbeit erledigen und am Ende die Kritik abbekommen, wenn eine Kleinigkeit nicht funktioniert. Besonders emotional werde ich immer dann, wenn ich für Dinge verantwortlich gemacht werde, die bei Veranstaltungen schiefgelaufen sind, bei denen ich nicht einmal dabei war. Ein Kollege fasste dies mal so zusammen: „Wir Schulleitungen sind selbst dann Schuld, wenn es mehrere Tage regnet.“
Was man tun kann, damit einen genau dieser Punkt nicht immer wieder herunterzieht, werden wir später klären, wenn es um Beispiele aus der Praxis der Schulleitungen gehen wird.
Ich erlaube mir hier einen gewollten Bruch. Lassen Sie sich doch bitte auf das folgende Experiment ein und ziehen Ihre eigenen Schlüsse:

Was fällt Ihnen an diesen zehn Rechenaufgaben auf?

9 + 1 = 10
11 x 2 = 22
13 x 2 = 25
9 x 3 = 27
10 : 2 = 5
24 : 2 = 12
7 x 3 = 21
8 x 2 = 16
33 : 3 = 11
2 x 2 = 4

Ich bin mir sicher, Sie haben bemerkt, dass eine Lösung falsch ist. Aber seien Sie mal ganz ehrlich: Haben Sie auch gemerkt, dass neun richtig sind? Und was heißt diese Wahrnehmung für unsere Arbeit als Schulleitung?

2 Studium und Referendariat

2.1 Warum Lehrer werden?

Die Schulzeit hat Bodo recht und schlecht hinter sich gebracht. Es war nicht alles leicht. Grundsätzlich kann man aber festhalten, dass sich Bodo in seiner Kindheit und Jugend wirklich entfalten konnte.

Nach der Schulzeit fällt es ihm keinesfalls leicht, die wichtigen Entscheidungen zu treffen. Es steht so vieles im Raum, unendliche Möglichkeiten, und das Leben ist komplett offen. Bodo wollte eigentlich immer mit Computern arbeiten, aber nun, wo es so weit ist, sich zu entscheiden, will er doch lieber mit Menschen arbeiten.

Außerdem sind Bodos Eltern Lehrkräfte, und daher kennt er die Abläufe in einem solchen Haushalt: Die Vormittage und frühen Nachmittage sind in seiner Familie immer für die Schule reserviert. Der spätere Nachmittag und der frühe Abend sind frei verfügbar, wohingegen dann der späte Abend dem Schreibtisch gehört. Es soll also das Lehramt sein, das Bodo auch in seinem Leben zum beruflichen Mittelpunkt machen möchte. Die richtige Universität ist schnell gefunden, das Studentenzimmer schnell gebucht. Eine WG muss es sein; und auch hier werden wir erleben, wie die ersten Wohnerfahrungen Bodo prägen werden.

Kennen Sie das auch? Denken Sie, dass ich Ihr Leben beschreibe? Merkwürdig, oder? Offensichtlich scheint der Alltag in einem Lehrkräfte-Haushalt so prägend zu sein, dass viele Kinder von Lehrerinnen und Lehrern ebenfalls Lehrkraft werden. Ich höre diese Geschichte immer wieder. Meist kommen Sätze wie: „Ich wollte eigentlich etwas anderes machen und habe damit auch angefangen, aber das hat mir nicht gefallen und ich habe dann doch Lehramt studiert."

Sind wir mal ehrlich und schleifen wir das Klischee: Der Beruf als Lehrerin oder Lehrer hat seine Vorteile. Man ist auf der einen Seite tatsächlich in einem gewissen Grad frei in seiner Zeiteinteilung. Auf der anderen Seite sind die Unterrichtsstunden wiederum so feste Größen, dass wir da überhaupt nicht flexibel sein können. Hier geht es den Lehrkräften genauso wie uns als Schulleitungen. Was sehen die Nachbarn bei Lehrerinnen und Lehrern? Das Auto steht in vielen Fällen früher auf dem Hof als bei einem selbst. Das ist es, was man von außen wahrnimmt. Dass aber im Arbeitszimmer um 21.30 Uhr die Schreibtischlampe aufleuchtet und erst um 23.30 Uhr wieder ausgeschaltet wird, das sieht man von außen nicht. Aus diesem Grund habe ich mir angewöhnt, auf alle „blöden" Kommentare nur so zu antworten: „Wenn der Beruf der Lehrkraft doch so toll ist, warum bist du es dann nicht?"

2.2 Der „Hiwi“-Job

Bodo ist nun schon ein paar Semester dabei. Das Studium macht ihm nur mittelmäßig viel Spaß. Vieles, was gesagt und gelehrt wird, scheint ihm sehr theoretisch. Aus seiner Arbeit mit Jugendlichen weiß Bodo, dass es oft nicht so einfach ist, wie es in Vorlesungen dargestellt wird. Das Seminar „Didaktik der Mathematik“ hat es ihm da besonders angetan. Als, wie gesagt, notorischer Nörgler findet er natürlich auch hier einige Dinge, die ihm gar nicht gefallen.

Da sitzt also eine Menge von Menschen in dem Seminar, die alle Spaß an Mathematik und ein Interesse an dem Fach haben. Alle sind sich einig, dass es das schönste Fach der Welt ist. Nur das „Beibringen“ ist halt etwas schwierig. Der Herr Professor findet das aber gar nicht. Er redet, als sei das alles überhaupt kein Problem. Wenn die Schülerin oder der Schüler etwas nicht versteht, dann erklärt man es eben anders. Bodo reißt deshalb hin und wieder der Geduldsfaden. Er bringt sich kritisch ein. Er hinterfragt die Aussagen des Professors, und offensichtlich scheint dieser das sehr interessant zu finden. Nach einem Seminar bittet er Bodo zu sich. Der Professor bietet Bodo einen Job als „Hiwi“ an. Bodo stimmt verwundert zu und wird einer jungen Doktorandin zugeordnet, um ihr bei der Forschung für ihre Doktorarbeit zu helfen. Auf diese Weise wird Bodo ein ganz neuer und intensiver Blick in die Mathematik eröffnet, den er bisher noch nicht hatte.

Auch diese Situation scheint vielen Schulleiterinnen und Schulleitern bekannt zu sein. Oft habe ich erfahren, dass viele von uns im Studium als „Hiwi“ oder im Fachbereich Sport als Übungsleitung gearbeitet haben. Andere haben in Kneipen gejobbt oder im Supermarkt Regale eingeräumt. Auch ich habe mir in einem Werk für Bremsbeläge tatsächlich die Hände wund gearbeitet. Diese Zeit möchte ich nicht missen. Ich zwinge mich in Momenten, in denen mir die Arbeit schwerfällt oder in denen ich wieder einmal zweifle, an diese Zeit zurückzudenken.

Auch Jobs, die ich während des Studiums in Autowerkstätten machen durfte, oder meine Zeit beim Rettungsdienst während des Zivildienstes halfen mir, die Situation anderer Arbeitnehmerinnen und Arbeitnehmer besser zu verstehen. Wenn Sie beispielsweise als Lehrkraft über mehrere Wochen versuchen, ein Elternhaus zu erreichen und stets niemand ans Telefon geht, dann kann es sein, dass die Eltern in Schichtarbeit sind und ganz andere Arbeitszeiten haben als man selbst. Diese Erfahrungen helfen zu verstehen, dass alle Kinder aus ganz unterschiedlichen Elternhäusern kommen. Ich sprach zum Beispiel mal mit einem Mädchen, das morgens vor der Schule die blinde und kranke Mutter versorgte, bevor sie sich auf den Weg in den Klassenraum machte. Mein Fazit: Es ist niemals vergeblich, Erfahrungen in anderen Bereichen zu sammeln, um sich dadurch besser in die Situation anderer hineindenken zu können.

2.3 Die erste Stimme im Raum

Bodo ist nun so weit im Studium vorangeschritten, dass das erste Praktikum ansteht. Gemeinsam mit einem Freund besucht er eine große Integrierte Gesamtschule. Einige Tage sitzt er Stunde um Stunde hinten im Klassenraum und schaut zu, wie andere Lehrkräfte unterrichten. Es erinnert ihn an seine Schulzeit und – ehrlich gesagt – langweilt es ihn ganz genauso wie damals. Heute aber soll es anders werden. Die Fachlehrerin in Mathematik hat Bodo den Auftrag gegeben, in der fünften Klasse die Multiplikation in der Bruchrechnung einzuführen.

Nach mehreren Stunden der Vorbereitung und mehreren Gedankenentwürfen hat Bodo die Stunde stehen. Er ist aufgeregt, als er das erste Mal in die knapp sechzig Augen schaut, die gespannt auf ihn gerichtet sind: „Guten Morgen!" Dieser Moment ist im wahrsten Sinne des Wortes legendär! Zum ersten Mal hören seine Ohren, wie sich seine Stimme unter dem Widerhall des Klassenraums anhört. Sie kommt ihm fremd vor. So, als würde jemand anders sprechen. Er erkennt seine eigene Stimme nicht wieder. Kurz hält er inne, als ihm auffällt, dass die Klasse längst ihrerseits mit den Worten „Guten Morgen" geantwortet hat. Er beginnt seinen Unterricht und muss sehr schnell feststellen, dass es gar nicht so leicht ist, die Klasse ruhig zu bekommen. Obwohl er ausschließlich frontal unterrichtet, gehen ihm einige Schülerinnen und Schüler über Tische und Bänke und werden nicht ruhig, obwohl er sie doch mehrfach und auch freundlich ermahnt hat.

Am Ende der Stunde muss er sich eingestehen, dass ihn der Beruf des Lehrers zwar sehr reizt, aber dass er nun versteht, wie schwer es ist, zu unterrichten. Selbst ein Unterricht, den er selbst gerade eben noch als langweilig bezeichnet hat, scheint sehr viel schwerer zu sein, als er dachte.

Ich bin mir sicher, dass Sie sich auch noch daran erinnern: der erste Moment, die eigene Stimme; das Zittern in der Stimme, das man von sich selbst gar nicht kennt. Dieser Moment ist wirklich prägend. Ich erinnere mich noch sehr genau an das Bild, als alle Kinder ihren Blick auf mich richteten und ich zum ersten Mal im Mittelpunkt des Unterrichts stand. Es war doch alles so gut vorbereitet und dann hat es irgendwie überhaupt nicht geklappt. Das kann man vielleicht an dieser Stelle auch mal sagen: Der Beruf der Lehrerin oder des Lehrers ist schwere Knochenarbeit, die zwar nicht körperlich, aber geistig und seelisch hoch belastend ist. Weil das so viele Menschen wissen, wollen ihn zu wenige annehmen.

2.4 Das Referendariat

Bodo hat sein erstes Staatsexamen schnell hinter sich gebracht. Sein Studium hat ihm nicht sonderlich gefallen und war aus seiner Sicht weit weg von der realen Situation in der Schule. Das hat Bodo gestört und so freut er sich sehr, als er das Referendariat an einer mittelgroßen Oberschule beginnen kann.

Im Studium hat Bodo gelernt, dass er kein Schüler mehr ist und dass man ihn ernst nimmt. Man ging mit ihm respektvoll um und sprach mit ihm auf Augenhöhe. Insbesondere als Hiwi hat er sich nie unterlegen gefühlt, obwohl er viel mit Professorinnen und Professoren sowie Menschen mit anderen wichtigen und noch wichtigeren akademischen Titeln zusammengearbeitet hat. Er durfte stets seinen Wortbeitrag leisten, und man hörte sich seine Meinung an. So etwas wie Hierarchie war kaum spürbar. Die Arbeit war viel mehr eine gemeinsame Tätigkeit, bei der es im Sinne der Forschung um das Lernen der Kinder und Jugendlichen ging. Doch damit ist nun leider Schluss. Bodo spürt dies sofort bei seinem ersten Unterrichtsbesuch. Der Ausbilder setzt sich hinten in den Klassenraum. Bodo ist mit seiner Stunde eigentlich ganz zufrieden. Aus seiner Sicht haben die Schülerinnen und Schüler eine Menge mitgenommen, und was ihm wichtig war: Gelacht wurde auch.

Nach der Stunde setzt man sich in den Besprechungsraum. Der Ausbilder lächelt Bodo freundlich an: „Beginnen Sie gerne mit der Reflexion Ihrer Stunde." Bodo reflektiert und stellt deutlich hervor, dass er zufrieden sei. Manchmal sei es laut gewesen, aber das sei ja auch normal. Er sei eben noch kein Profi. Dieses zufriedene Gefühl wird direkt im Anschluss schlicht und ergreifend zerstört. Der Ausbilder hält einen dreißigminütigen Monolog darüber, welche Fehler Bodo gemacht habe und wie schlecht die eine oder andere Arbeitsanweisung gewesen sei. So könnten die Jugendlichen überhaupt nicht lernen. Er habe zukünftig eine ganz andere Herangehensweise zu zeigen.

Bodo ist verärgert. Man hatte ihm vorher gesagt, dass es ja der erste Besuch sei und daher solle er einfach zeigen, wonach ihm sei. Es würde auch noch nicht so hart geurteilt werden. Als der Ausbilder fertig ist, ist es Bodo auch. So ein hartes Urteil hat er nicht erwartet. Er fühlt sich klein, schlecht und unfähig. Außerdem passt die Einschätzung des Ausbilders so gar nicht zu Bodos Gefühlswelt. Auch die Schülerinnen und Schüler gaben ihm ein ganz anderes Feedback. So durchläuft Bodo sein Referendariat, absolviert seine Prüfung und ist froh, dass er sich nie wieder so fühlen muss wie am Anfang.

An dieser Stelle werde ich nicht fragen, ob Sie das kennen. Ich weiß, dass es so ist. In der Schulzeit ist man Schülerin oder Schüler. Man kennt seinen Platz und weiß, dass die Lehrkräfte mehr Macht haben als man selbst und dass man manchmal nicht ernst genommen wird. Man ist eben „nur" Schülerin oder Schüler. Dann kommt die Uni. Der Umgang ist erfrischend anders. Man wird ernst genommen. Die Meinung, die man hat, wird toleriert und Andersdenkende sind nicht nervig, sondern erwünscht. Aus einem kritischen Beitrag wird kein Niedermachen, sondern eine Diskussion.
Man wächst, die Persönlichkeit entwickelt sich, man wird stärker. Bis das Referendariat kommt. Man ist auf einmal wieder Ausbilderinnen und Ausbildern unterworfen, die sich in vielen Fällen nicht einmal einig sind, was sie eigentlich sehen wollen. Man versucht, es allen recht zu machen, aber der eine will Stationenlernen, und der andere möchte Frontalunterricht. Das kann man ja alles zeigen, aber was soll man tun, wenn beide bei dem Besuch anwesend sind?
Die Zeit des Referendariats ist durch die permanenten Besuche belastet. Dabei höre ich ständig die Aussagen, man würde ja nur beraten. Das soll Beratung sein? Nein, das ist Belastung. In vielen Fällen wurde Beratung immer noch mit Beurteilung verwechselt.
Gerade in den vergangenen Jahren passiert hier jedoch viel. Die tatsächliche Beratung auf Augenhöhe in einem Zwiegespräch findet nach und nach den Weg in die Seminare. Dennoch gilt nach wie vor: Das ganze Referendariat ist eine große Prüfung, die jeden Tag stattfindet. Es ist eine sehr schwere und hoch belastete Zeit. Dazu kommen dann noch Aussagen wie: „Nehmen Sie das nicht persönlich." Wie soll ich denn etwas nicht persönlich nehmen, was mich als Person kritisiert? Man muss es ehrlich sagen: Das Referendariat ist sehr schwer, in jeglicher Hinsicht. Psychisch, körperlich und geistig ist man hoch gefordert und dabei versucht man, bei jedem Unterrichtsbesuch auf die Wünsche der verschiedenen Ausbilderinnen und Ausbilder einzugehen, was oft unmöglich ist. Aber: Lehrerin oder Lehrer wird man erst nach dem Referendariat.

3 Die ersten Tage als Lehrer

3.1 Der erste Elternabend

Wir springen ein paar Monate im Leben von Bodo. Die vergangenen Monate des Referendariats sind gut verlaufen. Er hat sich entschieden, an einer sehr großen Schule eine Stelle anzunehmen. Irgendwie ist Bodo sich noch nicht sicher, wo ihn sein Weg einmal hinführen wird und er denkt sich, dass er an einer großen Schule mehr Möglichkeiten zur Entwicklung haben wird als an einer kleinen.

Bodo ist nun bereits ein halbes Jahr an der Schule. Er ist als Klassenlehrer einer 5. Klasse eingesetzt, und die Arbeit macht ihm sehr viel Freude. Die Aufgaben sind anstrengend, aber zum ersten Mal im Leben erfährt Bodo, was es heißt, „positiven Stress" zu erleben. Dieses Gefühl, dass man wirklich viel schafft, auch wenn es anstrengend ist, und dass man abends mit einem wohligen Gefühl ins Bett fällt, erfüllt ihn mit einer großen Zufriedenheit. Zwangsläufig kommt er dann aber. Er kommt im Leben jeden Lehrers und jeder Lehrerin: der erste Elternabend. Gerade hat man sich daran gewöhnt, ständig von 30 Augenpaaren angeschaut zu werden, und dann schon wieder etwas Neues. Ein Abend mit mindestens 25 Eltern. Also was tun? Was soll man sagen? Wie soll man es sagen? Stellt man Getränke hin? Kekse?

Bodo erstellt die Einladung und gibt sie den Kindern mit. Irgendwie wirkt die Tagesordnung dünn. Informationen zum Unterricht, Klassenausflug und der Punkt „Verschiedenes". Dennoch geht die Einladung so heraus, und in den Folgetagen stellt Bodo mit gemischten Gefühlen fest, dass die Anmeldungen der Eltern recht zahlreich sind.

Am Abend selbst heißt es dann: Was ziehe ich an? Ich möchte kompetent und seriös wirken, aber nicht so verstaubt wie manche andere. Bodo entscheidet sich für ein weißes Hemd und eine Jeans. Er begrüßt die Eltern mit Handschlag an der Tür und setzt sich danach stets wieder auf seinen Stuhl.

Mit dieser Technik habe ich sehr gute Erfahrungen gesammelt. Gerade dann, wenn die Räumlichkeiten einem nicht bekannt sind oder ganz anders gefüllt sind als sonst, tut es gut, sich immer wieder zu setzen oder die Position einzunehmen, aus der heraus man später handeln wird. Mit zunehmender Zahl der Zuhörerschaft kann man sich langsam an das Bild gewöhnen, hier und dort schon einmal Blickkontakt aufnehmen. Diese Methode kann man auch sehr gut bei Konferenzen anwenden, wenn man sich noch nicht so sicher fühlt. Nehmen Sie Ihren Platz schon einmal ein und gewöhnen Sie sich an die Menschen, die Ihnen zuhören werden.

Als endlich alle da sind, eröffnet Bodo das Treffen. Er strahlt die Eltern an. Nach den ersten Worten merkt er, dass er gut drauf ist. Die Eltern gehen mit, und bei dem einen oder anderen lockeren Spruch wird gelacht. So arbeitet Bodo alle wichtigen Punkte der Tagesordnung ab und landet schließlich bei „Verschiedenes". Es meldet sich Herr Grummel. Er ist ein etwas korpulenter Mann mit rotem Kopf, der sich den ganzen Abend schon sehr „raumgreifend" verhalten hat. Bodo gibt ihm das Wort, und Herr Grummel holt weit aus: „Also ich möchte hier die Situation nutzen und mal fragen, wie das eigentlich mit der Frau Meyer in Mathe ist. Das geht ja mal gar nicht. Mein Sohn macht immer drei Stunden Hausaufgaben am Tag, und dann meckert die ihn noch an." In Bodos Kopf kreisen die Gedanken: *Der Vater ist aber unsympathisch. Das stimmt, Frau Meyer ist echt nervig, ich mag sie auch nicht. Wie reagiere ich jetzt? Ich kann die Kollegin nicht in die Pfanne hauen.*

Dieses Dilemma kennen viele Lehrkräfte, auch bei Schulleitungen ist das durchaus bekannt. Eltern beschweren sich über einen Sachverhalt, den man aus kollegialem Wissen heraus durchaus bestätigen kann. Man würde so gerne sagen: „Ja, Sie haben recht. Die geht nicht gut mit den Kindern um." Das kann man aber nicht und das darf man nicht. Deshalb ist diese Situation sehr schwierig. Es besteht die Gefahr, dass der gesamte Elternabend in eine reine Meckerveranstaltung kippt. Geht man zu sehr darauf ein, bekommt das Ganze viel Gewicht. Würgt man es ab, dann fühlen sich die Eltern nicht ernst genommen.

T

Mein Tipp

Nehmen Sie Eltern immer ernst. Weisen Sie sie in einem solchen Fall lediglich auf einen anderen Ort und eine andere Zeit hin. Eine gelungene Antwort könnte sein: „Vielen Dank, Herr Grummel, für die Frage, aber bitte haben Sie Verständnis dafür, dass ich das hier nicht beantworten kann. Bitte sprechen Sie zunächst mit der Lehrerin persönlich. Sollte das zu keinem befriedigenden Ergebnis führen, können wir gerne einen Ort und eine Zeit für ein Gespräch vereinbaren."
Damit haben Sie das Problem nicht abgewürgt, sondern nur verschoben. Grundsätzlich zeigen Sie sich offen für problematische Gespräche, aber eben nicht jetzt und nicht hier. Merken Sie sich diese Technik und wenden Sie sie auch in Dienstbesprechungen oder auf Schulelternratssitzungen an. Möglich sind auch Formulierungen wie zum Beispiel: „Ich nehme das Problem mit." Oder auch „Bitte schicken Sie mir dazu nochmal eine E-Mail." Ich stelle mir eine Diskussion oder ein Streitgespräch oft vor wie zwei Menschen, die sich gegenüberstehen und einen Ball hin und her werfen. Am Ende des Gespräches stellt sich immer die Frage: Wer nimmt den Ball mit nach Hause? Konkret: Wer muss sich kümmern? Mein Rat: Achten Sie darauf, dass nicht immer SIE den Ball mitnehmen. Der Satz „Ich nehme das mal mit" heißt sogar sehr konkret: Ich werde etwas tun. Der Satz „Bitte schicken Sie mir dazu eine E-Mail" lässt den Ball beim Gesprächspartner. Nach meiner Erfahrung bekommt man im Nachhinein sehr selten tatsächlich eine E-Mail.

3.2 Die ersten Aufgaben in der Schule

Bodo hat seinen ersten Elternabend erfolgreich überstanden. Wir springen weitere vier Monate vorwärts. Es ist Dienstbesprechung. Nachdem so „wichtige" Aufgaben besprochen wurden, wie zum Beispiel jene, wer die Pflege der Bücherei oder der Pflanzen im Lehrerzimmer übernimmt, geht es nun darum, wer sich näher mit der Thematik der Hochbegabung und der Inklusion beschäftigen möchte. Bodo gefällt sein Job immer noch sehr, aber er hatte tatsächlich in den vergangenen Wochen mehrfach das Gefühl, dass er sich mehr fordern sollte. Also meldet er sich. Nachdem das Kollegium ihn einstimmig als Inklusions- und Förderbeauftragten gewählt hat, geht er mit einer Mischung aus Stolz und Neugier nach Hause.

Diese Themen der Bildung haben ihn schon lange interessiert und so sucht er gleich abends im Bett nach den ersten Informationen dazu. Er wird auf den Seiten anderer Schulen fündig und lädt sich ein Inklusionskonzept herunter. In den nächsten Wochen und Monaten arbeitet sich Bodo richtig intensiv in seinen Aufgabenbereich ein. Er plant, dass er die Schülerinnen und Schüler, die inklusiv beschult werden, gerne im Unterricht sehen möchte, damit er weiß, wovon er spricht.

Nachdem er von der Schulleitung das Okay erhalten hat, spricht er Frau Zackig vor den Postfächern im Lehrerzimmer an. „Du, Susanne, bei dir ist doch der Klaus in der Klasse, oder?" „Ja, der ist bei mir, wieso?" „Ich habe mir überlegt, dass ich mir gerne die Inklusionskinder einmal im Unterricht anschauen würde. Wann kann ich da zu dir kommen?" „Gar nicht. Was soll das denn bringen? Klaus kann nicht gucken und gut. Was erwartest du denn zu sehen?"

Ich werde später noch auf Gesprächsführung im Allgemeinen eingehen, aber an dieser Stelle macht Bodo gerade seine erste Erfahrung mit Widerstand. Seine Antwort auf die Frage, was er denn zu sehen erwartet, kann entscheidend sein. Nicht nur für diese eine Aktion, sondern für sein ganzes Projekt. Wir alle wissen, wie schnell ein solches den Bach heruntergehen kann, nur weil ein einziges Gespräch falsch gelaufen ist.
Ratsam ist es, in einem solchen Moment nicht weiter zu argumentieren. Bei Kolleginnen und Kollegen dieser Art bringt ein Bestehen auf den Besuch mit einem Satz wie „Die Schulleitung hat aber ‚Ja' gesagt ..." gar nichts. Die Kollegin empfindet offensichtlich alleine die Frage nach einem Termin schon als Bedrohung. In so einem Fall haben Sie nichts von einem Unterrichtsbesuch. Die Kollegin muss schon mitziehen, damit Ihr Engagement etwas bringt. Also Rückzug, eventuell, wenn man die innere Ruhe dazu hat, mit Reflexion. Anstatt also zu sagen: „Okay, dann komme ich nicht", kann man sagen: „Ich habe das Gefühl, dass mein Besuch dich stören würde. Das war überhaupt nicht meine Absicht. Wenn du dazu bereit sein solltest, dass ich deinen Schüler anschaue, dann melde dich." In die-

ser Situation spielen natürlich auf der Seite der Kollegin auch Gedanken mit im Sinne von: „Der ist gerade mal Anfänger, was will der mir eigentlich sagen?“

T

Mein Tipp

- Man kann grundsätzlich festhalten: Widmen Sie Kolleginnen und Kollegen, die immer nur alles schlecht sehen und immer nur alles kritisieren, keine oder zumindest nicht zu viel Energie. Diese Menschen sind wie ein Schwamm. Sie saugen Ihnen die Energie aus, und es kommt nichts dabei heraus. Wenden Sie sich eher den Kolleginnen und Kollegen zu, die gerne arbeiten und die Lust haben, Dinge zu verändern. Von dort bekommen Sie Kraft und positives Denken. Manche Menschen haben sich einfach entschieden, ein Leben mit Unzufriedenheit und Kritik zu führen. Diese werden Sie niemals überzeugen. Gleichzeitig sollte man die Äußerungen von Kritikerinnen und Kritikern aber auch nicht einfach vom Tisch wischen. Oft kann man ihre Bedenken als Anregungen nutzen.

Diese Erfahrung muss Bodo auch noch machen. Ein halbes Jahr später findet die schulinterne Lehrerfortbildung (SchiLF) statt, die Bodo sich überlegt hat. Er hatte die Idee, alle Lehrkräfte über das Thema Inklusion und auch Begabtenförderung zu informieren. Seine Ideen und seine Motivation waren ausschließlich positiv; ganz im Gegensatz zu vielen Kolleginnen und Kollegen. Sie meckerten im Lehrerzimmer häufig über Inklusion, und daher hofft Bodo, dass ein wenig Sachinformation von Profis helfen könnte. Die Schulleitung ist begeistert und verpflichtet alle Lehrkräfte, am letzten Ferientag an der SchiLF teilzunehmen.

Hocherfreut und motiviert geht Bodo in die Planung. Er findet schnell eine kompetente Beraterin aus der Behörde, die sich bereiterklärt, das Kollegium fit zu machen. Bodo freut sich auf den Tag. Er bereitet im Lehrerzimmer alles vor: Blumen, Kekse, Wasser und Namensschilder sollen die Kolleginnen und Kollegen begrüßen und ihnen ein Willkommensgefühl geben. Er hat sogar genügend Pausen in die Planung einfließen lassen, damit ausreichend Zeit für Gespräche über die Ferien bleibt. Das Zwischenmenschliche spielt nun einmal in allen Kollegien der Welt und in allen Firmen und Schulen eine große Rolle.

Wir befinden uns nun am Morgen der Fortbildung. Nach und nach treffen die Lehrkräfte ein. Bodo ist schon früh aufgestanden und hat alles perfekt vorbereitet. Während viele Lehrerinnen und Lehrer ihn freudestrahlend begrüßen und sich positiv zum Tag äußern, würdigen ihn einige keines Blickes. Schnell schwindet sein gutes Bauchgefühl. Die Leiterin der Fortbildung kommt in den Raum. Bodo begrüßt sie herzlich. Während die Fortbildung beginnt, kann Bodo seinen Blick nicht von den Kolleginnen und Kollegen abwenden, die ihn *nicht* gegrüßt haben. Er fragt sich, ob sie sauer sind und was er falsch gemacht hat. Der Tag läuft prima. Die meisten Lehrkräfte sind aufmerksam und arbeiten konstruktiv mit. Am Ende der Veranstaltung bedankt Bodo sich bei der Leiterin und verabschiedet alle Kolleginnen und Kollegen in den Feierabend.

Da dieses Buch vermutlich fast ausschließlich von „Bodos" gelesen wird, gehe ich davon aus, dass Sie alle so etwas genau kennen. Man hat sich wirklich reingehängt. Man hat sich geopfert. Man hat etwas Großes organisiert. Man hatte die ganze Zeit im Hinterkopf, dass die Kolleginnen und Kollegen zufrieden sein sollen. Man hat die Arbeitssituation und den Zeitpunkt genau durchdacht. Dann läuft alles, und man hat das Gefühl, dass man nur Kritik erntet. Man ist kurz davor, alles hinzuwerfen. Man ist frustriert, hat keine Lust mehr. Man fragt sich: Warum tue ich mir das an? Man nimmt sich vor: Ich mache das nie wieder. Ich mache jetzt nur noch Dienst nach Vorschrift.
Aber begehen Sie nicht einen Denk- oder Wahrnehmungsfehler? Ich erinnere an die zehn Matheaufgaben am Anfang des Buches. Richtete sich Ihr Blick auf die neun richtig gelösten Aufgaben? Nein, wir tendieren gerne dazu, das Negative zu registrieren. So auch Bodo. Dabei können diejenigen, die ihn nicht gegrüßt haben, Gründe für ihre Haltung gehabt haben, möglicherweise auch private. Vielleicht hatte ihr Verhalten gar nichts mit dem Thema zu tun.
Dennoch: Wenn Sie im Bereich Schule Verantwortung übernehmen, dann rechnen Sie nicht unbedingt mit einem "Danke" oder einem „gut gemacht". Lehrerinnen und Lehrer, genauso wie die Behörden, wollen in erster Linie, dass Sie Ihren Job machen. Die Zufriedenheit müssen Sie aus sich selbst gewinnen. Hin und wieder bekommen Sie eine positive Rückmeldung. Seien Sie sicher, dass sich hinter nicht Ausgesprochenem sehr viele Komplimente verbergen. Es würde ein eigenes Buch füllen, über die Gründe dafür zu philosophieren, aber fragen Sie sich doch bitte, ob Sie sich schon einmal bei Ihrer Schulleitung oder bei Ihrer vorgesetzten Dezernentin oder Ihrem Dezernenten dafür bedankt haben, dass sie ihren Job machen oder dafür, dass sie Ihnen in einer Situation den Rücken freigehalten haben. Wir machen das kaum, weil es sich irgendwie nicht zu gehören scheint.

T

Mein Tipp

- Mir ist das kürzlich bei mir selbst aufgefallen. Mein neuer Dezernent hat unsere Schule wirklich gut betreut. Ich dachte darüber nach, ob ich mich einfach mal bedanke. Kann ich mich beklagen, dass sich niemand bei mir bedankt und dann gleichzeitig genauso handeln? Also habe ich meinem Dezernenten eine E-Mail geschrieben. Aber merkwürdiger Weise erforderte das Mut. Also komme ich nun mit dem Tipp: Bedanken Sie sich und loben Sie, wenn Sie das selbst für sich wünschen. Führen Sie mit Vorbild.

3.3 In der Nacht: Gespräche im Kopf

Als Bodo nach der SchiLF zu Hause ankommt, lässt er den Tag bei einem Glas Wein ausklingen. Es kehrt aber keine innere Zufriedenheit ein. Die Frage, warum ihn einige nicht gegrüßt haben, geht ihm nicht aus dem Kopf. Diese Nacht schläft Bodo schlecht. Wie soll er damit umgehen? Warum trifft ihn das so sehr? Er wollte nur Gutes für die Kolleginnen und Kollegen und nun das. Warum dankt ihm niemand? Soll er sich noch einmal engagieren oder sollte er sein Amt niederlegen? Er hat so viel Zeit investiert und nun nicht mal ein Dank.

An dieser Stelle ist es sinnvoll, etwas anzusprechen, was zwar für sehr viele Menschen ein Problem ist, aber meiner Erfahrung nach insbesondere Menschen mit sehr verantwortungsvollen Aufgaben betrifft: die Nachtruhe. Ich weiß gar nicht, wie oft ich schon gehört habe, dass viele in Schulleitung Tätige oft schlecht schlafen. Offensichtlich ist es so, dass in der Nacht die Probleme viel größer erscheinen als am Tag. Wir wachen manchmal erschrocken auf, weil wir an etwas gedacht haben, was am Tag passiert ist. Genau jetzt hätten wir eine Antwort parat, die richtig schlagfertig gewesen wäre oder mit der wir uns besser gefühlt hätten. Warum ist uns das nicht früher eingefallen?

T

Mein Tipp

- Für Nächte dieser Art habe ich nur solche Tipps parat, die zeigen, wie ich persönlich damit umgehe. Zunächst einmal finde ich es beruhigend, mir klarzumachen, dass das Problem nur deshalb gerade so groß ist, weil Nacht ist. Für mich relativiert sich dadurch alles. Aus meiner Erfahrung wird das Problem sofort kleiner, wenn ich aufstehe und mich bewege; sei es, dass man wirklich in der Nacht laufen geht oder dass man den Fernseher einschaltet, um sich abzulenken. Sinnvoll ist es aber auch, das Problem kurz aufzuschreiben. Sie werden sich wundern: Wenn Sie morgens auf den Zettel schauen, kann es sein, dass Sie über das, was Ihnen den Schlaf geraubt hat, schon wieder lachen können. Sollten es aber massivere und anhaltende Probleme sein, kann ich Ihnen nur empfehlen, sich ein leichtes Medikament zum Einschlafen – am besten eines mit pflanzlichen Inhaltsstoffen – verschreiben zu lassen. Für diesen Tipp werde ich sicher auch Kritik bekommen, aber ich persönlich habe die Erfahrung gemacht, dass es nichts bringt, jede Nacht wach zu liegen. Darunter leidet alles; auch das, was mir Kraft gibt.

4 Die Karriere beginnt

4.1 „Wäre das etwas für dich?“ – eine wichtige Frage

Wir befinden uns nun etwa ein halbes Jahr später. Bodo ist mittlerweile schon fast zwei Jahre im Schuldienst. Seine ersten Erfahrungen mit der Übernahme neuer Aufgaben hat er verarbeitet und trotz vieler Herausforderungen seine Motivation, Schule zu verändern, nicht verloren.

Bodo fühlt sich in seinem Beruf als Lehrer sehr wohl und auch erfüllt. So ganz langsam macht sich jedoch in seinem Inneren ein Gefühl der unangenehmen Ruhe breit. Die Aufgaben, die ihm gestellt werden, fallen ihm immer leichter. Er fühlt sich nicht mehr wirklich ausgelastet. Ganz langsam kriecht in seinen Kopf der Wunsch, sich auf etwas Neues zu bewerben. Um aber wirklich eine Bewerbung abzuschicken, reicht sein Mut noch nicht. Ganz genau ist ihm auch gar nicht klar, wie so eine Bewerbung überhaupt funktioniert.

An einem Samstag trifft sich das Kollegium entspannt zu einem Ausflug in den schönen Harz. Alle sind gut gelaunt und freuen sich auf den Tag. Bodo hatte sich bereits eine Woche vor Fahrtbeginn mit einem seiner Kollegen verabredet, gemeinsam anzureisen. Der Kollege ist schon etwas länger im Dienst und kennt sich in der Gegend und in den Schulen der Umgebung sehr gut aus. Er ist immer derjenige, der weiß, wie andere Schulen welche Konzepte umsetzen. Stefan, so heißt der Kollege, interessiert, wie weit Bodo mit seinem Konzept zum Thema Inklusion gekommen ist. Da Stefan ein Kollege ist, mit dem man offen sprechen kann, gibt Bodo zu, dass er hier und da noch Probleme hat. Grundsätzlich komme er gut voran und nutze auch die Beratung der Behörde. Das Gespräch geht weiter und durchstreift die verschiedenen Themen der Schule. Der anstehende Neubau wird genauso besprochen wie die neue Sammlung für den naturwissenschaftlichen Bereich oder die Gestaltung des Pausenhofs.

Nach etwa einer halben Stunde Fahrt lenkt Stefan das Gespräch auf die Frage, ob Bodo sich eigentlich an der Schule so richtig wohlfühlt und ob er glücklich ist. Auch hier reagiert Bodo offen und ehrlich. Stefan kann er vertrauen. Also sagt er, dass er sich zwar sehr wohl fühle, aber nicht so richtig ausgelastet sei. Er sagt auch, dass er darüber nachdenke, sich zu verändern. Stefan hört Bodo verständnisvoll zu. Da beide alleine im Auto sind, ist die Stimmung ruhig und konzentriert. Stefan lässt Bodo wissen: „Ich habe gehört, dass an unserer Nachbarschule die Stelle der Fachbereichsleitung für Mathematik frei geworden ist. Wäre das nicht etwas für dich?"

Aus einer Vielzahl von Gesprächen weiß ich, dass die meisten, die in Schule Verantwortung übernehmen, eine solche Situation erlebt haben. Man spricht vertraut mit einer Kollegin oder einem Kollegen darüber, wie man sich fühlt, und dass man sich für sein Berufsleben auch noch andere Wege vorstellen kann. Oft werden diese Gespräche mit der Schulleitung geführt, vielfach aber auch eher mit vertrauten Kolleginnen und Kollegen. Vieles geht einem durch den Kopf. Darf ich wirklich schon unzufrieden sein mit meinem Beruf? Kann ich wirklich mehr? Überschätze ich mich nicht? Ist es nicht auch ein bisschen unverschämt, wenn ich so früh schon über die Annahme einer neuen Stelle nachdenke? Wirke ich auf meinen Vorgesetzten oder meine Vorgesetzte überheblich? Auch rechtliche Fragen spielen oft eine Rolle. Darf ich mich schon bewerben? Bekomme ich schon mehr Gehalt?

Mein Tipp

- An dieser Stelle möchte ich Ihnen Mut machen. Schule braucht junge Menschen, junge Gedanken und neue Ideen. Aus vielen Jahren Erfahrung möchte ich sogar so weit gehen zu sagen, dass es Menschen gibt, die Verantwortung übernehmen können, und zwar fast egal, wie alt sie sind. Andere wiederum können keine Verantwortung übernehmen, obwohl sie schon über sehr viel Lebenserfahrung verfügen. Die Frage ist immer, wie man persönlich „gestrickt" ist. Kann ich Verantwortung übernehmen? Kann ich mit Druck umgehen? Kann ich alleine sein? Diese Gedanken sollten eine viel größere Rolle spielen als die Frage des Alters. Ich habe sehr gute Schulleiterinnen und Schulleiter kennengelernt, die sehr jung waren, aber auch schon sehr lebenserfahren. Genau an dieser Stelle soll Ihnen dieses Buch helfen, eine Entscheidung zu treffen. Oft passiert es nämlich genau dann, wenn Sie nicht damit rechnen, dass folgender Satz kommt: „Wäre das nicht etwas für dich?"
- Es geschieht auch immer wieder, dass jemand einem mehr oder weniger direkt eine Stelle anbietet. So fragte mich mein Schulleiter einmal völlig unvermittelt, wie ich mir meine berufliche Zukunft vorstelle. Ich antwortete auf die Frage relativ schwammig, weil ich auf das Gespräch überhaupt nicht vorbereitet war. Und dann sagte er: „Ich habe von einer Schule gehört, die einen Schulleiter sucht. Wäre das nicht was für dich?"

4.2 Ein Gedanke wird konkret

Nachdem Bodo mit einigen Kolleginnen und Kollegen sowie seiner Familie gesprochen hat, besucht er die neue Schule. Er wählt dafür einen Tag, an dem er nach der dritten Stunde Unterrichtsschluss hat. Er fühlt sich sehr unsicher und merkwürdig, als er die Treppen zu seiner eventuell neuen Schule hinaufsteigt. Vorsichtig öffnet er die Haupteingangstür. In fünf Minuten beginnt die zweite große Pause. Ein Mann, Mitte 40, geht an ihm vorbei und grüßt ihn freundlich. Bodo weiß nicht, ob es sich hierbei um einen Kollegen, einen Vater, den Hausmeister, den Schulleiter oder wen auch immer handelt. Erstaunlich, denkt er, vielleicht ist das für mich bald ein ganz wichtiger Mensch, der mich gerade so freundlich gegrüßt hat.

Da die Nachbarschule eine ganze Ecke größer ist als Bodos bisherige Schule, verfügt sie über ein eigenes Café. Bodo möchte sich hier einmal unverfänglich umsehen, etwas Atmosphäre schnuppern. Er geht zum Tresen, bestellt einen Kaffee, und setzt sich an einen Tisch. Die freundliche Dame hinter dem Tresen fragt ihn, ob sie etwas für ihn tun könne. Bodo verneint dies freundlich und schaut sich um. Er sitzt in der sogenannten „Cafete", die offensichtlich den Schildern nach vom Förderverein betrieben wird. Die Farben, die er sieht, bestehen vorwiegend aus gelben und orangenen Tönen. Noch während er darüber nachdenkt, wer wohl die Farben ausgewählt hat, stürmen die ersten Gruppen von Schülerinnen und Schülern in die Pausenhalle. Bodo wundert sich, weil er überhaupt kein Klingelzeichen gehört hat. Andere Schulen, andere Sitten. Die Schülerinnen und Schüler wirken alle sehr freundlich, und die Lehrkräfte, die mit Heften unter den Armen zwischen ihnen Richtung Lehrerzimmer gehen, wirken auch nicht übermäßig genervt oder unfreundlich. Bodo spürt eine merkwürdige Aufgeregtheit und ein Kribbeln im Bauch. Ihm ist danach, den anderen Lehrerinnen und Lehrern zu folgen und ebenfalls in das Lehrerzimmer zu gehen. Irgendwie fühlt er sich hier schon zu Hause, obwohl er niemanden kennt. Die Entscheidung, sich zu bewerben, wenn nichts weiter dagegenspricht, ist gefallen.

Bodo vereinbart nun einen Termin mit der Leiterin der neuen Schule. Bodo hat sich gut vorbereitet und stellt viele Fragen, auch zum Fachbereich Mathematik. Die Schulleiterin hingegen fragt viel über Bodo nach. Am Ende des Gesprächs stellt Bodo die entscheidende Frage: „Könnten Sie sich vorstellen, dass ich mich bewerbe und dass wir zusammenarbeiten?" Sie antwortet mit dem entscheidenden Satz: „Ich kann mir das sehr gut vorstellen und würde mich sehr über Ihre Bewerbung freuen."

Mein Tipp

- Ich möchte Ihnen an dieser Stelle den Vorschlag machen, in einem solchen Moment eine vom Gefühl geleitete Entscheidung zu treffen. Suchen Sie sich aber auch ein oder zwei Personen aus, mit denen Sie Ihre Gedanken genau besprechen. Wählen Sie diese Menschen sehr genau aus. Achten Sie darauf, dass sie absolut vertraulich mit Ihren Überlegungen umgehen. Achten Sie auch darauf, dass diese Menschen nicht neidisch sind. Versuchen Sie, Menschen zu finden, die mit ihrem Leben und auch ihrer eigenen beruflichen Situation zufrieden scheinen. Menschen, die das erreicht haben, was Sie noch erreichen wollen, sind an dieser Stelle gute Ratgeberinnen und Ratgeber.

- Sprechen Sie mit ihnen über alle Zweifel ganz in Ruhe und ganz offen. Achten Sie darauf, dass Sie den Kreis nicht zu groß werden lassen. Je mehr Menschen Sie in Ihre Gedankenwelt einbeziehen, desto verwirrter werden Sie werden. Achten Sie darauf, dass Sie nicht nur „Ja-Sager“ befragen, die Ihnen sowieso dazu raten werden, den neuen Job anzunehmen. Wenn Sie ehrlich mit sich selbst sein wollen, müssen Sie alle Seiten Ihrer Entscheidung beleuchten.
- Wenn Sie diesen *ersten Schritt* hinter sich und mehr Sicherheit gewonnen haben, rate ich Ihnen als *zweiten Schritt*, die potenzielle neue Wirkungsstätte zu besuchen. Fahren Sie bei der neuen Schule einmal vorbei und gehen Sie in der Pause durch die Pausenhalle. Schauen Sie sich die Menschen an, mit denen und für die Sie eventuell bald arbeiten möchten. Achten Sie dabei ganz genau auf Ihr Gefühl. Fühlt es sich so an, als würden Sie dort hineinpassen? Oder sagt Ihnen Ihr Gefühl, dass dieser Schritt nicht der richtige ist? Seien Sie auch ehrlich mit sich selbst. (Ich habe Bewerberinnen und Bewerber kennengelernt, deren Hauptmotivation beispielsweise eine kürzere Anfahrt zur neuen Schule war. Ich habe keine einzige erfolgreiche Bewerbung erlebt, die diese Motivation als Grundlage hatte.) Wenn Sie aber so etwas spüren wie eine freudige Aufgeregtheit oder auch ein Kribbeln im Bauch, dann ist das ein gutes Zeichen.
- Es folgt nun der *dritte Schritt*. Nehmen Sie Kontakt mit der Person auf, die für diese Stelle verantwortlich ist. In den meisten Fällen ist es die Schulleiterin oder der Schulleiter. Sollte es eine Schulleitungsstelle sein, dann ist es oft die zuständige Behörde. Führen Sie hier zunächst ein vertrauliches Gespräch. Es ist wichtig zu wissen, ob es weitere Bewerbungen für die Stelle gibt. Weiterhin sollten Sie ganz offen fragen, ob die aufgesuchte und beurteilende Person sich grundsätzlich vorstellen kann, mit Ihnen zu arbeiten.
- An dieser Stelle widerspricht die rechtliche Situation oft der menschlichen. Rein rechtlich dürfen Sie sich auf alles bewerben, wofür Sie grundsätzlich bewerbungsfähig sind. Das führt oft dazu, dass die entscheidenden Personen Ihnen gegenüber nicht ganz ehrlich sein dürfen, weil sie ansonsten eine Situation herbeiführen, in der Sie klagen könnten. Wenn beispielsweise eine Dezernentin oder ein Dezernent Ihnen sagen würde, dass sie sich nicht vorstellen kann, dass Sie die neue Stelle bekleiden, dann wäre dies ein Klagegrund. Also fährt die Dezernentin oder der Dezernent besser damit, wenn er verklausuliert antwortet.
- Es gibt hier eine indirekte Sprache, die man mit sehr viel Vorsicht „lesen“ muss. Sollten Sie Sätze hören wie zum Beispiel: „Ich würde mich sehr über Ihre Bewerbung freuen“, dann bedeutet das „grünes Licht“ für Sie. Sollten Sie jedoch so etwas hören: „Natürlich können Sie sich bewerben, aber ...“, würde ich Ihnen eher von einer Bewerbung abraten. Sie dürfen aber auch jederzeit nachfragen, um eine deutlichere Antwort zu bekommen.

4.3 Die Zeit dazwischen

Nun beginnt in Bodos Leben eine sehr merkwürdige Zeit. Er hat sich entschieden. Die eigene Schulleitung ist informiert, und im Kollegium macht die Nachricht langsam die Runde, dass Bodo tatsächlich Karriere machen möchte. Bodo fühlt sich sehr seltsam. Die Schulleitung scheint nicht mehr so nett zu grüßen, wie sie es vorher tat, und die Kolleginnen und Kollegen kommen nicht mehr so freundlich auf ihn zu. Woran liegt das? Was habe ich falsch gemacht? Bilde ich mir das alles nur ein? Wieder einmal hat Bodo Gedanken, die ihn nachts nicht schlafen lassen.

Das, was uns aufwühlt, bewegt und manchmal auch nicht schlafen lässt, berührt viele Ebenen. Da sind zunächst das persönliche und das familiäre Umfeld. Wundern Sie sich nicht, wenn die Familie sich auch irgendwie zu ändern scheint. Sie streben eine neue Funktion an! Sie verlassen ihre Komfortzone! Das ist nicht nur Ihr persönliches Problem, sondern hat auch Folgen für Ihre Familie. Die Partnerin oder der Partner könnte sich Sorgen machen, dass Sie keine Zeit mehr für sie oder ihn haben oder dass Sie an dem neuen Dienstort neue attraktive Menschen kennenlernen. Unterschätzen Sie das nicht. Ihre Komfortzone war auch die der ganzen Familie. Man wusste, wann Sie nach Hause kommen. Man wusste, wie Sie „drauf sein" werden. Man wusste, mit wem Sie arbeiten. Alles ändert sich nun. Wie sind die neuen Kolleginnen und Kollegen, die auf Sie warten? Das ist nicht nur eine Frage, auf die Sie sich einstellen müssen. Hier hilft aus meiner Sicht nur, viele offene Gespräche über noch unausgesprochene Gedanken zu führen. Ängsten kann man nur mit Offenheit begegnen. Deshalb: Reden Sie!
Neben dieser *familiären* Situation gibt es auch die *innere* Haltung derjenigen oder desjenigen, die oder der sich beworben hat. Es ist wirklich komisch. Irgendwie hat man sich mit der Bewerbung schon ein Stück von der alten Schule verabschiedet, obwohl nicht einmal klar ist, dass man den neuen Job tatsächlich bekommt. Man denkt, man kann das Neue schon sehen, aber davor steht noch eine Glasscheibe, die sich Auswahlverfahren nennt.
Nun komme ich zur *Ebene des Kollegiums*. Wundern Sie sich nicht, wenn einige sich von Ihnen abwenden. Dieses merkwürdige Abschiednehmen, das Sie selbst verspüren, strahlen Sie auch nach außen aus. Seien Sie also nicht irritiert, wenn Sie Ihr Gefühl gespiegelt bekommen. Sie wollen weg. Das war Ihre Entscheidung, und das spüren alle. Für die Zurückgebliebenen heißt das: Sie wollen weg, Sie wollen weiter, Sie lassen das „Alte" hinter sich. Das „Alte", das sind eben auch die Kolleginnen und Kollegen. Einige fühlen sich von Ihnen im Stich gelassen. Andere haben unglaublich stark mit Eifersucht zu kämpfen. Wir alle haben ja im Prinzip das Gleiche studiert. Sie aber haben den Mut, aus der Reihe zu tanzen. Sie trauen sich etwas zu, was einige der anderen sich selbst nicht zutrauen. Hier erreichen wir die Ebene des Selbstbildnisses eines Menschen.
Manche trauen sich etwas nicht zu, weil ihnen niemals Mut gemacht wurde. Versetzen Sie sich mal kurz in so einen Menschen. Stellen Sie sich vor, Ihnen sei als Kind immer gesagt

worden, dass Sie nicht Okay seien. Dass Sie eh nicht schaffen, was Sie sich wünschen oder vornehmen. Nun sind Sie seit vielen Jahren Lehrerin oder Lehrer und würden sich auch gerne weiterentwickeln, aber Sie haben nicht den Mut. In dieser Situation wird Ihnen erzählt, dass dieser neue junge Kollege oder die Kollegin sich beworben habe. Da hat jemand den Mut, nach dem Sie sich sehnen. Wie würden Sie reagieren? Ich kann mir vieles vorstellen, aber nicht, dass ich mich vor diesem Hintergrund mitfreuen würde.
Die nächste Ebene ist die der *Schulleitung*. Immer wieder wurde mir berichtet, dass Bewerberinnen und Bewerber seit Abgabe der Bewerbung den Eindruck hatten, dass die Schulleitung sie nicht mehr in wichtige Prozesse einbeziehe. Oft wird das als Missgunst interpretiert oder als wäre die Schulleitung sauer, dass man sich wegbeworben hätte. Darum: Sprechen Sie offen darüber. Manchmal fühlen sich Schulleitungen wirklich persönlich beleidigt im Sinne von: „Für das Heranführen an Leitung war ich gut genug, und nun geht die oder der einfach." In den meisten Fällen ist es aber so, dass die Leitungen ganz pragmatisch vorgehen und ohne Sie weiterplanen. Wundern Sie sich bitte auch hier nicht.

4.4 Vorstellung an der neuen Schule

Bodo durchlebt alle diese Gefühle, bis er die Einladung zur Vorstellung an der neuen Schule erhält. Je nach Bundesland ist das Verfahren für die Bewerbung unterschiedlich. Es ist aber fast immer vorgesehen, dass man sich einem Gremium der Schule vorstellt, sei es der Schulkonferenz, der Gesamtkonferenz oder dem Schulvorstand. Bodo wird richtig aufgeregt, als er die Einladung in den Händen hält. Er soll sich im zeitlichen Rahmen von ca. zehn Minuten dem Gremium präsentieren. Danach soll er auf Rückfragen vorbereitet sein.

Mein Tipp

- Seien Sie im Vorstellungsgespräch anders als andere und seien Sie Mensch. Was heißt das? Fast alle Bewerberinnen und Bewerber machen die gleichen Fehler. Sie erklären, wer sie sind, nennen Eckdaten Ihrer Biografie und erläutern, wie sie sich die Arbeit vorstellen. – Sorry, aber gäääääääääähn. Wagen Sie es, anders aufzutreten! Verraten Sie, was für ein Mensch Sie sind, wie man mit Ihnen arbeiten kann und was die Schule bekommt, wenn sie sich für diesen Menschen entscheidet. Bei der eindrucksvollsten Vorstellung, die ich je mit einer Bewerberin für ihre Schule erarbeitet habe, hat die Dame damit begonnen, aus einem Rucksack High Heels herauszuholen. Sie liebe es, sich elegant zu kleiden und High Heels zu tragen. Das sei auch ein Zeichen dafür, dass sie eine Schule gut nach außen vertreten und darstellen könne.
- Als Nächstes hat sie Gummistiefel aus ihrem Rucksack geholt. Sie lebe auf einem Bauernhof und reite gerne. Genauso sehe sie sich auch bei der Arbeit in der Schule: Sie sei trotz High Heels eine Frau für die Arbeit in der Schlammzone. Sie könne sich durchsetzen und

kenne harte Arbeit. In diesem Stil ging es weiter. Trotz mehrerer Mitbewerberinnen und Mitbewerber hat die Kollegin das Votum der Konferenz für sich gewonnen.

- Also ganz konkret: Was zeichnet Sie als Mensch aus? Was können Sie gut? Was können Sie noch lernen? Wo liegen Ihre konkret zu illustrierenden Stärken? Das ist es, was zählt! Nicht, wie viele Orden Sie schon verdient und was Sie nicht alles an Projekten gestemmt haben. Erwähnen Sie das bitte auch, aber am Rand. Bedenken Sie, dass das Gremium Sie nicht auswählen wird, weil Sie mit einer Gruppe bei „Jugend forscht" gewonnen haben. Das Gremium wählt Sie aus, wenn es sich vorstellen kann, dass da ein Mensch kommt, mit dem es zusammenarbeiten möchte.

4.5 Die Prüfung

Bodo hat diese Tipps leider nicht gelesen und macht es nun genauso wie alle anderen. Er stellt sich vor das Gremium und präsentiert eine Powerpoint-Präsentation darüber, was er bisher in der Schule organisiert hat und was ihm in Schule wichtig ist und warum die neue Schule so unglaublich toll ist. Er fühlt sich merkwürdig, weil er den Eindruck hat, dass niemand auch nur eine einzige Emotion zeigt. Niemand lacht, niemand schmunzelt, niemand runzelt die Stirn. Aber warum auch? Wer keine Emotion zeigt, kann auch nicht mit Emotion rechnen. Dennoch setzt sich Bodo gegen die beiden Mitbewerberinnen durch, wenn auch knapp.

Das Auswahlverfahren in den Bundesländern ist sehr verschieden. Das Votum der Schulkonferenz oder des Schulvorstands steht jedoch immer hinter der dienstlichen Eignung zurück. In den meisten Bundesländern besteht die Prüfung aus einer oder mehreren Schulstunden, die man halten muss, einem Gespräch, einer Schulstunde, die man beraten und beurteilen soll, sowie einer Dienstbesprechung, die man leiten muss.

Mein Tipp

- Bei dem Votum dieses Gremiums gilt es, sehr sensibel die Gesamtsituation zu berücksichtigen. Wenn es auf die Stelle mehrere Bewerbungen gibt, und Sie erhalten keine Stimme, dann sollten Sie sich überlegen, ob Sie nicht lieber die Bewerbung zurückziehen. Sie könnten es dann als Signal interpretieren, dass die Schule Sie nicht haben möchte. Sollten Sie aber nur knapp die oder der Unterlegene sein, dann würde ich raten, am Ball zu bleiben. Besprechen Sie das Ergebnis des Votums im Nachgang mit der Schulleitung und hören Sie sehr sensibel zu, was die Ihnen empfiehlt.

4.5.1 Die Vorbereitung auf den Prüfungstag

Im Vorfeld Ihres großen Tages – der Prüfung – sollten Sie sich unbedingt eine Frage beantworten: „Was weiß die oder der Beurteilende über das Thema des Tages?" Ich meine damit, dass es wenig sinnvoll ist, eine Dienstbesprechung zum Thema Inklusion zu gestalten, wenn die Zuhörenden gar nicht wissen, wie weit die Schule bei diesem Thema ist, welche Lager es im Kollegium gibt u. s. w. Also schicken Sie immer neben den geforderten Unterlagen eine grobe Einschätzung über den aktuellen Stand der Schule zum vorgesehenen Thema der Besprechung mit. Planen Sie diese so präzise, wie Sie eine Unterrichtsstunde planen würden.

Wenn Sie Fragen haben, dann melden Sie sich direkt bei den Beurteilenden. Fragen Sie einfach, was diese von Ihnen wie sehen wollen und hören Sie gut zu. Achten Sie an dem Tag darauf, dass Sie deutlich machen, dass Ihnen die Wichtigkeit des Tages bewusst ist. Wenn Sie sich auf eine gehobene Stelle bewerben, dann kleiden Sie sich entsprechend. Sorgen Sie für eine angenehme und dem Anlass entsprechende Umgebung. Die Besprechung einer Stunde sollte nicht in einem kalten und umgeräumten Klassenraum stattfinden, in dem leider länger nicht saubergemacht wurde. Denken Sie an Kleinigkeiten, wie zum Beispiel eine Tischdecke, verschiedene Getränke und je nach Absprache auch Verköstigung. Versetzen Sie sich in die Lage der Beurteilenden und fragen Sie sich einfach, wie Sie es gern hätten, wenn Sie zum Beispiel zu diesem Beurteilungstermin zwei Stunden mit dem Auto angereist wären.

Sorgen Sie also für eine perfekte Organisation des Tages. Auch dann, wenn „das Drumherum" nicht Beurteilungsgegenstand ist, fällt es doch irgendwie schwer, eine Person zur Organisationsleitung einer Schule zu befördern, wenn diese nicht einmal den eigenen Prüfungstag gut organisiert bekommt.

4.5.2 Der Prüfungstag beginnt

Bodo hat all dies natürlich berücksichtigt und wartet im Lehrerzimmer auf die beiden Dezernentinnen Frau Struggle-Meyer und Frau Hauptmann. Darüber hinaus ist noch Herr Dampfmeier dabei. Er ist der Fachmann der Behörde für das Fach Mathematik.

Bodo fühlt sich merkwürdig. In den ganzen Wochen, in denen er sich vorbereitet hat, hat er eigentlich gar nicht realisiert, welchen großen Schritt er vorhat und welche dienstliche Tragweite dieser hat. Jetzt aber, wo die zwei Damen im Kostüm und der Herr im Anzug vor ihm stehen, wird ihm klar, dass eine echte Beförderungsprüfung vor ihm liegt.

Bodo versucht, diese Gedanken zu verdrängen und führt die Gäste in den Besprechungsraum seiner Schule. Hier hat er im Vorfeld bereits Kaffee, Tee, Kekse und weitere Getränke bereitgestellt. Eine Tischdecke liegt auf dem Tisch, und ein kleiner Blumenstrauß verschönert das Ambiente.

Zunächst setzen sich alle auf die Stühle, und da sich die anderen drei bereits kennen, beginnen sie eine lockere Unterhaltung. Bodo kümmert sich um die Frage „Kaffee oder Tee?" und setzt sich dann schweigend an den Tisch. Es dauert etwas, bis die Dezernentin ihn fragt, wie er den Tag geplant habe und ob alles so bleibe, wie es auf der Einladung zu lesen gewesen sei. Bodo bejaht dies. Die Dezernentin fragt daraufhin: „Wollen Sie hierbleiben oder wollen Sie sich noch einen Moment zurückziehen?"

Dieser Satz muss für manche Erwachsene übersetzt werden. Er heißt: „Bitte gehen Sie raus!" Vor einer Prüfung haben alle Beteiligten Dinge zu klären, die Sie nichts angehen. Viele kennen sich aus verschiedenen Veranstaltungen und haben ihre eigenen Interna zu klären, die nichts mit Ihrem großen Tag zu tun haben. Bodo zieht sich also zurück und geht in den Klassenraum, in dem seine eigene Stunde stattfinden wird. Im Geiste geht er nochmals alles durch. Ablauf, Impulse, Material – alles da.

4.5.3 Die Unterrichtsstunde

Die Gäste werden von Bodos Schulleiterin in den Raum geführt, während die Klasse schon wartet. Nun verläuft die Stunde, als wäre Bodo in Trance. Er hat sie so oft durchdacht, dass er sich fühlt, als würde er träumen. Alles passiert automatisch. Im Anschluss reflektiert er die Stunde und erhält dann die Beurteilung des Fachmanns, Herrn Dampfmeier. Bodo zieht sich wieder zurück und lässt die Prüfungskommission alleine beraten.

Wundern Sie sich nicht darüber, wenn Sie nach der Besprechung absolut verwirrt sind. Ihnen werden Fragen gestellt, Sie müssen Ihre Meinung abgeben, bestimmte Phasen der Stunde werden hinterfragt. Das ist ganz normal und sagt nicht, dass Ihre Stunde schlecht war. Die Länge und die Intensität der Beratung sagen nichts über die Qualität der Stunde aus. Nur der Inhalt des Gesprächs sagt etwas darüber aus. Da Sie aber vermutlich aufgrund Ihrer Aufregung gedanklich ganz woanders sind, können Sie aus der Besprechung keine Rückschlüsse ziehen. Also versuchen Sie es gar nicht erst.

4.5.4 Die Beratung einer Unterrichtsstunde

Bodo begibt sich nun in den Raum, in dem die Beratung stattfinden wird. Eine junge freundliche Kollegin hat sich bereiterklärt, dass er sie für seinen Prüfungstag beraten darf. Der Entwurf für die Stunde liegt ihm vor, und somit kann es losgehen. Die Stunde läuft soweit ganz gut. Bodo schreibt sich einige Besprechungspunkte auf und berät die Kollegin sehr freundlich und aus seiner Sicht sehr klar.

Für einige mag das selbstverständlich sein, aber ich habe es zu oft anders gesehen. Bereiten Sie sich also gut auf die Beratung vor! Üben Sie vor Ihrem Prüfungstag mindestens fünf bis zehn Beratungen. Fragen Sie befreundete Kolleginnen und Kollegen. Begeben Sie sich möglichst oft in diese Rolle. Ich glaube, dass viele Lehrkräfte denken, dass es leicht ist, Unterricht zu beraten, weil es bei den Referendarinnen und Referendaren so leicht aussieht. Das Gegenteil ist der Fall. Im Klassenraum hinten zu sitzen und die Gelenkstellen der Stunde zu identifizieren, ist das eine. Sie müssen aber auch in der Lage sein, konstruktiv und freundlich mit der Lehrkraft zu sprechen, die Sie beraten. Weder dürfen Sie knallhart kritisieren, weil das Gegenüber dann innerlich zumacht, noch dürfen Sie berechtigte Kritik verschweigen. Diese Situation ist nicht leicht, und je öfter Sie diese trainieren, desto sicherer werden Sie.

T

Mein Tipp

- Bedenken Sie auch, dass diese Kollegin oder dieser Kollege Ihnen morgen wieder gegenübersitzt. Trauen Sie sich dann zu, wirklich ehrliche Kritik auszusprechen? Falls nicht, wählen Sie eine Lehrkraft, bei der Ihre Beziehung zueinander ein ehrliches Feedback aushalten kann.

Bodo meistert die Beratung ganz passabel. Er hat ein gutes Bauchgefühl, und die Lehrkraft hat ihm auf seine letzte Frage, wie sie es empfunden habe, ein positives Feedback gegeben. Also müsste auch das gut gelaufen sein.

4.5.5 Das Prüfungsgespräch oder „Gespräch zum Amt“

Das „Gespräch zum Amt“ steht für Bodo nun als Nächstes auf dem Zettel. Er begibt sich in den Prüfungsraum und nimmt Platz. Auf dieses Gespräch konnte er sich gefühlt am wenigsten vorbereiten, weil das Feld, das abgefragt werden kann, so groß ist. Es könnte von Schulqualität über juristische Feinheiten bis hin zum Verhalten auf Klassenfahrten gehen. Nun denn, Bodo geht es an.

Mein Tipp
- Je nach Bundesland werden hier verschiedene Inhalte abgefragt. Sicher aber ist, dass man Sie zu Ihrer neuen Aufgabe und der Schule befragen wird. Beschäftigen Sie sich also im Vorfeld damit. Sprechen Sie mit Personen, die diese Aufgabe an anderen Schulen erfüllen.
- Sprechen Sie mit dem Leitungspersonal an der Zielschule. Versuchen Sie, über Eltern und Schülerinnen und Schüler verschiedene Perspektiven auf die neue Stelle und auf die Schule einzuholen. Wo liegen Stärken der Schule? Hat sie Preise erhalten? Hat sie ein spezielles Profil? Wie steht die Schule politisch da? Ist sie gewollt oder wird sie kritisiert? Warum? Sobald Sie diese Fragen durch Internetrecherche und persönliche Gespräche geklärt haben, kümmern Sie sich um die offiziellen Aufgaben der neuen Stelle, die laut Schulgesetz festgelegt sind. Welche Erlasse sind für Sie bindend? Welcher Erlass ist die Grundlage Ihrer Aufgabe u. s. w.? Diese Gespräche dauern meistens 45 bis 90 Minuten – und sie kosten viel Kraft.

4.5.6 Die Dienstbesprechung

Bodo kommt völlig erschöpft aus dem Besprechungsraum. Eigentlich möchte er nur in sein Bett, aber die Dienstbesprechung steht ja auch noch an. Also kurz Pause machen, Luft schnappen und dann los. Der letzte Teil des Tages beginnt. Bodo arbeitet mit dem Kollegium der Schule an seinem „Steckenpferd-Thema", der Inklusion.

Mein Tipp
- Stimmen Sie die Inhalte Ihrer Dienstbesprechung eng mit der Leitung der Schule ab. Welches Thema steht überhaupt an? Lassen Sie sich durch vertraute Lehrkräfte beraten und begleiten.

Bodos Konferenz ist sehr gut gelaufen. Die Ergebnisse sind handfest und wurden auf Flipcharts festgehalten und gesichert. Als das Kollegium den Raum verlassen hat, fühlt Bodo, wie die Energiewelle, die ihn gerade noch getragen hat, nachlässt. Er räumt den Raum auf, während die Kommission sich zurückzieht.

4.5.7 Die Verkündigung des Ergebnisses

Bodo sitzt vor dem Besprechungsraum auf einem Stuhl und fühlt sich, als wäre er selbst ein Schüler, der vor dem Büro der Schulleitung auf seine Strafe wartet. Schließlich wird Bodo hereingerufen. Nach langen Ausführungen der leitenden Beurteilenden erhält er das Ergebnis. Er bekommt eine 2. Ihm fällt ein Stein vom Herzen. Er weiß zwar nicht, wie seine Mitbewerberinnen und Mitbewerber abgeschnitten haben, aber das ist ihm in diesem Moment auch absolut egal. Er hat es hinter sich, und das ist gerade alles, was zählt.

T

Mein Tipp

- In den meisten Bundesländern besteht die Beurteilung aus einer Rangstufe, die in Form eines Satzes formuliert wird. Schauen Sie vor dem Tag nach, wie die Sätze lauten, denn ansonsten können Sie erst einmal überhaupt nichts mit der Beurteilung „Die Leistung befand sich voll im Rahmen“ o. Ä. anfangen.

4.6 Der Abschied

Die Tage und Wochen nach der Prüfung abzuwarten, das fällt Bodo sehr schwer. Er kennt seine Beurteilung, er weiß, dass andere Kandidatinnen und Kandidaten im Rennen sind, er hat aber keine Ahnung, wie diese abgeschnitten haben. Tag für Tag wartet er, dass ein Brief eintrifft oder die Schulleitung ihn ins Büro bittet. Die Kolleginnen und Kollegen sprechen ihn auch andauernd an, und bald glaubt ihm niemand mehr, dass er es wirklich einfach nicht weiß.

Eines Tages aber ist es so weit. In seinem Fach im Lehrerzimmer liegt ein weißer Umschlag. Der Absender ist die Behörde. In zwei Sätzen wird ihm mitgeteilt: „Sehr geehrter Herr Leiter, ich freue mich, Ihnen mitteilen zu können, dass Sie für die o.a. Stelle ausgewählt wurden. Zu Ihrer Beförderung spreche ich Ihnen meinen Glückwunsch aus.“

Bodo kann es gar nicht glauben. Während ihm der Duft des frischen Kaffees aus der Tasse einer Kollegin in die Nase steigt und sich zwei Kollegen darüber unterhalten, wie unmöglich die Klasse 8a ist, hält er den Brief in den Händen, der sein Leben verändern wird. Leise steckt er das Schreiben ein und lässt die Gewissheit ganz langsam in sich reifen, dass er bald eine neue Aufgabe an einer neuen Schule innehaben wird.

Freude und Trauer begleiten ihn die nächsten Wochen, in denen sich im Kollegium und der Schülerschaft langsam herumspricht, dass Herr Leiter gehen wird. Am letzten Tag vor den Ferien wird er offiziell verabschiedet. Er gibt eine riesige Torte für das Kollegium aus. Die Schulleiterin findet sehr warme und wohltuende Worte. All das erreicht ihn aber nicht mehr wirklich. Es ist merkwürdig. *Wenn das Herz schon woanders ist, kommt irgend-*

wie nichts mehr an mich heran, denkt er. Am letzten Schultag verabschiedet er sich bei allen persönlich. Handynummern werden ausgetauscht. Alle versprechen sich gegenseitig, wie eng sie in Kontakt bleiben möchten. Einige freuen sich für ihn und umarmen ihn, einige verabschieden ihn aus den verschiedensten Gründen kühl oder sogar aggressiv. Zu Hause angekommen, reift langsam die Erkenntnis: Er hat es geschafft. Der erste Schritt auf einem neuen Weg ist getan.

4.7 Die folgenden Jahre und ein kleiner Einschub

Bodo findet sich schnell in der neuen Schule zurecht. Alles beginnt von vorne: neue Kolleginnen und Kollegen. Wieder gute Zusammenarbeit auf der einen und Argwohn auf der anderen Seite, nach dem Motto: Wie kann ein so junger Mann den Fachbereich leiten?

Ich möchte an dieser Stelle gerne ein paar Worte zur Besonderheit der Zwischenfunktionen im mittleren Management loswerden. Auf dem Weg in Richtung Schulleitung ist es in vielen Fällen üblich, sich langsam über verschiedene Positionen der Leitung einer Schule anzunähern. Oft gehen die Wege wie bei Bodo über die Fachbereichsleitung, in vielen Fällen auch über Fachobleute, Jahrgangsleitungen, Koordinationsstellen oder andere Ämter mit Führungsaufgaben. Diese Ämter des in der freien Wirtschaft sogenannten „mittleren Managements" haben gewisse Vor- und Nachteile. Allen gemein ist, dass diese sich in einer manchmal etwas merkwürdigen Sandwich-Position befinden. Die Vorteile liegen klar auf der Hand. Teilweise sind diese Stellen sogar sehr hoch besoldet, auch wenn man noch nicht die gesamte Verantwortung trägt. Beispielsweise erhalten Koordinatorinnen und Koordinatoren an Gymnasien in den meisten Fällen A15-Bezüge. Das ist weit mehr, als an den meisten Grundschulen die Schulleitung verdient. Dennoch tragen diese Positionen niemals die Verantwortung für das gesamte System Schule.
Diese Art von Stell eignet sich sehr gut, um Führungsverantwortung zu übernehmen, aber nicht für alles verantwortlich gemacht werden zu können. Man ist also noch irgendwie ein Teil des Kollegiums und dennoch herausgehoben. Man kann sich in diesen Positionen gut ausprobieren. Ist Verantwortung etwas für mich? Kann ich mit Druck umgehen? Wie lebe ich damit, dass mich jemand nicht mag und das auch offen ausspricht? All diese Fragen werden Sie für sich beantworten können, wenn Sie ein paar Jahre ein solches „Sandwich-Amt" bekleidet haben. Das Ausprobieren ist also auf der einen Seite der Vorteil.
Auf der anderen Seite der Waage liegt aber die Tatsache, dass Sie nicht mehr wirklich zum Kollegium gehören. Sie haben eben Führungs- und Qualitätsverantwortung. Es ist immer alles schön und nett, solange alle Kolleginnen und Kollegen ihre Arbeit entsprechend gut erledigen. Aber was machen Sie, wenn Sie jemandem sagen müssen, dass sie oder er etwas anders machen muss oder etwas tatsächlich nicht gut gemacht hat? Was machen

Sie, wenn diese Person 20 Jahre älter ist als Sie? Was, wenn diese Person einem nahesteht? Wenn Sie Patentante oder Patenonkel eines der Kinder sind? Loben ist immer leicht, aber Kritik auszusprechen, fällt wirklich schwer. Je näher Ihnen eine Person steht, umso schwerer ist es. Ein weiteres Problem ist Ihre eigene Rollenwahrnehmung. Sehen Sie sich selbst eher als Schulleitungsmitglied oder als Teil des Kollegiums? Sehen Sie sich in der Führungsverantwortung oder eher als Personalrätin oder Personalrat der in Ihrem Bereich tätigen Lehrkräfte?

T

Mein Tipp

- Bevor Sie eine Stelle annehmen: Werden Sie sich unbedingt ganz klar darüber, wie Sie die Rolle ausfüllen wollen. Die Entscheidung, *wie* Sie eine Stelle und Ihre Aufgaben sehen, strahlen Sie aus. Sind Sie eine Person, bei der das Kollegium gar nicht erst nachfragt, sondern einfach macht? Sind Sie eine Person, vor der das Kollegium Angst haben wird? Lassen Sie alles durchgehen oder sind Sie streng? Genau diese Fragen werden wir anhand einiger Beispiele später im Buch analysieren. Ich werde Ihnen etwas Theorie an die Hand geben, und dann werden wir konkrete Situationen beleuchten.

4.8 Bodo und Leitung

All diese Gedanken und Probleme beschäftigen Bodo auch während der ganzen Zeit als Fachbereichsleiter. Die Kolleginnen und Kollegen erwarten von ihm, dass er bei der Schulleitung die besten Ressourcen für den Fachbereich herausholt. Sie erwarten, dass er sich richtig reinhängt. Sie erwarten hohe Professionalität und dass ihre Arbeit stets anerkannt und gelobt wird. Außerdem soll der neue Fachbereichsleiter freundlich und auch freundschaftlich sein. Er soll sich als Teil des Kollegiums sehen, schließlich soll er ja nur ein bisschen für Mathematik organisieren.

Die Schulleitung sieht in Bodo ein Mitglied der erweiterten Schulleitung. Er hat Führungsaufgaben, soll die Qualität in seinem Fachbereich sicherstellen, er soll die Kolleginnen und Kollegen und deren Leistungen kennen sowie „schwachen" Lehrkräften beratend zur Seite stehen. Er soll Rückmeldung geben, wenn eine Lehrkraft ihre Aufgaben nicht erfüllt. Er soll auch mal Kolleginnen und Kollegen ermahnen und nicht immer alles Unangenehme auf die Schulleitung schieben.

In dieser Sandwich-Position steckt nun Bodo. Er möchte einfach gute Arbeit leisten und mit sich und seinen Aufgaben zufrieden sein. Er möchte das Gefühl haben, dass er die Aufgaben schaffen kann und Qualität abliefert. Er möchte aber auch gemocht werden. Er möchte, dass die Kolleginnen und

Kollegen ihn gut finden, seine Arbeit schätzen und sehen, wie viel er tut. Er möchte, dass sie ihn respektieren, aber auch mal nur seine Freundinnen und Freunde sind. Er möchte, dass alle ihren Job gut machen, damit er keine unangenehmen Gespräche führen muss. Dieser Spagat, das ist wohl klar, kann kaum gelingen.

Genau wie Bodo geht es vielen Leitungsmitgliedern, die sich in mittleren Führungsebenen befinden. Oft kommen sie selbst aus dem Kollegium. Oft sind sie sogar angeregt worden, sich auf eine Stelle zu bewerben, weil sie ja so nett sind. Wenn man diese Stelle dann aber innehat, sieht die Welt auf einmal anders aus. Freunde, die vorher noch „ganz eng mit einem" waren, wenden sich ab. Es wird schlecht über einen geredet. In einigen Kollegien grüßt man sogar karrierebewusste Kolleginnen und Kollegen nicht mehr.
Wenn Sie das Gefühl haben, dass Sie gerne sich selbst in einer Funktionsstelle ausprobieren wollen, dann seien Sie ehrlich zu sich selbst. Hören Sie stets in sich hinein. Sind Sie glücklich? Fühlen Sie sich wohl? Fühlen Sie sich wertgeschätzt? Können Sie die Aufgaben, die Ihnen gestellt werden, gut bewältigen? Schlafen Sie gut? Nehmen Sie Probleme mit nach Hause?
Holen Sie sich ein ehrliches Feedback von Menschen ein, die Ihnen nahestehen. Sind Sie noch die oder der gleiche, die Sie waren? Wenn nicht, ist die Entwicklung positiv? Wirken Sie ständig gestresst? Natürlich gibt es Stressphasen. Die machen einen manchmal fertig. Natürlich schläft man auch mal schlecht. Das ist alles in Ordnung. Es darf nur kein Dauerzustand werden.

T

Mein Tipp

- Wenn Sie permanent gereizt sind, keine Geduld mehr haben, wenn der Körper zum Beispiel mit Magendruck reagiert, dann seien Sie ehrlich zu sich selbst und suchen einen guten Ausweg. Wenn Sie erkennen sollten, dass diese Stelle nichts für Sie ist, dann heißt das nicht, dass Sie komplett ungeeignet sind. Manchmal passt es einfach nicht. Suchen Sie das Gespräch mit Vorgesetzten, mit Kolleginnen und Kollegen, die ehrlich sind und es gut mit Ihnen meinen. Wenn alles nichts hilft, dann legen Sie das Amt wieder nieder oder bewerben Sie sich weg. Analysieren Sie aber vorher, ob das Problem wirklich bei Ihnen liegt oder ob die Umgebung Sie schlecht beeinflusst. Unter schlechten Vorgesetzten lässt es sich sehr schlecht arbeiten. Unter permanentem Druck kann es niemand lange aushalten. Aber wie finde ich eigentlich die richtige Stelle und die richtige Schule?

5 Der Weg in die Schulleitung

5.1 Der Routine begegnen

Bodo hat es gut erwischt. Er fühlt sich wohl an seiner neuen Schule. Nachdem er seine Rolle gefunden und seine Nische im Kollegium besetzt hat, findet er sich mit allem sehr gut zurecht. So vergehen die Jahre, und Bodo lernt immer mehr dazu. Ganz langsam schleicht sich jedoch wieder ein Gefühl der Wiederholung der Ereignisse ein. Den Mathematikwettbewerb hat er nun zum sechsten Mal organisiert. Im ersten Jahr, als er die Listen noch erstellen und die Pläne entwerfen musste, war das eine Herausforderung. Nun ist es Routine. Den Dank der Schulleiterin für sein Engagement hört er zwar, aber irgendwie löst das nichts mehr bei ihm aus. Bodo fühlt, dass es wieder einmal Zeit für eine Veränderung ist. Etwas Neues muss her. Er nimmt das Verwaltungsblatt zur Hand und durchforstet die neu ausgeschriebenen Stellen für die Leitung einer Schule.

In meinen Beratungsgesprächen kommt es oft vor, dass Menschen einfach nur das unbestimmte Gefühl wahrnehmen, dass sie sich nach etwas Neuem umsehen sollten, jedoch noch nicht wissen, in welche Richtung es gehen könnte. Auch hier kann meiner Erfahrung nach nur das Gespräch mit vertrauten Menschen helfen. Kommt die Unzufriedenheit wirklich aus der beruflichen Situation heraus, oder gibt es private Herausforderungen, die dazu führen, dass man unzufrieden wird? Ich habe es häufig erlebt, dass Ratsuchende mit dem Problem zu mir kommen, dass sie zwar unzufrieden sind, aber zunehmend mehr Zeit in der Schule verbringen. Hierbei fällt durchaus auf, dass sie sich beispielsweise Gespräche in die Abendstunden legen, und zwar mit der Begründung, dass die Gesprächsteilnehmenden nicht anders Zeit gehabt hätten. Neutral betrachtet ist es dann jedoch häufig so, dass diese Gespräche durchaus auch am Vormittag hätten stattfinden können.
Ich möchte deshalb an dieser Stelle auf die Möglichkeit hinweisen, dass Unzufriedenheit auch aus der privaten Situation erwachsen kann. Es ist dann nur scheinbar eine dienstliche Unruhe. Vielleicht entflieht man dem heimischen Umfeld, weil etwas extrem nervt. Beispiele, die mir bekannt sind, sind eine nicht oder nur schlecht funktionierende Ehe, massive Probleme mit den eigenen Kindern, Krankheiten im nahen privaten Umfeld, Eltern, die langsam zu Pflegefällen werden und so weiter.
All diese Dinge können dazu führen, dass man eine große Unzufriedenheit verspürt. Diese überträgt man nur zu leicht auf die schulische Situation – und begeht damit einen Kardinalfehler: Man verändert die berufliche Situation in der Hoffnung, dass es einem besser gehen möge. Da jedoch der eigentliche Kern des Problems im privaten Umfeld zu finden ist, führt eine Änderung des beruflichen Umfelds in vielen Fällen zu einer katastrophalen

Situation. Im privaten Umfeld herrscht eine große Unsicherheit oder Unzufriedenheit und das, was einem bisher Sicherheit gegeben hat, nämlich das berufliche Umfeld, ändert man nun auch noch. In vielen Fällen kommt es dann zum kompletten Zusammenbruch.

T

Mein Tipp

- Ich möchte Ihnen daher den dringenden Tipp geben: Wenn Sie in Ihrem Leben Unzufriedenheit verspüren, klären Sie genau ab, ob es wirklich das berufliche oder nicht doch das private Umfeld ist, das Ihnen Unbehagen bereitet.

5.2 Die richtige Schule finden

Bodo hat mit seinen Freundinnen und Freunden und mit seinen engeren Kolleginnen und Kollegen gesprochen. Er ist absolut überzeugt davon, dass sein privates Umfeld nicht die Ursache für seine Unzufriedenheit ist. Vielmehr wiederholen sich die Vorgänge in der Schule, und der Reiz des Neuen ist einfach verflogen. Er hat einen Punkt erreicht, an dem er eine gewisse Sättigung verspürt und dringend neues Futter braucht. Das Verwaltungsblatt bietet nun viele Möglichkeiten, um sich in eine neue Stelle hineinzudenken. Durch Gespräche und Beratung von außen wird Bodo immer klarer, dass er nun den großen Schritt wagen und von der Fachbereichsleitung in Richtung Schulleitung gehen möchte. Er sucht also nach einer Stelle als Schulleiter einer mittelgroßen Schule. Im Laufe des nächsten Jahres besucht Bodo verschiedene Schulen und führt viele Gespräche. Er spricht mit Schulleiterinnen und Schulleitern, Dezernentinnen und Dezernenten.

Schlussendlich findet Bodo eine Schule, in deren Pausenhalle er sich bei dem „geheimen Besuch" sehr wohl fühlt. Die Menschen laufen freundlich an ihm vorbei und grüßen ihn nett. Besonders positiv fällt ihm auf, dass ein Schüler zu ihm kommt und ihn fragt, ob er ihm helfen könne, er würde sich ja offensichtlich nicht auskennen.

Hier sagt alles in ihm laut „JA"! Diese Schule soll es sein! Es sind knapp 1.000 Schülerinnen und Schüler, also ein großes System. Etwa 80 Lehrkräfte unterrichten hier, mit allen anderen Mitarbeiterinnen und Mitarbeitern in insgesamt zwei Sekretariaten sind es zusammen knapp 100 Erwachsene, die an der Schule arbeiten. Die Gespräche mit der zuständigen Dezernentin laufen auch sehr gut. Es gibt ein recht großes Bewerberfeld mit insgesamt fünf Bewerberinnen und Bewerbern.

Für die Vorstellung im Schulvorstand sammelt Bodo zunächst alle Informationen über die Mitbewerbenden, die er finden kann. Es sind verschiedene Charaktere dabei. Er muss sich von ihnen abgrenzen, Alleinstellungsmerkmale finden. Er schaut sich sehr genau auf der Internetseite der Schule um und sucht nach Zeitungsartikeln über die Schule. So kann er schnell erkennen, was in der Schule gerade Thema ist, welche Auszeichnungen sie erhalten hat und was sie für die Schule und ihr Umfeld bedeuten.

Im Schulvorstand macht Bodo sehr geschickt deutlich, dass er wirklich motiviert ist. Er ist ehrlich und offen. Diese Vorstellungsrunde erweist sich als viel aufwändiger als damals, als er Fachbereichsleiter werden wollte. Dieser Schulvorstand arbeitet offensichtlich hoch professionell. Alle Bewerberinnen und Bewerber erhalten die gleichen Fragen und die gleiche Zeit zur Beantwortung. Insbesondere die Fragen aus dem Kollegium sind für ihn sehr schwer zu beantworten. Beispielsweise die Frage danach, welches Rhythmisierungsmodell er bevorzugen würde. Er weiß nicht, wie der Schulvorstand zu dieser Frage steht und wofür es Mehrheiten gibt. Natürlich werden ihm auch Fragen gestellt, bei denen es darum geht, klar zu zeigen, wie er handeln würde. Die Frage „Wenn Sie bei uns als Schulleiter anfangen würden, würden Sie dann die Stundenzählung für Lehrkräfte einführen?“ ist besonders heikel. Bodo kämpft sich aber durch und beantwortet alle Fragen offen und ehrlich.

Das Votum im Schulvorstand holt Bodo an diesem Abend für sich. Es fällt knapp aus, aber dennoch hat er die Mehrheit. Dies ist besonders erwähnenswert, weil einer der Bewerber aus der Schule selbst kommt.

Die Zeit bis zu einer Entscheidung wird für Bodo nun wieder einmal eine schwere. Die Aufgabe, die ihm einmal Spaß gemacht hat, muss er jetzt noch weiter erledigen, obwohl sie ihn nicht mehr zufriedenstellt und er nicht einmal weiß, ob er die neue Stelle bekommt. Erst eine Woche vor den Sommerferien erhält er das Schreiben der Behörde, in dem steht, dass er ausgewählt wurde. Also schnell Abschied nehmen von den Klassen, den Eltern, den Kolleginnen und Kollegen. Die Gespräche und den Neid genauso wie die guten Wünsche über sich ergehen lassen und dann mit voller Kraft in die neue Aufgabe einsteigen.

T

Mein Tipp

- Auch hier habe ich einen Tipp für Sie: Warten Sie ab. Ich weiß, dass es schwer ist und dass Geduld wirklich schwer zu bewahren ist. Man möchte so gerne wissen, ob man den neuen Job bekommt oder nicht. Es ist aber ein wichtiges Zeichen von Kompetenz und Erfahrung, dass man nicht ständig die Behörde anruft. Warten Sie einfach ab. Ich kenne viele Schulleitungen, die erst direkt vor oder sogar in den Sommerferien erfahren haben, dass sie für die neue Stelle ausgewählt wurden.

5.3 Direkt davor und was jetzt entschieden werden sollte

Nun hat Bodo also Gewissheit: Er wird neuer Schulleiter der Gesamtschule am Berg, eine Integrierte Gesamtschule mit 1.000 Schülerinnen und Schülern und einer Oberstufe. Die Ferien über kann Bodo es kaum fassen. Hier wollte er immer hin! Das wollte er immer erleben! Das genau ist seine Berufung! Die Leitung einer Schule! Davon hat er geträumt! Die Aufregung und die Freude wechseln sich jedoch permanent ab mit großen Fragen und viel Unsicherheit. Die Schulleiterinnen und Schulleiter, unter denen er bisher gearbeitet hatte, hatten alle so eine starke Ausstrahlung, und das Kollegium brachte ihnen immer so viel Respekt entgegen. Wie wird man so?

Fragen über Fragen kreisen Bodo im Kopf herum, auch die der persönlichen Anrede: „du" oder „Sie"? Die Frage habe ich in meinen Coachings oft gehört. Ich habe fast den Eindruck, dass es sich hierbei um eine Glaubensfrage handelt. Es gibt Menschen, die können sich als Leitung duzen lassen und leben damit sehr gut. Grundsätzlich fasse ich aber die Erfahrungen verschiedener Leitungen aus meinem Umfeld so zusammen: Auch wenn Sie als Leitung mit dem „du" gut umgehen können und es auch viele Kolleginnen und Kollegen gibt, die das auch können, so gibt es dennoch einige wenige, die das „Sie" eindeutig rechtfertigen. Einige Lehrkräfte verlieren durch das „du" jeglichen Respekt im Umgang mit Ihnen als Leitungsperson. Das gleiche habe ich öfters aus den Sekretariaten gehört. Überlegen Sie sich einfach, was sich für Sie besser anfühlt. Stellen Sie sich vor, eine Sekretärin oder ein Sekretär kommt aus dem Büro zu Ihnen an den Schreibtisch. Fühlen Sie sich besser, wenn er oder sie sagt: „Herr Leiter, würden Sie mir kurz eine Unterschrift geben?" oder wenn es heißt: „Bodo, kannst du mal deinen Karl-Otto hier drunter setzen?"

Sie hören sicherlich meine persönliche Präferenz heraus. Ich habe mir damals selbst vorgenommen, mindestens ein Jahr lang alle, wirklich alle, zu siezen. Ich habe dann mit der Zeit herausgefunden, mit wem ich mich duzen möchte und mit wem nicht. Die Entscheidung und die Handlung lagen dann aber bei mir.

Und es gibt noch mehr Fragen: Was ziehe ich an? Auch diese Frage ist Einstellungssache. Ich kenne viele Schulleiterinnen und Schulleiter, die man rein optisch nicht vom Lehrerkollegium unterscheiden kann. Dennoch gibt es darunter viele, die respektiert und anerkannt sind. Einige Schulleitungen kann man jedoch nicht einmal von den Schülerinnen und Schülern unterscheiden. Das wäre dann für mich persönlich eine klare Grenze. Die Entscheidung, ob Sie sich modisch sportlich oder klassisch elegant kleiden wollen, hängt sicherlich auch davon ab, wie viel Distanz Sie dadurch zum Ausdruck bringen möchten. Wie alt sind Sie? Wie alt ist das Kollegium im Schnitt, und wie hat es die Vorgängerin oder der Vorgänger gehandhabt?

T

Mein Tipp

- Mein persönlicher Hinweis lautet: Kleiden Sie sich eher distanziert und eher klassisch. Es gibt wie beim Wechsel vom Siezen zum Duzen immer die Möglichkeit, sich später legerer zu kleiden. Andersherum ist es schwerer.
- Wie streng möchte ich sein? Auch hier ist klar: Führen Sie ein Kollegium so, wie Sie als Lehrerin oder Lehrer eine Klasse führen würden. Setzen Sie klare Regeln und Maßstäbe und lassen Sie dann Ausnahmen zu. Grundsätzlich ist es leichter, sich im Laufe der Zeit zu entspannen, als später die Zügel fester in die Hand zu nehmen.
- Seien Sie klar und ziehen Sie klare Grenzen. Versuchen Sie, den neuen Kolleginnen und Kollegen Ihre Entscheidungen transparent zu machen. Ich habe oft gehört, dass es besonders zu Beginn vielen schwer fällt, die Einhaltung der Dienstpflichten wie Pünktlichkeit und Teilnahmepflicht an Konferenzen durchzusetzen. Hier sind die ersten Wochen entscheidend. Machen Sie gleich zu Beginn deutlich, dass alte Ausweichmöglichkeiten von Ihnen nicht akzeptiert werden. Halten Sie sich dabei stets vor Augen, dass im Falle einer legeren Führung diejenigen die Dummen sind, die Ihre Dienstpflicht gewissenhaft erfüllt haben. Diejenigen werden sich auch freuen, wenn endlich jemand da ist, der auch die anderen Lehrkräfte darauf hinweist, dass sie zu Konferenzen zu erscheinen und die Pausenaufsichten zu erledigen haben. Die Schwierigkeiten bei diesem Start werde ich später noch beleuchten.

5.4 Die Amtseinführung und die Antrittsrede

Wie in den meisten Bundesländern üblich möchte Bodos Dezernentin ihn am letzten Tag der Sommerferien ins Amt einführen. Sie bittet ihn, zu diesem Anlass eine Rede zu halten. Er entscheidet sich für folgende Worte:

Liebe Kolleginnen und Kollegen,
ich bin der Neue. Mein Name ist Bodo Leiter, ich bin 39 Jahre, habe eine Lebenspartnerin, zwei Kinder und einen Hund.
Ich stehe hier vor Ihnen als sehr glücklicher Mann. Auf diesen Tag habe ich lange gewartet. Ich freue mich, dass er gekommen ist und ich endlich meinen Traumberuf ausüben kann. Ich wollte schon sehr lange Schulleiter werden, und es erfüllt mich mit Spannung und Aufregung, hier heute vor Ihnen zu stehen. Seit ich meine Bewerbung im vergangenen Jahr eingereicht habe, haben Sie meinen Namen sicherlich schon gehört und vielleicht wissen Sie auch, dass ich vor meiner Bewerbung an der Sonnenschule in Dorfhausen war und dort den Fachbereich Mathematik geleitet habe. Ich habe diese Aufgabe sehr gerne ausgefüllt und die Zeit genutzt, um viel über mich selbst zu lernen und

zu erfahren. Vielleicht hat die eine oder der andere auch schon gehört, was ich für ein Mensch bin.
Ich habe mich bei der Vorbereitung gefragt, was mich interessieren würde, wenn sich mein neuer Schulleiter bei mir vorstellen würde. Ich glaube, dass ich gerne wissen würde, was er für ein Mensch und was ihm wichtig ist. Drei Dinge möchte ich besonders betonen:

- ***Toleranz***
  Gerade in der heutigen Zeit ist Toleranz zentral wichtig. Ich bin in einem Elternhaus groß geworden, das unter dem Nationalssozialismus sehr gelitten hat. Meine Eltern haben mir beigebracht, dass alle Menschen gleich sind und folglich gleich zu behandeln sind. So sehe ich auch meine Aufgabe als Schulleiter. Diese Schule sollte für alle Kinder und Jugendlichen ein Zuhause sein, egal, aus welchem Land sie kommen und welche Einschränkungen oder Begabungen sie mitbringen. Selbiges gilt selbstverständlich auch für alle Lehrkräfte und Mitarbeiterinnen und Mitarbeiter der Schule. Wir alle können uns als Teil dieser Schule fühlen, egal, wo wir herkommen, welche Hautfarbe wir haben, welche Fächer wir unterrichten und wie wir unser privates Leben gestalten. Diese Schule ist für uns alle unsere dienstliche Heimat.
- ***Gerechtigkeit***
  Hierfür gäbe es viele Beispiele. Ich möchte aber zwei aus meiner Sicht für Schule entscheidende Blickwinkel erwähnen. Da wir als Lehrerinnen und Lehrer die Leistung von Schülerinnen und Schülern permanent beurteilen, sollte für uns alle der Begriff der Gerechtigkeit ein zentraler sein. Ich habe dem Leitbild dieser Schule entnommen, dass Sie das genau so sehen, und das hat mich zusätzlich gestärkt, mich zu bewerben. Ein zweiter Blick in Bezug auf Gerechtigkeit in der Schule könnte der der Arbeitsbelastung der Lehrerinnen und Lehrer sein. Ich selber war Klassenlehrer, Fachlehrer und Fachbereichsleitung. Wir alle wissen, dass die Belastung zum Beispiel der Klassenleitungen in gewissen Phasen des Schuljahrs sehr hoch ist. Ich weiß, dass dies im System Schule nicht immer komplett zu kompensieren ist, aber ich werde versuchen, bei meinen Entscheidungen die Ungerechtigkeit in der Arbeitsbelastung und auch in der Besoldung nicht zu vergessen.
- ***Dienstpflicht***
  Das mag für Sie merkwürdig sein, aber für meine Haltung als Schulleiter ist tatsächlich die Dienstpflicht sehr entscheidend. Aus meiner Sicht besteht der Beruf der Lehrerin und des Lehrers nicht nur aus der Pflicht, zu unterrichten, sondern auch aus Aufgaben, die weit darüber hinausgehen. Teilnahme an Konferenzen und Besprechungen auf der einen Seite, aber auch die Pflicht der Erziehung der Kinder und Jugendlichen auf

der anderen Seite. Es gibt den Begriff der Dienstpflicht, über die man nicht diskutieren kann, aber es gibt auch den Begriff der Erziehung, in dem oft Augenmaß, Verständnis und Gefühl wichtig sind. So möchte ich meine Pflichten als Schulleiter ausfüllen. Mit Pflichtbewusstsein auf der einen Seite und Augenmaß und Verständnis auf der anderen.

Diese drei Begriffe sind für mich von zentraler Bedeutung. Ich glaube, dass sie sowohl meine Persönlichkeit als auch meine Dienstauffassung im Kern widerspiegeln. Heute und in den nächsten Wochen ist aber für mich Folgendes besonders wichtig: Lernen und Freude. Lernen, weil ich viel über Sie und Ihre, also diese Schule, lernen möchte, damit es auch meine Schule wird. Und Freude, weil ich mich unglaublich auf Sie alle und auf meine neue Aufgabe freue. Ich hoffe auf eine gute Zusammenarbeit mit Ihnen und den Schülerinnen und Schülern sowie den Eltern.
Vielen Dank

T

Mein Tipp

Bei Ihrer Antrittsrede sollten Sie 9 Punkte beachten:

1. Planen Sie Ihre Antrittsrede.
   Ich habe schon oft Reden gehört, die die Rednerinnen und Redner aus dem Ärmel schütteln, weil sie ja schon so viele Reden gehalten haben. Man erzählt von sich, was man interessant findet, und warum man was wie sieht. Bitte tun Sie das niemals. Sie kommen ins „Labern“, ohne dass Sie es selbst merken. Dann gehen Sie vom Rednerpult weg, und alle klatschen, obwohl es eine Katastrophe war.
2. Versetzen Sie sich in die Zuhörerinnen und Zuhörer.
   Stellen Sie sich vor, wie es war, als Sie Lehrerin oder Lehrer waren. Da stellt sich Ihre neue Chefin oder Ihr neuer Chef vor. Was interessiert Sie? Beantworten Sie in Ihrer Rede die Fragen, die Sie sich selbst als Lehrkraft stellen würden.
3. Achten Sie auf den Kern.
   Was ist Ihnen eigentlich wirklich wichtig? Sprechen Sie über maximal drei, vier Dinge und wählen Sie dafür sehr bedacht und exakt die richtigen Worte. Verwenden Sie Sätze wie „Wir arbeiten jetzt zusammen, und darauf freue ich mich. Viele von Ihnen werden sich vielleicht fragen, was mir bei der Erfüllung meiner Aufgaben als Schulleiterin oder Schulleiter das Wichtigste ist und worauf Sie sich verlassen können. Dafür möchte ich Ihnen nun einige Worte nennen, die mir sehr wichtig sind.“ Nun könnte beispielsweise das Wort „Verlässlichkeit” genannt werden. Fragen Sie sich, ob es wirklich das ist, was Sie ganz exakt meinen. Oder ist es beispielsweise „Berechenbarkeit“? Wägen Sie auf diese Weise verschiedene Themen gegeneinander ab und wählen Sie dann drei, vier aus, die Sie mit Substanz füllen. Warum ist Ihnen dieser Begriff so wichtig? Was wollen Sie dadurch zum Ausdruck bringen?

4. Fassen Sie sich kurz.
   Wir alle kennen doch diese Reden, die niemals enden wollen. Gerade bei Antrittsreden besteht diese Gefahr. Wer wir sind, woher wir kommen, was uns wichtig ist, was wir selbst erlebt haben und wie unsere Eltern und unsere Familie uns beschreiben und wo wir mit der neuen Schule hinwollen und blablabla ... Verfallen Sie nicht dieser Versuchung. Eine gute Antrittsrede kann 5 bis maximal 15 Minuten dauern.
5. Sprechen Sie frei.
   Was würden Sie sagen, wenn eine Oberstufenschülerin ihr Referat abliest? Sprechen Sie also unbedingt frei. Unsere Schriftsprache ist sehr viel komplexer als unsere gesprochene Sprache. In der Schriftsprache verwenden wir viele Einschübe und können so lange Sätze bauen, weil die Leserinnen und Leser dem ja folgen können. Dies kann man aber in der gesprochenen Sprache nicht.
6. Sprechen Sie so, wie Sie sprechen.
   Ich habe einmal eine Antrittsrede einer neuen Schulleiterin eines Gymnasiums gehört. Sie hatte wohl versucht, durch die Verwendung möglichst vieler Fremdworte ihre Rede komplex und anspruchsvoll zu gestalten. Ganz ehrlich: Das will niemand hören. Es geht nicht darum, einen politischen oder fachlichen Vortrag zu halten. Sie sollen über sich selbst reden. Wenn Sie normalerweise viele Fremdwörter benutzen, dann tun Sie das natürlich auch in dieser Rede. Aber wenn Sie das normalerweise nicht tun, kommt es peinlich und gekünstelt rüber. Seien Sie Sie selbst.
7. Seien Sie witzig – oder auch nicht.
   Wie oft habe ich in Reden schon geplante Witze gehört. Das kennen wir alle. Das ist niemals witzig. Lassen Sie es also, wenn Sie nicht wirklich ein witziger, spontaner Mensch sind.
8. Üben Sie, so viel es geht.
   Ich weiß, dass einem das lächerlich vorkommt, aber es ist einfach eine sehr wichtige Rede, die Sie da halten müssen. Üben Sie vor dem Spiegel, stoppen Sie die Zeit. Üben Sie vor Ihren Familien und Freunden und lassen Sie sich Rückmeldung geben. Je perfekter Sie es üben, desto lockerer kommt es im Ernstfall rüber.
9. Seien Sie emotional.
   Diese Rede ist wichtig, weil die Menschen, die Ihnen zuhören, wissen wollen, was Sie für ein Mensch sind. Es ist hier wie bei gutem Unterricht: Sie überzeugen, wenn man spürt, dass Sie selbst hinter dem stehen, was Sie sagen.

5.5 Der erste Tag

Nach seiner Rede an diesem Freitag begrüßt Bodo alle Kolleginnen und Kollegen mit Handschlag. Erschöpft, aber mit sich zufrieden, fällt er abends ins Bett. Das folgende Wochenende nutzte er, um sich auf den Montag vorzubereiten, den ersten echten Tag als Chef. Was soll er anziehen? Wie soll er sich geben? Welche Standards setzt er gleich am ersten Tag? Er denkt an so vieles, was nun wichtig ist und was er nach dem ersten Tag nie wieder anders machen kann.

Bodo entscheidet sich, am ersten Tag einen lockeren, aber klaren Kleidungsstil zu wählen; und er entscheidet sich für das „Sie". Bodo zieht eine Jeans, ein weißes Hemd mit Krawatte und ein schönes Sakko an. Dazu braune Lederschuhe und einen braunen Gürtel. So, findet er, hat er die Mischung aus sportlich und elegant gut getroffen. Die Entscheidung mit dem „Sie" hingegen ist ihm nicht leicht gefallen. Eigentlich hat er sich bisher mit allen geduzt. Das war auch niemals ein Problem. Seine Schulleiterinnen und Schulleiter hatte er jedoch immer gesiezt. So entscheidet er sich nun für das, was ihm bekannt ist; auch wenn er nun die andere Seite des Schreibtischs besetzen muss.

Am Montag ist Bodo früh auf den Beinen und damit auch früh in der Schule. Er hat Bücher zum Thema „Führen durch Vorbild" gelesen und möchte allen zeigen, dass er das vorlebt, was er auch von seinen Kolleginnen und Kollegen erwartet. Also erscheint er um 7.15 Uhr hellwach in der Schule. Zu diesem Zeitpunkt arbeitet nur seine Stellvertreterin am Stundenplan. Als er die Tür öffnet und sie mit Handschlag begrüßt, hat er fast das Gefühl, dass sie erschrocken ist. So früh scheint sein Vorgänger wohl nicht in der Schule gewesen zu sein. Nach und nach trudeln nun auch die Sekretärinnen und Sekretäre ein. Etwas später dann das Kollegium.

Bodo hat sich entschieden, an seinem ersten Tag einen auszugeben und hat einen großen Korb voller Süßigkeiten in das Lehrerzimmer gestellt. Er selber steht irgendwie ein bisschen verloren daneben, als nach und nach die Personen kommen. Er begrüßt alle mit Handschlag. Hierbei bemüht er sich, für jede und jeden einen lockeren Spruch auf den Lippen zu haben. Anhand des Jahrbuchs hat er versucht, sich die Namen von allen im Vorfeld einzuprägen, was nur so mäßig geklappt hat, wie er jetzt feststellt. Im Großen und Ganzen kommt es aber sehr gut an, dass er eine Vielzahl von Namen schon kennt.

Es ist und bleibt aber merkwürdig. Er fühlt sich irgendwie total alleine bei all den neuen Gesichtern. Bisher war er ein fester Bestandteil jedes Kollegiums. Er war beliebt und geschätzt und er hat sich mit allen geduzt. Nun stellt er irgendwie eine große Distanz zwischen ihm und den Lehrkräften fest. Es fühlt sich gar nicht gut an. So ist Bodo erleichtert, als es klingelt und alle Lehrkräfte nach und nach in die Klassen gehen.

Aber jetzt fühlt er sich in diesem Lehrerzimmer erst recht sowas von fehl am Platz. Das hatte er sich ganz anders vorgestellt. Man hatte ihn doch immer herzlich begrüßt – und jetzt? Er wird doch wohl kein „böser Schulleiter" werden? Warum sind die Menschen so komisch zu ihm? Auf seinem Weg zurück ins Büro ist Bodo in seinen Gedanken versunken. Auf einmal begegnet ihm eine Lehrerin, die an ihm vorbeihuscht und schnell „Guten Morgen" ruft. Sie läuft dabei rot an und ergänzt: „Tut mir leid, ich stand im Stau." Bodo ist verwirrt. Was soll das jetzt? Warum begrüßt die ihn so merkwürdig und entschuldigt sich? *Ach ja*, denkt Bodo, *ich bin ja der Schulleiter.*

5.6 Der zweite Tag

Der gestrige Tag war erstaunlich anstrengend, obwohl eigentlich gar nichts passiert ist. Bodo hatte sich so auf die Aufgabe gefreut, und nun fühlt es sich einfach nicht so an, wie er es sich vorgestellt hatte. Er fühlt sich einsam und alleine. Er war sonst immer so glücklich und ein Menschenfreund, und alle kamen freundlich auf ihn zu. Nun wirkt es auf einmal so, als hätten die Menschen Angst vor ihm.

Die Entschuldigung für das Zuspätkommen sitzt bei ihm noch tief. Denken die so über ihn? Dass er „böse" ist? Dass er jeden, der zu spät kommt, bestraft? Nein, so will er nicht sein, aber wie soll er das klarmachen? Er möchte sich dem Kollegium zugehörig fühlen und er möchte, dass es ihn versteht. Er ist doch nur in der Rolle des Schulleiters. Er ist doch auch noch Mensch. Ihm scheint es so, als würde das niemand sehen wollen. Er ist doch Bodo!

So geht er mit einem schweren Herzen und verwirrten Kopf am zweiten Tag wieder in die Schule. Er begrüßt die Damen und Herren im Sekretariat und setzt sich an seinen Schreibtisch. Die Tür schließt er hinter sich. Gerade, als er sich hinsetzen will, fällt ihm sein Leitspruch wieder ein: „Meine Bürotür steht für meine Mitarbeiterinnen und Mitarbeiter immer offen." Er sitzt nun in seinem Stuhl und zögert. Er will die Tür nicht offen lassen, weil ihm danach ist, sich einzuigeln. Er fühlt sich der Rolle noch nicht gewachsen. Er will einen Moment lang nur Bodo sein. Er selbst. So wie er ist und nicht, wie alle ihn sehen wollen. Allerdings wollte er kein Chef sein, der sich einbunkert und eine Distanz zum Kollegium aufbaut. Zögernd steht er auf und geht zur Tür, als ihm die Entscheidung abgenommen wird. Es klopft. Ein freundlicher Mann um die 40 mit blonden lockigen Haaren und gebräunter Haut steht vor der Tür. Die schicke Sonnenbrille, die an einem Band hängt, steckt locker in seinen Haaren. Er erinnert sich. Herr Kuhl, der Fachbereichsleiter für Sport und

Ganztag, streckt ihm seine Hand entgegen. „Hey, ich bin Thomas, tut mir leid, dass ich dich an deinem zweiten Tag schon stören muss, aber wir haben ein Problem in der Halle. Das muss ich dir zeigen. Hast du ein paar Minuten?"

Das ist ein Beispiel einer Situation, die Ihnen mit Sicherheit begegnen wird. Das verspreche ich Ihnen. So oder etwas anders. Aber die Gefühlslage wird die gleiche sein. Auf der einen Seite wollen Sie so gerne dazugehören. Sie wollen sich nicht einsam fühlen. Wir Menschen sind Herdentiere, und auch Sie als Leiterin oder Leiter haben dieses Grundbedürfnis in sich. Da kann man nichts dagegen tun. In genau so einer Situation wird jemand kommen und Ihre Überzeugungen bezüglich des „du“ oder „Sie“ auf die Probe stellen. Es wird ein megasympathischer Mensch sein. Jemand, der Ihnen anbietet: „Hey, lass uns Freunde sein, ich bin der Thomas.“ Sie wollen auch gerne sein Freund sein, aber Sie sind seine Vorgesetzte oder sein Vorgesetzter.
Vielleicht wundern Sie sich, dass ich diese Situation nun zum wiederholten Male anspreche, aber wenn Sie sich da genau hineinversetzen, dann wird Ihnen auch klar, warum sie so wichtig ist. Das „du" oder das „Sie" ist nicht nur eine Ansprache. Es sagt etwas darüber aus, wie Sie sich selber sehen. Es sagt etwas über Ihre Rolle aus und wie Sie diese einnehmen wollen. Sollten Sie sich, so wie Bodo, für das „Sie“ entschieden haben, ist es besonders schwer, so einem netten Kollegen wie Thomas zu sagen, dass Sie seine Freundschaftsanfrage ablehnen. Dennoch ist das aus meiner Sicht zwingend erforderlich. Beziehungen bestehen immer aus zwei Personen. Eine Person bietet eine Beziehung auf einer bestimmten Ebene an. Die andere definiert dann: „Ja, das ist okay für mich", oder: „Nein, hier ist für mich eine Grenze".
Ich will es mal etwas auf die Spitze treiben. Was würden Sie empfinden, wenn eine Lehrkraft zu Ihnen als Schulleiterin oder Schulleiter käme und sagen würde: „Hey Susi, ich ziehe am Wochenende um, kannst du mir helfen und vielleicht ein paar Brötchen schmieren?" Da bietet jemand die Kumpel-Ebene an, die sich auch bisher immer gut angefühlt hat. Aber ist das angemessen für die Beziehung zwischen Schulleitung und Kollegium? Das kann ich Ihnen leider nicht beantworten. Es gibt dafür kein Rezept, kein pauschales „So musst du es machen.“
Bei mir persönlich ist es so, dass es einige Kolleginnen und Kollegen gibt, die das fragen dürften, womit ich auch kein Problem hätte. Bei den meisten würde ich jedoch sagen: „Tut mir leid, aber alleine die Tatsache, dass Sie mich das fragen, zeigt mir, dass wir einmal über die Definition unserer Beziehung sprechen müssen. Haben Sie mal eben ein paar Minuten dafür Zeit?" Ich führe das an dieser Stelle gleich mal etwas weiter, weil ich mir vorstellen kann, dass es Ihnen hilft. Man könnte dann beispielsweise sagen: „Ich freue mich wirklich, dass Sie mich das gefragt haben, und ich würde wirklich gerne helfen, aber vielleicht verstehen Sie, dass ich mich erst in meiner neuen Rolle einfinden muss. Das ist alles neu für mich, und ich übe mich gerade noch in der richtigen Position zwischen Nähe und Distanz. Können Sie das nachvollziehen?“

Mein Tipp

- Mit einer solchen Reaktion machen Sie nichts falsch. Grundsätzlich würde ich Ihnen immer empfehlen, ganz offen mit der Situation umzugehen. Manchmal bieten uns die Kolleginnen und Kollegen eine Beziehungsebene, die wir zu diesem Zeitpunkt noch für unpassend halten. Dann gilt es, diese freundlich zurückzuweisen und zu sagen, wie man sich dabei fühlt.

Zurück in die Situation von Bodo. Was würden Sie tun? Denken Sie einmal darüber nach. Bodo entscheidet sich, die aktuelle Kommunikation zu unterbrechen und ein klares Statement zu setzen: „Guten Morgen Herr Kuhl, danke, dass Sie mir das ‚Du' angeboten haben. Ich weiß, dass mein Vorgänger sich hat duzen lassen. Ich fühle mich damit jedoch noch nicht wohl. Bitte geben Sie mir die Gelegenheit, Sie erst einmal kennenzulernen, bevor wir uns duzen." Sie könnten dann noch ergänzen: „Ich habe mir das für das erste Jahr so vorgenommen" oder auch: „Tut mir leid, aber ich bin so erzogen worden und komme da gerade nicht heraus."

Mein Tipp

- Wie auch immer Sie es machen, ist eigentlich egal, aber bereiten Sie sich darauf vor. So ein Charme-Angriff kommt mit Sicherheit, und zwar genau dann, wenn es Ihnen gerade nicht so gut geht oder wenn Sie gerade nicht sehr stark sind. Wenn Sie sich für das „Sie" entschieden haben, dann müssen Sie es an dieser Stelle durchziehen. Ein Schwachwerden hätte fatale Folgen. Entweder müssten Sie nachregulieren und nochmals mit der Person sprechen, was total peinlich wäre, oder Sie müssten diese eine Person duzen und alle anderen siezen, was zwangsläufig zu der Frage führen würde, warum die eine Person offensichtlich eine Sonderrolle bei Ihnen einnimmt.
- Ich weiß, dass viele Leserinnen und Leser sich hier konkrete Tipps wünschen. Daher schiebe ich ein paar Worte zum Thema „alte Freunde" ein. Wir kennen das doch alle: Sie kommen an eine Schule, und dort sind Kolleginnen und Kollegen, die Sie kennen oder mit denen Sie studiert haben. Wenn Sie einmal beim „Du" waren, dann halten Sie das auf jeden Fall durch. Machen Sie nicht den Fehler und korrigieren Sie hier nach, indem Sie ein Gespräch mit der Person führen und ihr erklären, dass Sie nun doch zum „Sie" zurückkehren wollen. Das ist absolut unnötig. Seien Sie vielmehr transparent im Umgang mit anderen und machen Sie deutlich, warum Sie gerade diese Kollegin oder diesen Kollegen duzen: „Mit Herrn Lache habe ich zusammen studiert, deswegen duzen wir uns auch."

Wundern Sie sich nicht, wenn eine solche Situation, wie von Bodo oben gemeistert, Sie bis in den Schlaf verfolgt. Ihr ganzes System ist damit beschäftigt, sich mit der neuen Rolle abzufinden. Alles, was Sie tun und was Sie entscheiden, hat seine eigenen Konsequenzen und wird in Ihrem Unterbewusstsein abgewogen. Welche Handlungsoptionen hätte es hier und da gegeben? Was hätte man sagen können? War alles richtig so? Wie fühle ich mich gerade? Bin ich noch ich? All diese Fragen kreisen und kreisen und lassen Sie eventuell nicht schlafen oder wecken Sie mitten in der Nacht auf. Sollte dies so sein, dann bleiben Sie ruhig. Es ist absolut normal. Es wird sich alles legen, wenn Sie in Ihren Handlungen und Entscheidungen sicherer geworden sind. Sie werden sich mit der Zeit festigen, und dann wird auch Ihr Unterbewusstsein nicht stets so viel zu prüfen haben.

T

Mein Tipp

- Dazu zwei kleine Tipps aus der Praxis. Hier der erste: Ich höre immer wieder in Gesprächen, dass vor allem in der Nacht äußerst wichtig erscheint: Das Problem, das einen geweckt hat, möge sofort gelöst worden sein. Oft hat man auch in der Nacht einen tollen Ansatz für die Lösung. Legen Sie sich also einen Block auf den Nachttisch und wenn Sie wach werden, notieren Sie Ihre Gedanken und Lösungen. Dann sind sie erledigt, und Ihr Unterbewusstsein lässt Sie wieder zur Ruhe kommen. Wundern Sie sich aber nicht, wenn Sie morgens den Text lesen und er absolut keinen Sinn ergibt. So ticken wir. Wichtig war nur, dass Sie es notiert haben. Es ist meistens nicht wirklich die Lösung.
- Ein zweiter Tipp lautet, auf dem Smartphone eine Meditation griffbereit zu haben, die Sie zur Ruhe kommen lässt. Das ist keine Lösung für jedermann, aber dennoch für viele. Probieren Sie es einmal aus. Schaden kann es ja nicht.

6 Richtig im Amt: gut kommunizieren lernen

6.1 Erste komische Gefühle

Zurück zu Bodo und seinen ersten Tagen an der neuen Schule. Die ersten zwei Wochen sind rum und Bodo hat ganz langsam das Gefühl, dass erangekommen ist, wenn auch nur ein bisschen.

Bisher funktioniert die Umsetzung seiner Leitsätze ganz gut. Die Bürotür ist offen, er geht in der Pause immer mal wieder in das Lehrerzimmer, zu Hause spricht er über die Probleme, wenn sie da sind. Kurzum: Bodo fühlt sich wohl. Wenn da nicht ein paar merkwürdige Verhaltensweisen der Kolleginnen und Kollegen wären. Bisher ist es erst äußerst selten vorgekommen, dass eine Lehrkraft mit einem Anliegen in Bodos Büro gekommen ist. Da die Büros alle dicht beisammen liegen, bekommt er aber durchaus eine sehr große Bewegung in den Pausen mit. Das Sekretariat wird aufgesucht, seine Stellvertreterin ebenfalls. Alle haben irgendwas mit irgendwem zu besprechen. Nur zu ihm kommt kaum einmal jemand. Besonders fällt dies Bodo auf, als eines Tages Kollege Klotze (PHY/CH) zu seiner Stellvertreterin geht und sich dort von der Klassenkonferenz beurlauben lässt.

Offiziell erfährt Bodo erst nach der Klassenkonferenz davon, dass Kollege Klotze fehlt. Nach kurzem Zögern beginnt Bodo die Konferenz. Herr Klotze taucht die ganze Zeit über nicht auf. Im Büro zurück geht Bodo mit erhöhtem Blutdruck zu seiner Stellvertreterin Klaudia Hektik und spricht sie an: „Sag mal, Klaudia, Herr Klotze war eben bei der Konferenz nicht anwesend. War der krank?“ Klaudia Hektik antwortet darauf: „Nein, der ist nicht krank, Bodo, der hat sich bei mir abgemeldet. Hat alles seine Richtigkeit.“

Bitte tun Sie mir den Gefallen und lassen Sie sich auf diese Situation ein. Wie würden Sie reagieren? Was würden Sie tun? Was genau wir tun, hängt von verschiedenen Faktoren ab. Wie sind wir „gestrickt“? Sind wir leicht erregbar? Sind wir tiefenentspannt? Wie war die Vorsituation und die Stimmung? Ich kann Ihnen sagen, wie es mir ginge: Ich wäre stinksauer. Hier würde ich sofort nur Kritikpunkte sehen. Man stelle sich das mal vor: Man kommt schon leicht angesäuert aus einer Konferenz, weil jemand – aus der eigenen Sicht unentschuldigt – fehlte. Man wendet sich an die Stellvertreterin oder den Stellvertreter, die oder der einem ganz entspannt mitteilt, dass sie oder er einfach etwas entschieden hat. Das wirft Fragen auf: Darf sie oder er das überhaupt? Meine Antwort in dem Moment: NEIN. Warum sagt sie oder er nicht Bescheid und lässt mich voll auflaufen? Dem muss man mal

Bescheid sagen! So geht das ja nun nicht! All diese Gedanken spuken auch in Bodos Kopf herum: Will mich hier etwa jemand provozieren und mal sehen, wer hier das Sagen hat? Wenn Sie in diesen Momenten in der Lage sein sollten, ihr Gehirn einzuschalten, empfehle ich Folgendes: Drehen Sie die Aussagen der Kollegin Klaudia einmal um. Versuchen Sie, den positiven Kern zu sehen. Da hat Ihnen jemand Arbeit abgenommen. Da hat jemand eine Entscheidung getroffen, die Sie nun nicht mehr treffen müssen. Darüber hinaus, bevor Sie Porzellan zerschlagen, fragen Sie nach, wie solche Situationen in der Vergangenheit gehandhabt wurden. Wer darf denn überhaupt eine Freistellung aussprechen? Vielleicht war Ihre Vorgängerin oder Ihr Vorgänger zufrieden damit, dass sie oder er diese Gespräche nicht führen musste.

Mein Tipp

- Hauen Sie nicht gleich mit dem Hammer drauf. Führen Sie nicht gleich ein Dienstgespräch, sondern versuchen Sie, das Positive zu erkennen und dann exakt das herauszufinden, was Ihnen eigentlich wirklich missfällt. Darüber sprechen Sie dann an einem anderen Tag.

6.2 Herausforderung: schwierige Gespräche führen

In diesem Kapitel schieben wir Bodo mal kurz etwas nach hinten. Sowohl aus meiner Erfahrung im Beruf als auch aus den Beratungen weiß ich, dass wir hier am Kern dessen sind, was uns die Aufgabe als Schulleiterin oder Schulleiter immer wieder so schwer werden lässt. Das Führen schwieriger Gespräche. Wie oft haben wir das Problem und die komische Gefühlslage, dass ein offizielles Personal- oder Elterngespräch ansteht. Ich werde in diesem Kapitel versuchen, Ihnen ein solches Gespräch mit ein paar Hilfestellungen etwas leichter zu machen.

Klären des Interesses und der Lage: Eine Situation ist eingetreten, die nicht gut ist. Sie müssen handeln. Fragen Sie sich zunächst, ob Sie sich auf der Sachebene oder auf der emotionalen Ebene geärgert oder einen Fehler bemerkt haben. Dieser Schritt ist entscheidend, denn unterschiedliche Ursachen erfordern einen unterschiedlichen Umgang mit der Situation. Sollten Sie einen Fehler bemerkt haben, wird es recht leicht, die Kollegin oder den Kollegen darauf aufmerksam zu machen. Das kann man per E-Mail oder auch im Gespräch zwischen Tür und Angel; dann locker formulieren und entspannt sein. Das wird nicht schwer, weil Sie sich ja nicht geärgert haben.

Sollten Sie aber feststellen, dass Ärger mitspielt, dann sieht das anders aus. Emotionen sind immer ein Alarmzeichen, das Sie berücksichtigen sollten. Klären Sie in diesem Fall zunächst nur für sich, wie genau sich Ihre Emotion beschreiben lässt und wo konkret der sachliche Fehler liegt. Wenn Sie das nicht geklärt bekommen und unvorbereitet ein Gespräch führen, dann dürfen Sie fast sicher sein, dass es schiefläuft. Klären Sie also für sich die Eigenschaft oder die Tatsache, die falsch gelaufen ist, und schreiben Sie sich diese auf. Basierend auf dem *Wertequadrat* des Kommunikationswissenschaftlers Friedemann Schulz von Thun[1] sollten Sie nun den positiven Wert der Situation herausfinden. Schreiben Sie sich diesen auch auf.

Ein Beispiel: Ihre Sekretärin hat einem FSJler den Auftrag gegeben, einen Elternbrief zu schreiben, den eigentlich ausdrücklich sie selbst verfassen sollte. Der Brief wird für alle Eltern kopiert und verteilt. Sie selbst erhalten diesen über Ihr Fach im Lehrerzimmer. Sie stellen fest, dass der Brief Rechtschreibfehler enthält, dass Sie ihn vorher hätten sehen wollen und dass die genannten Zeiten falsch sind. Sie stehen vor Ihrem Fach und merken, dass es im Bauch grummelt. Sie sind die Person, die den Schaden und die Peinlichkeit am Ende zu verantworten hat. Vermutlich werden Sie stinksauer ins Sekretariat gehen und abhängig von Ihrem persönlichen Charakter die Mitarbeiterin mehr oder weniger deutlich „abfertigen". Das ist Ihr gutes Recht. Der Fehler war klar zu sehen. Sie sind die oder der Dumme, weil Sie sich auf die Sekretärin verlassen haben. Sie schnauzen herum, sind sauer und verärgert. Die Sekretärin ärgert sich auch. Sie wirft Ihnen vor, dass sie viel zu viel zu tun hat. Sie kocht ab sofort keinen Tee mehr für Sie und besteht auf ihre gesetzliche Mittagspause. Prima! Das ist ja mal gut gelaufen. Ab sofort, so verkündet sie Ihnen, wird sie Dienst nach Vorschrift machen.

Ziehen wir einen Strich unter die Situation, erstellen wir eine Energiebilanz. Auf der Habenseite steht, dass Sie direkt Ihren Ärger losgeworden sind. Genau an der Stelle, wo er hingehört. Sie werden kein Magengeschwür bekommen. Glückwunsch!

Auf der anderen Seite haben Sie vielleicht eine loyale Mitarbeiterin verscheucht, vergrault und verärgert. Eventuell meldet sie sich sogar krank. Sie fühlt sich missverstanden und nicht wertgeschätzt. Summe: Sie haben es verbockt und am Ende mehr Arbeit damit, die Wogen zu glätten, als Sie es gehabt hätten, wenn Sie besonnen gehandelt hätten. Verständlich ist, dass Sie sich ärgern. Der Fehler liegt ja klar auf der Hand.

Gehen wir aber jetzt einmal die Situation nach dem *Wertequadrat* durch. Stellen Sie sich vor, dass Sie Ihren Ärger kurz herunterschlucken. (Keine Angst, er bleibt da nicht.) Nun fragen Sie sich nach dem eigentlichen *Wert*, über den Sie sich geärgert haben. Hier sind Fehler passiert, und Sie sind emotional involviert. Aber was genau ärgert Sie? Dass die Sekretärin die Arbeit einfach weitergibt? Dass sie Sie nicht fragt? Dass sie Ihre Autorität untergräbt?

1 Schulz von Thun, Friedemann (1989). Das Wertequadrat: Miteinander reden 2: Stile, Werte und Persönlichkeitsentwicklung, Reinbek bei Hamburg

Machen Sie sich ganz klar, was das Schlimmste ist und schreiben Sie sich den Begriff auf. Aus meiner Sicht wäre es die Tatsache, dass die Sekretärin „übergriffig" war. Sie hat etwas entschieden, was nicht in ihrer Kompetenz stand.

Positives im Negativen suchen: Der nächste Schritt ist schwer. Suchen Sie in dem Begriff „übergriffig" nach einer positiven Eigenschaft. Dies könnte vielleicht „kann gut eigene Entscheidungen treffen" sein.

Die *positive Schwestertugend* suchen: Suchen Sie nun nach dem Ziel, wohin sich die Kollegin bitte entwickeln möge. In diesem Fall lautete das Ziel beispielsweise „mehr Rücksprache halten".

Suchen Sie die *negative Tugend*: Wohin wollen Sie auf keinen Fall? Was wäre zu viel? In diesem Fall zum Beispiel „Dienst nach Vorschrift", oder auch „Sie fragt jetzt bei Selbstverständlichkeiten nach".

Tragen Sie die Begriffe in das *Wertequadrat* ein:

Das Positive: „Die Sekretärin kann gut Entscheidungen treffen"	Die positive Schwestertugend oder mein Ziel für das zukünftige Verhalten: „Mehr Rücksprache"
Darüber habe ich mich geärgert: „Die Sekretärin war übergriffig!"	Es soll nicht passieren, dass: „Es soll nicht dazu kommen, dass die Sekretärin jede Kleinigkeit nachfragt und nicht mehr selbstständig handelt."

Arbeiten Sie mit diesem *Wertequadrat* im Gespräch so, dass Sie zunächst eben nicht damit anfangen, worüber Sie sich geärgert haben, sondern fangen Sie mit dem Guten an. Wir kommen dazu später.

Nun haben Sie Ihre Gesprächsstrategie entwickelt. Vor dem Gespräch sind aber noch ein paar andere Punkte zu bedenken:

Ort und Zeit wählen und einladen: Unterschätzen Sie diesen Punkt niemals. Ich empfehle, für ernste Gespräche immer das Büro zu nutzen. Laden Sie korrekt ein mit Angabe von Ort und Zeit und auch mit Nennung des Anlasses. Bei „leichterer" Kritik kann man diese auch mal nebenbei im Lehrerzimmer loswerden.

Vorsicht vor E-Mails: Überlegen Sie sich gut, ob Sie Ihrem Ärger per E-Mail Luft machen. Alles, was schriftlich ist, ist klar festgehalten und schwerer zu erläutern. Schriftliches kann zudem weitergeleitet werden; und außerdem können Sie die Reaktion Ihres Gegenübers nicht erfassen. Die Gefahr, dass das schiefgeht, ist extrem hoch.

Gespräch führen: Nachdem Sie nun Ort und Zeit festgelegt haben und alle Betroffenen, dazu zählt eventuell auch der Personalrat, eingetroffen sind, eröffnen Sie das Gespräch. In dem soeben beschriebenen Beispiel werden Sie vermutlich einer sehr aufgeregten und auch verärgerten Sekretärin gegenübersitzen. Sie rechnet mit Vorwürfen und ist komplett auf Verteidigung eingestellt. Sie nehmen sich aber jetzt – entweder auf Papier oder im Geiste – Ihr *Wertequadrat* vor. Dann steigen Sie ein und klären zunächst die Situation, etwa so:

„Frau Müller, ich habe Sie heute eingeladen, weil ich mit Ihnen über eine Situation aus der vergangenen Woche sprechen möchte, bei der ich es wichtig finde, dass wir sie mit dem Ziel klären, dass wir weiterhin so gut und vertrauensvoll zusammenarbeiten, wie wir es bisher auch getan haben. Ich finde es sehr schön, dass Sie so viele Dinge selbst entscheiden und dass Sie mir damit viel Arbeit abnehmen. Das geschieht auch fast immer perfekt und ohne dass ich irgendwie eingreifen muss. Das freut mich sehr, und das sehe ich als Ihre große Stärke an."

Stellen Sie sich einmal vor, wie so ein Einstieg sich auf ein Gespräch auswirkt. Die Kollegin fühlt sich wertgeschätzt. Sie erhält das Gefühl, dass Sie verstehen, wie sie arbeitet und dass Sie das sehen. Sie rechnet mit Kritik und wird stattdessen gelobt. Das hat einen sehr öffnenden und beruhigenden Effekt. Sie wird sich nun auch für das öffnen, was sie eigentlich schon weiß: Sie hat da einen Fehler gemacht.

„Am vergangenen Dienstag habe ich Sie gebeten, einen Brief zu schreiben. Diese Aufgabe habe ich ausdrücklich Ihnen übertragen. Sie haben diese dann ohne Rücksprache mit mir an einen FSJler weitergegeben. Dadurch ist eine sehr unangenehme Situation eingetreten. Ich hatte Ihnen den Auftrag gegeben, den Sie erledigen sollten. Darauf hatte ich mich verlassen. Ich sehe Ihre Stärken darin, selbst Entscheidungen zu treffen, aber ich wünsche mir für die Zukunft, dass Sie Dinge dieser Art mehr und intensiver mit mir absprechen und nicht einfach entscheiden und delegieren. Ich möchte auch nicht, dass Sie jetzt jede Kleinigkeit nachfragen, aber gerade bei Briefen an Eltern ist es mir wichtig, dass Sie sich eindeutig an meine Anweisungen halten."

Natürlich wird das Gespräch hier nicht beendet sein, aber sehen Sie einmal, wie man auch starten kann: mit der positiven Eigenschaft, Ziel nennen und zum Unwert abgrenzen. Wirkt sehr leicht, wenn man es so liest – ich weiß. Aber probieren Sie es mal mit den Dingen, über die Sie sich vergangene Woche geärgert haben. Sie werden feststellen, wie schwer es ist, das Positive zu sehen und anzusprechen. Das Problem des Führens von Gesprächen werde ich in verschiedenen Situationen in diesem Buch immer wieder aufgreifen.

6.3 Ein Besuch bei der Bürgermeisterin

Zurück zu Bodo. Er ist nun seit einigen Wochen im Amt und ist mit seiner neuen Schule eigentlich sehr zufrieden. Nur sein Büro, in dem er jeden Tag sitzt, gefällt ihm nicht wirklich. Das grüne Mobiliar aus den 1970er Jahren ist gepaart mit einem alten abgenutzten Ledersessel, und die Tapeten erinnern noch an den Vorvorgänger, der starker Raucher war. Kurzum: Es muss etwas Neues her.

Da kommt es Bodo gerade recht, dass er in dieser Woche einen Termin bei der Bürgermeisterin hat. Bodo macht sich eine Liste mit Dingen, die er gerne thematisieren möchte. Im Anzug und mit Krawatte macht er sich auf den Weg Richtung Bürgermeisterinnenbüro. Im Rathaus angekommen, muss er sich erst einmal beim Pförtner vorstellen, dann bei der Sekretärin der Bürgermeisterin. Nun sitzt er endlich auf dem Stuhl vor dem Büro.

Ihm geht einiges durch den Kopf. Es ist irgendwie eine merkwürdige Position, die Schulen und Schulleitungen haben. Eigentlich hat er so gesehen zwei Chefinnen. Seine Dezernentin auf der Schulseite und seine Bürgermeisterin auf der Seite des Schulträgers. Die Schule an sich ist weder nur ein Teil des Schulträgers alleine noch ein Teil des Landes alleine, und er selbst vertritt immer entweder das Land oder den Schulträger. Diese Position ist sehr gewöhnungsbedürftig.

Nun gut. Nach wenigen Minuten Wartezeit wird er in das Büro der Bürgermeisterin Frau Sonne gebeten. Sie begrüßt ihn mit sehr freundlichen Worten, und die beiden trinken einen Tee zusammen. Bodo fühlt sich wohl. Sie sprechen über die Rolle der Schule in der Politik und insbesondere der Schule vor Ort. Die Bürgermeisterin macht Bodo deutlich, welche Erwartungen sie an ihn hat. Die Schule sei die größte in der Verantwortung des Schulträgers und daher von besonderer Wichtigkeit. Die Räume habe man auch extra so großzügig gebaut, damit auch der Schulträger sie für seine Veranstaltungen nutzen könne, vor allem die Aula. Hier würden im Schnitt bestimmt zwei Veranstaltungen pro Woche vom Schulträger durchgeführt werden. Bodo sieht hier natürlich sofort tausend Fragen.

Nach der ersten Viertelstunde macht er seine Büroausstattung zum Thema. Die Bürgermeisterin versteht sein Anliegen sofort. Sie gibt ihm die Freigabe, sein Büro streichen zu lassen und neu einzurichten. „Toll", denkt Bodo „Ziel erreicht."

Er verabschiedet sich gut gestimmt und macht sich zurück auf den Weg in die Schule. Dort angekommen wird er sofort von der Sekretärin darüber informiert, dass Frau Neuenhaus sich beschwert habe, weil sie nicht darüber informiert gewesen sei, dass der Unterricht in ihrer Klasse heute Morgen ausfalle. Bodo geht erst einmal am Sekretariat vorbei in sein Büro. Seine Stimmung schlägt sofort ins Negative um. Muss das so sein? Er hatte einen schönen Termin, der echt gut gelaufen ist, und jetzt das? Man kommt zurück und bekommt prompt eine Rechnung serviert. Frau Schmidthaus kommt ihm noch in sein Büro hinterher und ergänzt die Information, die er eben im Vorbeigehen erhielt, mit den Worten: „Mit Frau Neuenhaus ist nicht zu spaßen. Sie führt die Meinung und die Stimmung im Kollegium an, und ich würde an Ihrer Stelle mit ihr sprechen. Die hat wirklich Einfluss."

Aber zum Glück muss Bodo nicht lange darüber grübeln, ob er zu der Kollegin geht, denn sofort kommt ein Anruf von Eltern. Es gibt massive Probleme in der 8f. Die folgenden Stunden verbringt Bodo ungeplant und ungewollt mit Elterngesprächen, Telefonaten mit der Behörde und dringenden Schülergesprächen. So ein Mist. Eigentlich wollte er sich jeden Tag mindestens eine Pause im Lehrerzimmer aufhalten, um ansprechbar zu sein. Das hat nicht geklappt. Gerade als Bodo sich etwas beruhigen kann, weil die dringendsten Probleme geklärt sind, klopft es an der geschlossenen Tür. Er geht hin und öffnet. Draußen steht Frau Neuenhaus mit grimmigem Gesicht. „Früher waren hier alle Türen immer offen", lautet die unfreundliche Begrüßung. Während Bodo noch darüber nachdenkt, ob er sich aufregen oder die Ruhe behalten soll, setzt die Dame noch einen drauf: „Wo waren SIE denn heute Morgen?"

Wir atmen einmal kurz durch und gehen die Gefühlslage von Bodo Stück für Stück durch. Eine solche Situation ist tatsächlich leider so real und so häufig, dass Sie sich ruhig daran gewöhnen sollten. Wir fangen mit dem positiven Morgen an. Für Bodo ist der Besuch bei der Bürgermeisterin gut gelaufen. Er war gut gelaunt. Doch bei der Ankunft in der Schule bekommt er direkt einen drauf. Davon kann er sich aber kaum erholen, geschweige denn nachdenken, wie er mit der Situation umgehen soll, weil schon die nächsten Dinge auf ihn einprasseln. Alles wichtig, nichts ist auf die lange Bank zu schieben. So ist die Realität. Ein Problem verdrängt oft das andere, das dann aber ja nicht gelöst wird, sondern einen unter Umständen gerade dann wieder einholt, wenn man nicht unbedingt damit rechnet.
Bodo ist also komplett mit den Nerven runter. Gefühlt musste er in den vergangenen zwei Stunden mehrere tausend Entscheidungen treffen. In Bodo ist es also keineswegs ruhig und aufgeräumt, sondern durcheinander und unsortiert. Schauen wir uns einmal genau an, was die Kollegin Frau Neuenhaus gesagt hat und was er über sie weiß. Sie ist Meinungsträgerin im Kollegium. Sie ist also wichtig. Aber vielleicht füllt sie auch eine Machtlücke, die der Vorgänger offen gelassen hat? Vielleicht hatte sie ein besonders gutes Verhältnis zu ihm und kann sich daher einen frechen Ton erlauben? Wie auch immer, wir müssen da jetzt durch. Jetzt und leider nicht erst dann, wenn wir die Situation analysiert haben und ruhig und gelassen reagieren können.

T

Mein Tipp

- Für eine solche Situation möchte ich Ihnen einige Handlungsempfehlungen geben. Lassen Sie sich in so einem Moment auf keine Diskussionen ein. Es bieten sich verschiedene Strategien an, zu reagieren. Wenn jemand Sie im Lehrerzimmer anspricht, und Sie haben gerade keinen Kopf dafür, dann sagen Sie zum Beispiel: „Entschuldigen Sie, aber ich habe gerade so viel im Kopf. Bitte schicken Sie mir Ihr Anliegen noch einmal als E-Mail.“ Oder seien Sie einfach ehrlich und sagen Sie, dass Sie gerade aktuell nichts aufnehmen können. Das muss das Gegenüber verstehen.
- Beachten Sie: Seien Sie nicht derjenige, der mit einem Arbeitspaket ins Büro geht. Achten Sie darauf, dass nicht die Kollegin oder der Kollege seinen „Müll“ losgeworden ist und Sie jetzt damit herumlaufen. Machen Sie keine Zusagen zwischen Tür und Angel. Wenn Sie kein Superhirn haben, dann werden Sie die Hälfte wieder vergessen haben, sobald Sie zurück im Büro sind. Das könnte man Ihnen später zum Vorwurf machen.

Zurück zu Frau Neuenhaus. Bodo spürt, wie der Ärger in ihm hochkommt. Er würde am liebsten sagen: „Was geht es Sie an, wo ich war, und was fällt Ihnen eigentlich ein, mich zu hinterfragen? Ob meine Tür offen oder zu ist, ist darüber hinaus meine Sache. Meine ganz alleine! Und, ganz ehrlich, ich habe sie zugemacht, damit solche nervigen Menschen wie Sie mich nicht bei meiner Arbeit stören. Im Übrigen haben Sie überhaupt keine Ahnung davon, was ich heute alles erlebt habe – und jetzt raus!!“

Wir sind uns einig. Das wäre toll, oder? Einfach mal den Ärger da lassen, wo er hingehört. Ich hatte mal eine zu beratende Schulleiterin, die immer genau so reagiert hat. Sie fragte mich dann oft: „Warum dürfen die so mit mir umgehen und warum darf ich nicht dasselbe tun?“ Die Antwort liegt auf der Hand: „Weil Sie Leitung sind und weil man erwarten kann, dass Sie über Ihr Verhalten länger und professioneller nachdenken als die Lehrkraft.“
Es ist also nicht sonderlich geschickt, so zu handeln, wie oben beschrieben. Wenn Sie echt nicht mehr können, dann sagen Sie, dass der Zeitpunkt schlecht sei und das Gespräch bitte später stattfinden solle. Eine Frau Neuenhaus wird das aber nicht beruhigen. Sie ist eine derjenigen Kolleginnen, die in Ihnen nur die Leitung sehen, nicht den Menschen. Also besteht sie auf eine Klärung. Nun müssen wir also doch mit der letzten Kraft das innere *Kommunikationsquadrat* (auch von Schulz von Thun)[2] öffnen. Was hat Sie eigentlich gesagt? „Früher waren immer alle Türen offen.“ *Sachebene*: Früher waren also alle Türen offen. Kann ich zwar nicht glauben, aber mag vielleicht häufiger gewesen sein als bei mir. Hier hören viele von uns schon einen Vorwurf, und, ehrlich gesagt, ist es hier auch einer. *Be-*

2 Schulz von Thun, Friedemann (1981). Miteinander reden 1: Störungen und Klärungen: Allgemeine Psychologie der Kommunikation, Reinbek bei Hamburg

ziehungsebene: Ich fühle mich ausgeschlossen und nicht beteiligt, wenn die Tür zu ist. Ich wünsche mir eine engere Beziehung zum Schulleiter. *Ich-Botschaft*: Ich habe Angst, dass meine besondere Stellung bedroht ist und ich nur noch „normale" Kollegin bin. *Appell*: Machen Sie die Tür nicht so oft zu.
Nun entscheiden Sie mal, auf welchem „Ohr" Sie das hören würden. Wie auch immer, Sie müssen reagieren.

T

Mein Tipp

- Ich sehe Kommunikation in solchen bedrängten Situationen immer wie ein Ballspiel. Die Frage lautet: Wer hat den Ball und wer muss was damit machen? Wer „führt" also das Gespräch und wer muss reagieren? Der ultimative Tipp ist ganz einfach: „Wer fragt, führt." Stellen Sie einfach irgendeine Frage. Gerade dann, wenn die Wut im Bauch spürbar wird, brauchen Herz und Kopf Zeit, um all diese Dinge zu denken, die ich hier nun über all diese vielen Seiten schreibe. Dafür braucht das Hirn zum Glück nur Sekunden, aber wenigstens die braucht es, und Sie können Ihrem Hirn helfen, indem Sie diese Zeitfenster einbauen. Das tut man am besten durch Fragen.
- Merken Sie sich *Null-Fragen*. Fragen, die niemanden weiterbringen und die Ihr Hirn nicht zusätzlich belasten. Sie müssen auch nicht auf die Antwort hören, weil die eh nicht weiterbringt. Fragen Sie also zum Beispiel: „Wie meinen Sie das? Das habe ich nicht verstanden." Sie haben den Ball dann an den Gesprächspartner, in diesem Fall Frau Neuenhaus, zurückgespielt. Im Notfall spielen Sie vor, dass Sie zur Toilette müssen: „Tut mir leid, ich habe sofort Zeit für Sie, aber ich muss schnell wohin." Dort angekommen haben Hirn und Herz Zeit, sich neu zu sortieren.
- Kommen Sie dann zurück und sagen Sie etwa: „Wie meinen Sie das mit den Türen? Fühlen Sie sich ausgeschlossen?" Direkt rein in das Thema. Dann muss Frau Neuenhaus erst einmal denken. Ich wäre gespannt, wie die Antwort ausfiele.
- Die Kollegin hat aber mehrere Fragen gestellt: „Wo waren Sie denn heute Morgen?"
  - *Sachebene*: Die Kollegin hat ein ernstes Interesse daran, wo Sie waren. Antwort: „Ich war bei der Bürgermeisterin."
  - *Beziehungsebene*: „Warum dürfen Sie weggehen und ich nicht? Ich sitze hier mit all der zusätzlichen Arbeit."
  - *Ich-Botschaft*: „Es ärgert mich, dass Sie eine höhere Position haben, als ich. Vielleicht hatte ich ja auch über eine Bewerbung nachgedacht."
  - *Appell*: „Sagen Sie mir nächstes Mal Bescheid, wenn Sie einen Termin haben."
- Darauf ist sehr schwer zu antworten, weil man nicht weiß, wie die Kollegin ihre Frage genau meint. Vermutlich werden wir fast alle einen Vorwurf ableiten, aber es kann sein, dass es ehrlich gemeint ist. Also hilft auch hier nur zu fragen: „Wie meinen Sie das? Hat Ihnen mein Fernbleiben heute Morgen mehr Arbeit gemacht?" Oder auch: „Vielen Dank, dass Sie so ein Interesse an meiner Tätigkeit und meinen Terminen haben, woher rührt das? Spielen Sie auch mit dem Gedanken, mehr Verantwortung zu übernehmen?"

- Zum Schluss betonte die Kollegin das „Sie“ noch so ausdrücklich. Auch hier könnte man genauer analysieren. Vermutlich will sie signalisieren, dass es sie ärgert, dass man Bodo siezen soll. Darauf würde ich aber nicht eingehen, weil das gar nicht zur Diskussion steht. Das ist eine weitere Technik: *Dinge auch einfach mal überhören*.
- Wenn Sie also durch Rückfragen Zeit gewinnen und im Inneren das *Kommunikationsquadrat* anwenden, dann werden Sie immer schneller und besser in der Kommunikation. Ich selbst habe die Kommunikationstechniken wie eine Klaviatur empfunden. Wenn Sie Berufseinsteiger sind, dann beherrschen Sie vielleicht nur eine einzige Oktave auf dem Klavier. Damit können Sie schon ein paar Lieder spielen. Mit jeder Fortbildung, die Sie besuchen, und mit jedem Buch, das Sie zum Thema professionelle Kommunikation lesen, werden ein bis zwei Noten und manchmal auch eine ganze Oktave hinzukommen. So werden Sie im Laufe der Zeit immer geschickter darin, Rückfragen zu stellen und den Ball zurückzuspielen. So werden Sie es auch schaffen, dabei nicht zynisch oder überheblich zu wirken, sondern ernsthaft interessiert.

6.4 „So finden Sie bei uns aber keine Freunde“

Wir kehren wieder zu Bodo zurück. Er möchte, wie seine Lehrkräfte auch, Anerkennung erhalten und sich geliebt fühlen. Er hat eine Fortbildung zum Thema Personalführung besucht und dort etwas über „Personalentwicklungsgespräche“ gehört. Als Schulleiter solle man sich einmal ganz in Ruhe einer Lehrerin oder einem Lehrer widmen. Ganz in Ruhe, ohne Stress, bei einem Kaffee. Man spricht über die Schule, über die Klasse, über Schwierigkeiten und Belastungen, über Ziele und eventuell auch über die private Situation. Man lerne sich so besser kennen, und vielleicht nutze die eine oder der andere die Gelegenheit, um stille Wünsche zu äußern.

Bodo kommt total motiviert von der Fortbildung zurück. Das möchte er sofort umsetzen. Er ahnt: Das ist eine „low hanging fruit“. Er hofft: Eine E-Mail an alle, und das System ist etabliert. Alle werden nach und nach von ihm zu Gesprächen geladen. So wird das funktionieren, und alle werden sich freuen, dass er ihnen Zeit widmet.

Ja, wie oft haben wir so gedacht, oder? Wir wollten wirklich etwas Gutes für unser Kollegium. Etwas Neues, etwas Persönliches. Unterstützung anbieten, sprechen, sich besser kennenlernen. Aber aus meinen Coachings kann ich Ihnen nur den Rat geben: Gehen Sie vom Schlimmsten aus! Je neuer Sie im Amt sind, desto mehr Böses unterstellt man Ihnen. Bodo ist enttäuscht. Sogar sehr. Er hat an alle die E-Mail geschrieben und freut sich auf die ersten Gespräche. Doch nun liegt auf seinem Schreibtisch ein Brief des Personalrats der

Schule. Er werde aufgefordert, diese Maßnahme sofort zu unterlassen und ohne vorherige Rücksprache kein einziges Personalentwicklungsgespräch zu führen. Dies sei ein Managementtool, das aus der freien Wirtschaft käme, und man sei immer noch eine Schule, in der es um Menschen ginge und nicht darum, Ziele zu erreichen oder sich als Mensch innerhalb des Systems nach oben zu arbeiten. Man fordere ihn auf, umgehend Terminvorschläge für ein Gespräch mit dem Personalrat vorzulegen. Als Bodo diese Zeilen liest, bricht er in seinem Stuhl fast zusammen. Er wollte nur Gutes. Er wollte nur fürs Kollegium da sein. Es wäre doch auch seine Zeit, die die Gespräche kosten würden. Er wollte niemanden kontrollieren oder einem Zwang unterwerfen. Es war doch nur gut gemeint – und nun unterstellt man ihm so etwas.
Die folgende Nacht schläft Bodo sehr schlecht, eigentlich fast gar nicht. In seinem Kopf kreist ohne Unterlass die Frage, wie man ihm so etwas unterstellen kann. Was soll er nun tun? Etwa eine weitere klärende E-Mail ans Kollegium schicken, dass er es nicht böse gemeint hat? Diesen Gedanken verwirft er schnell wieder. Der Personalrat hat ihn um ein Gespräch gebeten. Also gut. Bodo schreibt eine E-Mail an den Personalrat und lädt ihn zum Gespräch ein. Er bereitet sich sehr gut darauf vor. Er überlegt Argumente und möchte seine Gründe für Personalentwicklungsgespräche transparent machen. Vielleicht fehlte es hier wirklich an Transparenz; und vielleicht war er echt zu voreilig und zu unüberlegt. Bodo möchte aber auf jeden Fall daran festhalten, diese Gespräche einzuführen. Das ist nicht verhandelbar. Er ist lediglich bereit, über das Wie und Wann und auf welchem Weg zu diskutieren.
Am Morgen, an dem das Gespräch stattfinden soll, wacht Bodo irgendwie mutig und ruhig auf. Er zieht sich einen Anzug an und nimmt sich ein zweites Oberhemd mit. Er möchte dafür sorgen, dass es ihm vor dem Gespräch so gut wie möglich geht.

In der ersten großen Pause kommt ein junger Kollege durch die offene Tür in sein Büro. „Guten Morgen, Herr Leiter, ich wollte mich bei Ihnen anmelden." „Anmelden, wofür?" „Na für das Personalentwicklungsgespräch, ich finde es toll, dass Sie sich die Zeit für uns und für mich nehmen wollen. Ich hätte da wirklich etwas zu besprechen, wann würde es Ihnen passen?" Bodo versteht die Welt nicht mehr. Er wurde doch so hart kritisiert. Wie kommt es jetzt, dass doch jemand kommt? Vertritt der Personalrat doch nicht die Meinung aller? Offensichtlich gibt es auch Kolleginnen und Kollegen, die ihn nicht für ein Monster halten. Bodo fasst wieder Mut. Er vertröstet den Kollegen auf einen Termin, den er ihm per Mail mitteilen wird. In den darauffolgenden Minuten fühlt er sich irgendwie wie betäubt. Nun hatte er sich so sehr auf Widerstand eingestellt und bekommt auf einmal Lob. Damit hatte er nicht gerechnet.

T

Mein Tipp

- Wir werden uns später noch mit dem Umgang mit Widerstand auseinandersetzen. Vorab aber schon einmal ein Tipp, der mir den einen oder anderen Tag gerettet hat: Wenn Sie Widerstand spüren, trauen Ihnen die Menschen zu, dass Sie wirklich etwas verändern wollen. Oder anders ausgedrückt: Man würde Ihnen keinen Widerstand entgegenbringen, wenn die anderen glaubten, Sie sowieso fernsteuern zu können. Versuchen Sie, Widerstand also als Kompliment zu sehen, so schwer es auch manchmal fällt. Und beachten Sie: Widerstand kommt niemals von allen. Meist sind die Widerständler die Lautesten, und man ist geneigt, nur auf diesen Teil des Kollegiums zu hören. Aber verlassen Sie sich darauf: Wenn auch nur eine Kollegin oder ein Kollege zu Ihnen kommt und etwas gut findet, dann stehen dahinter meist eine ganze Reihe von Lehrkräften, die Ihre Arbeit und Ihre Entscheidung ebenfalls gut finden. Das Problem dabei ist nur, dass man es weder so laut hört noch spürt, dass es so ist. Aber arbeiten Sie hier auch an sich selbst. Achten Sie nicht immer nur auf diejenigen Kolleginnen und Kollegen, die Sie nur muffig oder gar nicht grüßen, sondern vor allem auf diejenigen, die Ihnen freundlich lächelnd die Hand geben. Es sind nicht alle gegen Sie, auch wenn es sich oft so anfühlt. Diejenigen, die auf Ihrer Seite stehen, trauen sich oft nicht, etwas zu sagen. Hinzu kommt: Die Chefin oder den Chef zu loben, ist seitens des Kollegiums meist nicht gern gesehen. Aber dazu kommen wir noch.

Bodo freut sich nun schon fast auf das Gespräch mit dem Personalrat. Als alle drei in seinem Büro sitzen und er ihnen Kaffee eingeschenkt und Kekse angeboten hat, begrüßt er die Anwesenden freundlich. Die Personalratsvorsitzende Frau Klotzig übernimmt die Einführung ins Thema: „Danke, dass Sie unserer Bitte zu einem Gespräch gefolgt sind. Wir haben zwei Anliegen. Wir wollen mit Ihnen zum einen darüber sprechen, wie die Gepflogenheiten an unserer Schule sind, das können Sie ja auch noch gar nicht wissen, und zum anderen wollen wir mit Ihnen über die unsäglichen Personalentwicklungsgespräche sprechen."

Achtung! Gefahr! Alleine dieser Einstieg ist es wert, ihn zu analysieren. Wir hören sehr viel Selbstkundgabe, versteckt in den wohl gemeinten Äußerungen „Sie können das ja nicht wissen" und wie es an „unserer" Schule so läuft. Man möchte Ihnen mitteilen, dass Sie ja neu sind und noch nicht dazu gehören. Man selber weiß viel mehr und besser über die Schule Bescheid. Aber man hat auch Verständnis, dass Sie das ja eben nicht wissen können. Da wird also in freundlichen Worten sehr viel Unterschwelliges verpackt. Darüber hinaus war das Thema der Gepflogenheiten an der Schule gar nicht geplant. Weiterhin werden die Personalentwicklungsgespräche als „unsäglich" bezeichnet, ohne dass man darüber gesprochen hat. Wundern Sie sich nicht, wenn Bodo es im Folgenden schon sehr gut macht. Der ihm zugeschriebene Dialog stammt von einer erfahrenen Schulleiterin, die dieses Gespräch wirklich einmal führte.

Die anderen beiden Personalratsmitglieder nicken bedächtig. Man ist sich einig und man fühlt sich überlegen. Drei zu eins.

Bodo: „Es freut mich, dass Sie meiner Einladung gefolgt sind. Ich halte es für wichtig, dass wir uns über Dinge, die das Kollegium betreffen, austauschen. Ich möchte aber gleich zu Beginn sagen, dass mir der Weg, mit dem Sie sich bei mir beschwert haben, nicht gefallen hat. Sie selber wünschen sich eine vertrauensvolle Zusammenarbeit. Vertrauensvoll bedeutet für mich, dass man miteinander spricht, anstatt sich gleich schriftlich auseinanderzusetzen. Ich bin aber sehr gerne bereit, über die Personalentwicklungsgespräche zu sprechen. Dass Sie sie direkt als ‚unsäglich' bezeichnen, finde ich schade, da wir doch noch gar nicht geklärt haben, was Sie und ich eigentlich darunter verstehen. An den Gepflogenheiten hier in der Schule bin ich sehr interessiert. Da bin ich mal gespannt, in welche Interna Sie mich einweihen wollen. Ich schlage jedoch vor, dass wir mit der sachlichen Situation beginnen und dann mit den gefühlten Werten weitermachen. Also lassen Sie uns zuerst über die Personalentwicklungsgespräche reden. Ich habe Ihnen hier die Unterlagen und das Anschreiben mitgebracht, das ich für die Kolleginnen und Kollegen vorbereitet habe, die ein Gespräch mit mir führen werden."

Kurze Pause. Die Personalratsmitglieder sind etwas perplex ob des selbstbewussten Auftretens des neuen Schulleiters. „Nun ja, Herr Leiter. Wir haben uns sehr gewundert, dass Sie einfach diese E-Mail geschickt haben. Bei Personalgesprächen jeglicher Art ist der Personalrat einzubeziehen. Es geht hier um vertrauliche Gespräche, die durchaus Konsequenzen haben können. Das können Sie doch nicht einfach so machen."

Bodo: „Sie haben sicherlich recht. Ich kam von einer Fortbildung, auf der dieses Instrument zur Personalführung vorgestellt wurde, und dort war es ausschließlich positiv besetzt. Das möchte ich auch so einführen. Ausschließlich positiv. Die E-Mail war sicherlich aus einer Euphorie heraus sehr schnell geschrieben und verschickt. Das war zu schnell. Da gebe ich Ihnen Recht. Vielleicht können Sie das menschlich nachvollziehen, dass man so etwas im Überschwang der Begeisterung zu schnell macht."

„Nun ja, das ist erst einmal schön, dass Sie Ihren Fehler zugeben. Dennoch möchten wir darauf bestehen, dass wir das Recht auf Einbindung haben."

Bodo: „Das stimmt, ich habe hier Ihr Recht missachtet, und das tut mir leid. Ich konnte mir allerdings auch nicht vorstellen, dass Sie als Personalräte etwas gegen die Einführung eines Instruments haben, aus dem nach meinem

Verständnis ausschließlich etwas Positives für das Personal entstehen kann. Ich widme jeder Einzelnen und jedem Einzelnen sehr viel Zeit. Es stärkt die Verbindung zwischen dem Kollegium und mir, und es bietet die Möglichkeit, alles anzusprechen, was anliegt und zudem man sonst nicht kommt. Lassen Sie uns doch einen Blick in die Unterlagen werfen."

Nach einer kurzen Diskussion einigt man sich darauf, dass die Kolleginnen und Kollegen sich freiwillig melden und nicht nach System eingeladen werden; und dass ihnen vorher mögliche Gesprächsanlässe mitgeteilt werden.

Interessant ist, dass die Mitglieder von Personalräten klar verteilte Rollen einnehmen. In einem Gespräch wie dem mit Bodo Leiter spricht immer eine Person einen Punkt an, dann ist die nächste dran. Sie mögen es als ungerecht empfinden, dass Sie meistens alleine sind und das Gespräch nicht mal eben an jemand anderen delegieren können. Aber: Sie wollten es so. Chefin oder Chef ist eben kein Kindergarten.

„Herr Leiter, wir wollten ja dann noch über die Gepflogenheiten hier bei uns sprechen." Bodo: „Das können wir sehr gerne tun. Ich möchte aber gleich hier an dieser Stelle darum bitten, dass wir in Zukunft Gesprächspunkte vor dem Gespräch sammeln, damit ich mich auch auf Ihre Fragen einstellen und vorbereiten kann." Antwort: „Das können wir gerne in Zukunft so handhaben, aber nun zum Punkt. Wir sind alle, wie wir hier sitzen (Achtung: Instrument „große Masse"), schon lange an der Schule und wir fühlen uns hier alle sehr wohl (unterschwellige Drohung: bis jetzt). Nun sind Sie ja seit einigen Monaten bei uns. Man merkt den frischen Wind, der durch die Schule weht. Wir finden Ihre neuen Methoden und Ihre moderne Art auch weitestgehend in Ordnung. Wir würden Ihnen jedoch gerne rückmelden, wie einige Verhaltensweisen im Kollegium ankommen. Da Sie nicht so oft dabei sind, können Sie das ja nicht wissen."

Bodo agiert sehr geschickt: „Vielen Dank für Ihr Vertrauen. Es interessiert mich natürlich sehr, wie das Kollegium sich fühlt und wie es denkt."

„Nun ja, Sie sind bei uns eingestiegen, und das Erste, was uns auffällt, ist, dass Sie von allen gesiezt werden wollen und dass Sie sich sehr formal kleiden. Das ist für uns erst einmal eine große Umstellung. Sie vermitteln dadurch sehr viel Distanz und das Gefühl, dass Sie kein Teil von uns sind. Sie wollen etwas Besseres sein und nicht ein Teil des Kollegiums."

Bodo: „Das ist richtig. Schulleiterinnen und Schulleiter sind heutzutage nicht mehr als Teil des Kollegiums zu sehen. Wir sind Weisungsbefugte und jeder und jedem an der Schule vorgesetzt. Ich möchte kein falsches Bild vermitteln. Ich sehe mich in dieser Rolle und möchte die auch so auskleiden, wie ich mich gut fühle. Dazu gehören genau die Punkte, die Sie genannt haben.

Das unterscheidet mich ganz sicher von meinem Vorgänger und ich kann verstehen, dass das für einige schwierig ist." „So finden Sie bei uns aber keine Freunde!"

Bodo: „Nehmen Sie mir das bitte nicht übel, aber Freunde suche ich hier auch nicht. Ich bin Schulleiter und Vorgesetzter und habe eine Rolle, der ich gerecht werden muss."

T

Mein Tipp

- Überlassen Sie die Begrüßung in Ihrem Büro niemals den Gästen. Egal, wie Sie führen, ob entspannt oder autoritär: Ihr Büro ist Ihr Hoheitsbereich, das muss man spüren. Sie können anschließend das Gespräch anderen übergeben, aber Sie begrüßen. Immer!
- Achten Sie auf die wertschätzende Haltung, die hinter Bodos Worten steckt. Unter der Voraussetzung, dass sie nicht gespielt, sondern echt ist, werden Sie feststellen, wie sehr das die Stimmung eines Gesprächs beeinflusst.
- Ein solch klares und starkes Auftreten wie Bodos hat immer Widerstand zur Folge. Sie wirken, wenn Sie so deutlich Ihre Rolle einnehmen, für Außenstehende arrogant. Sie sind sich sicher in dem, was Sie tun und sagen. Das mag nicht jede und jeder. Insbesondere dann, wenn die Vorgängerin oder der Vorgänger einen eher lockeren und tatsächlich freundschaftlichen Führungsstil pflegte, ist es umso verständlicher, dass man Sie zunächst ablehnen wird.
- Bedenken sollten Sie aber auch, dass es Kolleginnen und Kollegen gibt, denen Gespräche über Fußball mit der Schulleitung überhaupt nichts bedeuten. Diese wünschen sich eine klare starke Führungskraft und keinen Kumpel. Verlassen Sie sich also darauf: Sie werden im Kollegium zwar keine Freunde finden, wenn Sie auf diese Weise führen, aber Sie werden viele auf Ihrer Seite haben, weil Sie in Ihrer Rolle klar sind und nicht zwischen Kumpel und Schulleiterin oder Schulleiter schwanken. Sie geben Orientierung und Richtung.
- Sollten Sie aber trotz oder gerade wegen dieser klaren Haltung jemanden im Kollegium finden, den Sie im Laufe der Jahre wirklich als Freundin oder Freund bezeichnen können, dann wissen Sie, dass diese Beziehung tragfähig ist, weil diese Person in Ihnen mehr sieht als nur die Rolle, die Sie bekleiden.

6.5 Das neue Auto und das Gerede

Bodo ist nun schon ein knappes halbes Jahr im Amt, und endlich kommt auch das Mehrgehalt aufs Konto. Er hat sich zwar niemals für die Aufgabe entschieden, weil er damit mehr Geld verdient, aber es ist trotzdem schön, finanziell noch etwas beweglicher zu sein. Also entscheidet er sich gemeinsam mit seiner Familie, ein neues Auto zu kaufen, weil Bodo Autos schon immer zu seinen Hobbys zählte. Es soll ein etwas größerer Wagen und, ja, auch ein etwas protzigerer sein. Die Familie entscheidet sich für einen großen amerikanischen Geländewagen. Er ist gebraucht und hat schon 200.000 Meilen auf dem Tacho, aber er sieht wirklich aus wie neu.

Als das Auto in der Garage steht und Bodo an die Fahrt zur Schule denkt, weicht die kindliche Freude plötzlich einer gewissen Skepsis. Ihm wird auf einmal bewusst, was er da eigentlich vertritt. Als Schulleiter sollte er Werte wie Sparsamkeit und Umweltbewusstsein vertreten, und das ist mit so einem großen Geländewagen kaum vereinbar. Bodo fühlt sich plötzlich unwohl mit dem neuen Auto. Was werden Kollegium, Eltern und Schülerinnen und Schüler sagen? Wird das peinlich?

Am nächsten Tag macht er sich mit einem mulmigen Gefühl im Bauch auf den Weg. Den Wagen stellt er vor der Schule ab und kassiert sofort die ersten Blicke und Kommentare. „Ey, Herr Leiter, geile Karre", wirft ihm ein Schüler entgegen. „Wie viel PS hat'n der?" Bodo versucht, die Worte zu überhören, und geht ins Büro. „Das ist ja noch einmal gut gegangen", denkt er.

Doch sein Glück hält nur bis zur Pause. Herr Schön kommt in sein Büro gestürmt und wirft ihm entgegen: „Hey, das ist aber ein tolles Auto. Wie viel PS hat das denn? Davon habe ich als Englischlehrer immer geträumt. Ein amerikanischer Schlitten. Hammer!" Bodo weiß die Begeisterung nicht richtig einzuschätzen, beantwortet aber freundlich die Fragen. „Danke, dass Sie sich so mit mir freuen, Sie kennen das vielleicht, wenn man sich einen Kindheitstraum erfüllt ..." Beide Männer geben sich die Hand, und Bodo fühlt sich auf der Männerebene von Herrn Schön verstanden. In den nächsten Wochen bekommt er immer wieder mit, dass hier und da gesprochen wird. Mal verständnisvoll, mal neidgetrieben, mal wird sein ökologischer Anspruch infrage gestellt. Das alles klingt aber langsam ab, und Bodo denkt nicht mehr über das Auto nach. Er freut sich jeden Tag, wenn er einsteigt, und er hat das Gefühl, dass sein Geländewagen schon bald gar kein Thema mehr ist.

T

Mein Tipp

- Ich möchte Sie ausdrücklich motivieren, Ihr Leben zu leben. Wenn Sie solche Autos toll oder Kleidung schön finden oder teure Urlaube lieben, dann machen Sie das. Ihre Aufgabe als Schulleitung befördert Sie oft und immer wieder in den Mittelpunkt, und alle schauen Sie an. Das gehört dazu. Auch die Rechtfertigung gehört dazu, aber lassen Sie sich nicht Ihr Leben von Ihrem Amt wegnehmen. „Blöde" Sprüche hören alle Menschen, die sich irgendwo irgendwie etwas Außergewöhnliches leisten. Ich habe festgestellt, dass Sie nur die Wahl haben, das Gerede zu akzeptieren oder sich zum Sklaven der Meinung anderer zu machen. Der erste Weg ist sicherlich der Bessere.

Der Wagenkauf und die Gespräche darüber liegen nun bereits Wochen zurück. Es gibt andere Themen, die wichtiger sind. Beispielsweise spielt die Inklusion eine große Rolle. Deshalb führt Bodo gerade ein Gespräch mit seinem Inklusionsbeauftragten. Es wird über die Grenzen und die Möglichkeiten diskutiert. Gemeinsam beschließen die beiden organisatorische Maßnahmen.

Das für Bodo „Entscheidende" geschieht jedoch am Rande des fachlichen Austauschs: „Mensch, Herr Leiter, ich wollte Ihnen ja noch sagen, dass ich Ihr neues Auto echt klasse finde. Ich stehe auch total auf diese amerikanischen Klassiker. Da haben Sie sich ja echt etwas getraut." Bodo: „Danke für das Kompliment, ich habe mir da wirklich einen Jungentraum erfüllt. Wieso meinen Sie, dass ich mich da was getraut habe?" „Naja, Ihre Neuanschaffung wurde ja in den vergangenen Wochen heiß diskutiert im Kollegium." Bodo: „Tatsächlich, mit welchem Tenor denn?" „Naja, die meisten Männer können Sie da ganz gut verstehen, nur Herr Schön hat sich extrem empört. Aber sagen Sie dem nicht, dass Sie das von mir wissen." Bodo: „Herr Schön? Er hat mir gesagt, dass er das Auto total toll findet." „Ja, da hat er im Lehrerzimmer auch mit angegeben, wie leicht es sei, Sie auf seine Seite zu ziehen, damit man seine Interessen besser durchbekommt. Aber so sind halt einige. Herr Leiter, ich muss los. Schönen Tag noch."

Bodo schafft es gerade noch, ein „Tschüss" durch die Lippen zu quetschen. Das hat Herr Schön wirklich gesagt? Bodo fühlte sich von ihm doch so verstanden. Er dachte, dass das vielleicht wirklich mal ein Freund werden könnte. Tiefe Enttäuschung macht sich in ihm breit. Wie kann das sein? Wie kann ein Mensch so falsch sein? Mir das eine erzählen und nach außen etwas ganz anderes! Bodo fühlt sich hilf- und energielos. Das Gespräch mit dem Inklusionsbeauftragten ist gut gelaufen, aber die letzten Sätze haben ihn förmlich umgehauen. Er reißt sich zusammen und geht in seinen Unterricht.

T

Mein Tipp

- An dieser Stelle möchte ich Ihnen das Sonnen-Planeten-Modell nahebringen, das eine liebe Kollegin entwickelt hat, die hier nicht genannt werden möchte. Stellen Sie sich einfach einmal vor, dass Sie als Schulleiterin oder Schulleiter in einem Planetensystem agieren. In diesem System sind Sie die Sonne, und das Kollegium kreist als Planeten um Sie herum. Die einen Planeten kreisen in dichter Umlaufbahn. Das sind die Schulleitungsmitglieder. Andere Planeten kreisen im größeren Abstand. Einige kreisen oval um Sie herum. Die stehen Ihnen mal nahe, mal sind sie weit weg.
- Ich finde, dass das Modell sehr schön ist. Als Sonne und als Mittelpunkt des Systems leuchten Sie selbst. Sie leuchten alle Planeten an. Das bedeutet, dass Sie immer die helle Seite der Planeten zu sehen bekommen. Die dunkle sehen Sie niemals.

- Dieses Beispiel trifft auf ein Kollegium sehr gut zu. Wenn Lehrkräfte sich mit Ihnen unterhalten, zeigen sie Ihnen immer ihre besten Seiten. Sie zeigen, was sie alles können und tun. Die Schatten werden vor Ihnen verborgen. Wenn Sie neu und unerfahren im Amt sind, denken Sie vielleicht, dass die Personen keine Schatten haben, aber die sind definitiv da. Bei Herrn Schön ist es besonders hart. Bodo gegenüber hat er geschwärmt und hintenherum schlecht über ihn geredet. Bodo hätte das aber niemals herausbekommen, wenn er sich nicht mit einem anderen Planeten unterhalten hätte.
- Die Planeten haben nämlich eine ganz andere Sicht der Dinge. Da auch sie sich um die Sonne drehen, können sie sehr gut sehen, welcher Planet Ihnen als Leitung gerade sehr nahe ist und welcher nicht. Gerade die Planeten, die am weitesten von Ihnen weg sind, können das Gesamtsystem gut sehen und haben einen guten Blick auf die Schattenseiten der Planeten. Ich möchte Ihnen hier nicht raten, „Spitzel" im Kollegium zu platzieren. Das wäre niemals einer vertrauensvollen Zusammenarbeit zuträglich. Pflegen Sie aber ruhig ein gesundes Misstrauen jedem Menschen gegenüber, bis dieser Ihr Vertrauen wert ist.
- Das gelingt, indem man bewusst mit jenen Kolleginnen und Kollegen spricht, die weit von einem entfernt sind oder indem man selbst die Position der Sonne aufgibt. Seien Sie auch mal eine „normale" Lehrkraft. Unterrichten Sie hier und da mal etwas mehr. Halten Sie sich dann und wann im Lehrerzimmer auf. Ich weiß, dass das sehr schwer ist, weil Sie genau dann, wenn die Lehrkräfte Sie im Büro brauchen, nicht dort sind, sondern im Lehrerzimmer, aber es ist umso wichtiger, dass Sie die Planeten aus einer anderen Perspektive wahrnehmen. Versuchen Sie, das Gesamtsystem zu sehen. Schenken Sie Ihr persönliches Vertrauen nur sehr wenigen Menschen und dienstliches Vertrauen möglichst vielen.

6.6 Neues Geschirr

Eine Frage treibt Bodo schon seit Wochen um. Wie kann er mal etwas tun oder veranlassen, von dem das ganze Kollegium etwas hat? Eine Anschaffung, ein Lob, eine Anerkennung. Einfach immer nur E-Mails zu verfassen, empfindet Bodo als unpersönlich und auf Dauer langweilig. Also geht er in das Lehrerzimmer und schaut sich dort um. Die Möbel sind noch in Ordnung. Nicht schön, aber gepflegt. Die Plätze der Lehrkräfte wirken aufgeräumt, und der gesamte Raum wird von einigen, die sich dafür verantwortlich fühlen, wirklich gut gepflegt. Sein Weg führt ihn in die Lehrerküche. Kühlschrank auf: Katastrophe. Der Käse vom jüngsten Kollegiumsfrühstück sieht so aus, als würde er gleich ein Gespräch mit ihm anfangen. Alte Brötchen stehen herum. Bodo öffnet die Schränke. Ein Sammelsurium an Tassen und Tellern, Plastikgeschirr und Porzellan, bunt oder mit Goldrand, kommt Bodo in hohen Stapeln fast entgegen. „Das ist es", denkt er. Ich beschaffe neues Geschirr für alle.

Also fängt er an, Kataloge zu wälzen. Nahezu liebevoll sucht er nach bestimmten Kriterien das richtige Geschirr aus. Es darf nicht zu eckig sein, damit die Kanten nicht abbrechen. Es sollte zum Ambiente im Lehrerzimmer passen und hochwertig sein, weil es ja auch Wertschätzung ausdrücken soll, die er für seine Kolleginnen und Kollegen empfindet. Also nimmt er das teure Modell und füllt den Bestellzettel aus. Vorher schickt er noch eine E-Mail ans Kollegium. „Sie dürfen das alte Geschirr mit nach Hause nehmen oder für einen Polterabend benutzen. Ich werde heute neues Geschirr für das Lehrerzimmer bestellen."

Wenige Minuten, nachdem die Nachricht ihren digitalen Weg in die Smartphones der Lehrerinnen und Lehrer gefunden hat, stehen die Ersten bei ihm in der Tür. „Herr Leiter, warum werden wir nicht eingebunden in die Entscheidung, welches Geschirr wir benutzen?" „Herr Leiter, warum kaufen Sie einfach ohne Rücksprache neues Geschirr, nachhaltig ist das aber nicht." „Herr Leiter, was passiert mit den Tassen, die die Kolleginnen und Kollegen von ihren Klassen zum Abschied erhalten haben?"

Bodo verlässt der Mut. Er wollte doch nur etwas Gutes tun. Er wollte niemanden brüskieren, niemandem etwas wegnehmen. Er wollte Wertschätzung aussprechen. Schade, dass das nicht erkannt wird. Bodo fällt dazu nichts mehr ein. Er nimmt den Bestellzettel, reißt ihn durch und schreibt eine weitere E-Mail, dass eine neue Bestellung nicht gewünscht ist und dass bitte niemand das Geschirr wegnehmen möge.

6.7 Das Einläuten der Sommerferien

Bodo ist nun schon seit einiger Zeit im Amt, und die erste Sommerzeit an seiner neuen Schule beginnt. Tag für Tag rücken die Sommerferien näher, und so erkundigt er sich nach den Gepflogenheiten, was das Einläuten der Sommerferien an der Schule angeht. Er bekommt die Information, dass das Kollegium mehr oder weniger geschlossen am letzten Schultag am Abend durch die Innenstadt geht und hier und dort einkehrt.

Gerade weil er immer wieder hört, dass er als distanziert und überheblich wahrgenommen wird, entscheidet sich Bodo, an der Festlichkeit teilzunehmen. Daheim hat er Ärger mit seiner Frau, weil sie möchte, dass er lieber daheimbleibt, so kurz vor den Ferien. „Immer geht Schule bei dir vor", hört er und verlässt das Haus an diesem Abend mit einem mulmigen Gefühl. Er würde auch lieber zu Hause bleiben. Sommerferien sind eine Freude für die Familie und bedürfen der Vorbereitung.

Er fährt Richtung Innenstadt, parkt und trifft auf sein Kollegium in der Kneipe, wo jedes Jahr gefeiert wird. Zunächst einmal fällt ihm auf, dass gar nicht so viele Kolleginnen und Kollegen vor Ort sind, wie ihm angekündigt worden war. Er rechnete mit viel mehr Betrieb. Als er seine Augen über die Gruppen schweifen lässt, fällt ihm weiter auf, dass es vorwiegend diejenigen Kolleginnen und Kollegen sind, die er bisher als sehr kritisch wahrgenommen hat. Es sind nicht diejenigen gekommen, die seiner Meinung nach Lust auf Schule und auf Veränderung haben, sondern diejenigen, die gerne tratschen, die auf die Schulleitung schimpfen und die Angst vor Veränderung haben.

Bodo freut sich aber gerade, weil es so ist. So hat er die Möglichkeit, einmal hinter die Kulissen zu schauen. Er möchte die Kolleginnen und Kollegen heute einmal anders kennenlernen. Wie geht es ihnen privat? Was wollen sie ändern? Was soll so bleiben? Wie sehen diese Kolleginnen und Kollegen ihn? Die Erwartung an den Abend ändert sich jetzt bei Bodo. Es wird wohl eher weniger entspannt zugehen; eher ein Abend der Diskussionen und des Sprechens über das Kollegium und auch des Redens über Unzufriedenheit.

Die ersten Gespräche verlaufen jedoch viel besser, als Bodo erwartet hat. Eine Kollegin hat sich gerade von ihrem Mann getrennt und kämpft sich alleine mit den drei Kindern durch ihr Leben. Ein Kollege ist gerade damit beschäftigt, sich innerlich von seinen Eltern zu distanzieren, da seine Mutter schwer krank ist und sich sein Vater von ihm abgewendet hat.

Bodo findet, dass der Abend wirklich schön ist und dass all diejenigen, die er in die „Anti-Ecke" gestellt hat, auch ihre Gründe haben, warum ihr Leben vielleicht gerade nicht so einfach ist. Man kann eben nicht immer alle Energie und alles Interesse in die Arbeit stecken. Manchmal ist das Privatleben wichtiger.

Bodo lässt sich so durch den Abend treiben. Er sitzt an der Theke, und die Kolleginnen und Kollegen wechseln an seiner Seite. Bodo gibt hier und da ein Getränk aus und unterhält sich sehr gut. Die Zeit schreitet voran, als sich plötzlich ein Kollege neben ihn setzt, der schon deutlich angeheitert erscheint. „Herr Leiter, darf ich du sagen?" So geht das Gespräch schon los. „Nein, tut mir Leid, Herr Meier, das wissen Sie aber auch, oder?" „Okay, dann eben HERR Leiter! Ich freue mich total, dass Sie heute hier sind. Wissen Sie wieso?" „Nein, das weiß ich nicht." „Weil ich Ihnen die ganze Zeit schon einmal sagen wollte, dass Sie sich wirklich ganz im Ernst eine andere Schule suchen sollten. Bei uns mag Sie niemand, und schauen Sie mal, Sie stehen doch ganz alleine da!"

In Bodo kocht und friert es gleichzeitig. Wie soll er jetzt reagieren? Das sind harte Worte und er würde so gerne „Pause" drücken und erst einmal nachdenken. „Sie haben bei uns keine Freunde, niemanden, der für Sie einsteht. Ihr Vorgänger, der war nett. Mit dem habe ich immer über die aktuellen Handballergebnisse reden können. Der war so menschlich. Den mochten alle. Nun müssen wir alle mit Ihnen leben und ganz ehrlich: Suchen Sie sich was anderes. Ich mag Sie wirklich, aber Sie können das einfach nicht."

„Danke, Herr Meier, dass Sie mir so offen Ihre Meinung sagen. Es ist sicherlich so, dass jeder Schulleiter und jede Schulleiterin einen anderen Führungsstil hat. Die einen kommen mit der einen Art besser zurecht und die andern mit der anderen."

„Das stimmt, aber mit Ihnen kommt einfach niemand zurecht!" Herr Meier wird von einem anderen Kollegen, der das Gespräch mitbekommen hat und noch nüchtern ist, angesprochen. Man wolle doch lieber nach Hause fahren. Beide verlassen die Kneipe. Bodo bleibt alleine am Tresen zurück. Erst jetzt schaut er wieder um sich und stellt fest, dass von den Kolleginnen und Kollegen nur noch eine Handvoll herumsteht und ihr Bier festhält. Es ist wohl Zeit, zu gehen – und er war definitiv zu lange da.

Auf dem Weg nach Hause wird ihm erst so richtig klar, was ihm da gerade alles serviert worden ist. Er wurde hart kritisiert. All die Techniken, die ihm helfen sollten, damit klar zu kommen, scheinen total zu versagen. Er kann nicht mehr. Die vergangenen Wochen vor den Ferien waren hart. Der Abend war gegenüber seiner Frau hart erstritten, und jetzt muss er auch noch mit dieser deutlichen Kritik leben. Ja, natürlich, der Kollege war angetrunken, aber dennoch. Betrunkene sagen oft die Wahrheit. Ist er wirklich nicht geeignet? Sollte er das alles weitermachen? Warum? Wofür? Diese ständige Kritik. Dieses ständige Durchhalten. Dieses Aushalten. Er will nicht mehr. Er meint es so oft nur gut, und dann wird ihm alles um die Ohren gehauen. Bodo kann nicht mehr. Er möchte heim. Die Schule soll für dieses Jahr genug sein. Auf dem Heimweg schaltet er sein Handy aus, um keine Anrufe von anderen zu bekommen, die die Szene vielleicht mitbekommen haben. Was daran stimmt, muss er für sich alleine beantworten. Er muss da jetzt durch.

6.8 Sinnkrise

Bodo beschäftigt sich in der folgenden Zeit sehr intensiv damit, ob, und wenn ja wie, er die Aufgabe des Schulleiters weiter umsetzen möchte. Es fühlt sich oft so an, als würde er nicht wirklich glücklich sein. Es fühlt sich so schwer an. Er möchte wirklich etwas bewegen, aber wie kann man das, wenn man gefühlt wie in Honig festklebt? Er selber bemüht sich um Freundlichkeit, steckt immer alles weg und alles ein und bekommt dennoch ständig Druck und Ärger. Offensichtlich meint jeder, dass Bodo alles abkann, was man ihm zumutet. Er möchte alles hinwerfen. Warum nur ist er an eine Schule geraten, wo man ihn nicht wertschätzt? Die Lehrkräfte fordern ständig Wertschätzung für sich ein, sind aber selber zu keinem bisschen Wertschätzung bereit.

Immer wieder sagt er sich, dass er selbst richtig ist, so wie er ist; nur die Schule ist eben die falsche. So kann es auf jeden Fall nicht weitergehen. Er möchte wieder frei sein, frei von all dem Ärger, von all dem Druck. Er möchte nicht immer für alles verantwortlich gemacht werden. Bodo ist auch noch ein Mensch und nicht nur ein Schulleiter. Sieht das denn niemand? Warum nur ist er so alleine?! Die paar Euro mehr im Verhältnis zur Mehrarbeit und Verantwortung sind wirklich verzichtbar. Dafür lohnt es sich nicht. Ich schmeiße alles hin! Ich höre auf! Bodo ist sich sicher, dass er bald sein Amt niederlegen wird. Er hat zwar mit vielem gerechnet, aber er hatte sich vorgenommen, in erster Linie ehrlich zu sich selbst zu sein und aufzuhören, wenn es nicht funktioniert. So entscheidet er sich an Silvester, noch das Halbjahr zu beenden und zum 1. Februar um Entpflichtung zu bitten. Er möchte sich nicht ruinieren. Er hat es versucht, aber jetzt möchte er definitiv nicht mehr.

Liebe Kolleginnen und Kollegen, ich spreche Sie jetzt einmal ganz direkt an. Sollten Sie sich in solch einer „Krise“ wie Bodo befinden und haben Sie eventuell sogar dieses Buch aus genau diesem Grund gekauft, dann möchte ich Sie erst einmal beruhigen. Diese Phase durchläuft jede und jeder. Bei der einen kommt sie früher, bei dem anderen später, und ich kann Ihnen versprechen: Eine solche Krise wird Sie immer wieder einmal treffen. Diese Punkte im Leben und im Berufsleben sind ein Zeichen für Veränderung – und sie sind normal.

Es gibt verschiedene Auslöser, die einen in diesen Zustand versetzen können. Oft geschieht dies bei zu starkem und ständig anhaltendem Widerstand gegen Neuerungen. Da hilft aus meiner Erfahrung der Spruch sehr gut, dass Widerstand immer bedeutet, dass Menschen Ihnen zutrauen, dass Sie tatsächlich etwas verändern; an der Schule, an der Kultur oder am täglichen Leben. Halten Sie sich dies vor Augen und geben Sie vorerst nicht auf. Sie müssen daraus Kraft schöpfen können, dass Sie wirklich Dinge verändern. Das muss Ihnen Freude bereiten und Sie motivieren. Die Tatsache, dass Sie nach und nach aus der Schule Ihre eigene Schule entwickeln, sollte Ihnen einen inneren Antrieb geben. Sie werden in diesem Job von außen keine Bestätigung erhalten. Rechnen Sie zumindest nie damit. Sie werden sogar, wenn Dinge gut laufen, andere dafür loben müssen, auch wenn Sie selbst hinter allem gesteckt haben. Werden Sie sich darüber klar, ob Sie das tragen und ertragen können.

Sollten Sie jedoch als Schulleitung aufgrund eines Konfliktes oder wegen einer permanenten Konfliktsituation darüber nachdenken, aufzugeben, dann kann Ihnen die Erinnerung an Ihre Zeit als Klassenlehrer helfen. Ich denke an eine Zeit, in der sich die Eltern hinter meinem Rücken getroffen hatten, um über mich als Klassenlehrer zu sprechen. Diese Situation war für mich ein großer Vertrauensbruch. Das hat mir wirklich sehr viel ausgemacht. Ich war am Boden zerstört und wenn ich recht darüber nachdenke, habe ich mir damals

die gleichen Fragen gestellt wie in unserem Beispiel Bodo. Nach meiner Erfahrung kommen Sie in jedem Job immer wieder in Konfliktsituationen, die Ihnen das Leben schwermachen. Natürlich wiegen Konflikte schwerer, je größer Ihr Verantwortungsbereich ist. Dennoch sind es am Ende und unter dem Strich nur Konflikte; egal, ob als Klassenlehrerin oder Klassenlehrer, als Schulleiterin oder Schulleiter.
Was ganz wichtig ist: Verbieten Sie sich die Gedanken des Hinwerfens nicht! Denken Sie sie wirklich einmal konkret durch. Stellen Sie sich die Folgen so plastisch wie möglich vor: Sie bitten also Ihre vorgesetzte Behörde um Entpflichtung zum nächstmöglichen Termin. Sie werden dann wieder Lehrerin oder Lehrer sein. Mit einer sehr hohen Unterrichtsverpflichtung. Mit allen Stunden, Klassenarbeiten, Elterngesprächen, schönen und unschönen Erlebnissen mit Schülerinnen und Schülern. Sie geben die Macht ab. Keine herausgehobene Position mehr. Reizt Sie der Gedanke? Allerdings: Sie verändern Schule auch nicht mehr. Anders gesagt: Sie nehmen im Veränderungsprozess der Schule keine entscheidende Rolle mehr ein. Sie tragen nicht mehr so viel Verantwortung. Sie müssen vermutlich die Schule verlassen und sich ein neues Arbeitsumfeld aufbauen. Sie müssen neue Kolleginnen und Kollegen kennenlernen. Sie arbeiten mit einer neuen Schülerschaft zusammen. Wollen Sie das?
Ich erlebe in meinen Coachings immer wieder Schulleiterinnen und Schulleiter, die genau an diesem Punkt sind. Meistens denken wir dann gemeinsam diese Wege durch. Wenn man im Tal steckt, hat man das Problem, dass man keine Aussicht hat. Daher: Sprechen Sie mit jemandem über Ihre Gedanken. Ideal ist jemand neutrales. Die Meinung der Menschen in Ihrem direkten Umfeld werden Sie schon kennen. Diese Menschen verbinden aber sehr oft auch persönliche Interessen mit Ihrer Entscheidung. Ihr Mann könnte froh sein, wenn Sie wieder mehr zu Hause sind. Ihre Frau könnte sich freuen, wenn Sie sich wieder mehr um die Kinder kümmern. Aber was diese Menschen oft nicht mitbedenken, ist die Tatsache, dass die Familie nichts von dem Vater oder der Mutter hat, wenn diese permanent traurig und niedergeschlagen sind, weil sie eigentlich lieber doch Schulleiterin oder Schulleiter geblieben wäre. Ist es nicht auch so, dass wir uns damals beworben haben, weil wir diesen Job wollten? Weil wir glücklich waren, als wir die Zusage bekommen haben? Wollten wir nicht wirklich etwas bewegen? Sind wir nicht eigentlich die „Macher-Typen, die Schulen auch brauchen?“
Stellen Sie sich diese Fragen gemeinsam mit einer Person, die nicht im Tal steht, sondern Ihnen von einer Position mit mehr Aussicht einen Rat geben kann. In vielen Fällen meiner Coachings sind die Schulleiterinnen und Schulleiter zurück in ihre Schule gegangen und sind glücklich, nicht alles hingeworfen zu haben. In anderen Fällen haben sie sich auf andere Stellen beworben, größtenteils in die Behörde. Aber es gibt durchaus auch Fälle, wo Schulleiterinnen und Schulleiter sich tatsächlich haben entpflichten lassen und nun glücklich an einer anderen Schule als Lehrerin oder Lehrer arbeiten. Diese Entscheidung müssen am Ende Sie alleine treffen. Aber Sie sollten sie niemals aus dem Tal heraus treffen, sondern immer vom Berg aus, wo Sie eine wunderschöne Aussicht haben auf das, was da noch kommt.

6.9 Der Geburtstag

Bodo hat sich von seiner Sinnkrise recht schnell wieder erholt. Als er Silvester noch dachte, er würde alles aufgeben, ging es ihm schlecht. Er hatte keine Kraft mehr. Nun, nach den Ferien und mit etwas Erholung, geht es ihm wesentlich besser. Er möchte sich nicht mehr so stressen lassen. Er hat sich für das neue Jahr fest vorgenommen, nicht immer alles so persönlich zu nehmen. Die erste Woche des neuen Kalenderjahrs verläuft prima. Alle sind gut gelaunt. Es gibt kaum Probleme, und der Unterricht geht ihm spielend von der Hand.

„Gut, dass ich nicht hingeworfen habe", denkt er. Es ist doch merkwürdig, wie leicht man in eine so tiefe Krise fallen kann und wie schnell man wieder aufsteht. Aber warum und wie hat Bodo das geschafft? Bodo hat in der freien Zeit viel Ruhe gefunden. Oft empfindet er den Alltag so, als würden sich immer mehr Dinge aufhäufen. Es wird immer mehr, anstatt weniger. Egal, wie viel er arbeitet, es kommt immer mehr dazu, als er wegschaffen kann. In den Ferien hat er festgestellt, dass es ihm einfach auch an Kraft gemangelt hat. Zu wenig Zeit für sich selbst, zu wenig Kraft und zu wenig Schlaf – das alles zusammen hat bei ihm dazu geführt, dass er so tief gefallen war.

Es ist Freitag, und Bodo geht in der zweiten großen Pause pfeifend in das Lehrerzimmer. Er solle dort mehr Präsenz zeigen, wünschte sich das Kollegium in der jüngsten Dienstbesprechung. „Wenn die wüssten", dachte er damals bei sich. „Ich bin doch nur deswegen nicht während der Pausen im Lehrerzimmer, weil ich in meinem Büro Zeit für euch haben möchte." Die Sonne scheint, und so geht er durch die Flure seiner Schule. Er wird freundlich begrüßt, gibt mehreren Kolleginnen und Kollegen die Hand und wird angelächelt. „Was für ein schöner Tag."

Er redet mit verschiedenen Lehrerinnen und Lehrern über Kleinigkeiten. Einer spricht ihn sogar auf seine neue Krawatte an. „Heute gibt es nichts, das mir den Einstieg ins Wochenende verderben kann", denkt er. Als die Pause zu Ende ist, geht er an sein Fach, um die Post mitzunehmen. Dabei fällt ihm auf, dass in fast allen Fächern gelbe Briefe liegen. Er wundert sich, weil diese definitiv nicht von der Schulleitung gekommen sind. In einem unbeobachteten Moment schaut er auf einen dieser Briefe und stellt fest, dass es Einladungen sind. Einer der Kollegen, mit dem Bodo sogar öfters gemeinsam Sport treibt, hat zu seinem 50. Geburtstag fast das gesamte Kollegium eingeladen.

Spontan spürt Bodo einen ihm vertrauten Schmerz. Er kehrt niedergeschlagen in sein Büro zurück. Tausend Fragen gehen ihm durch den Kopf. „Warum lädt er fast alle ein, aber mich nicht?", „Was habe ich falsch gemacht?", „Bin ich nicht auch nett und freundlich?". Wieder fährt der Gedanken-Zug mit Bodo los, und er bekommt ihn nicht gestoppt. Er packt seine

Sachen und fährt mit sehr schweren Gefühlen im Bauch Richtung Heimat. Heute kann er nicht noch mehr ertragen.

Diese oder eine sehr ähnliche Situationen haben fast ohne Ausnahme wohl alle Schulleitungen erlebt, und nahezu jede und jeder, den ich einmal gecoacht habe, kennt das. Es tut so weh und es ist so schwer. Je kleiner ein Kollegium ist, desto schwerer ist diese Situation zu ertragen. Am schwersten war es für eine Grundschulleiterin, die genau aus diesem Grund zu mir kam. Sie leitete eine kleine Schule auf dem Dorf mit zwölf Lehrerinnen. Sie selber kam aus dem Kollegium. Sie hat sich nach zwei Jahren unbesetzter Schulleiterstelle überreden lassen, sich zu bewerben und die Stelle sofort bekommen. Zwei Jahre hatte sie diese Schule zum Zeitpunkt meiner Beratung geleitet und ist durch viele schwere Zeiten gegangen. Sie hatte genau wie Bodo gerade eine Sinnkrise erfolgreich überstanden und bekam dann durch eine Erfahrung, wie sie Bodo machte, „das Messer direkt ins Herz gestoßen“, wie sie es beschrieb.
Ja, es fühlt sich genau so an. Sie zweifelte sofort wieder – nicht nur an der Stelle, sondern besonders an sich selbst. Ist sie wirklich geeignet? Kann sie das weiter aushalten? All diese Fragen musste sie für sich klären. Es war ein harter Weg, von dem sie geglaubt hatte, ihn eigentlich gerade hinter sich gelassen zu haben. Schwer zu ertragen war, dass sie früher bei diesem Geburtstag immer dabei gewesen war. Schon seit Jahren und auch schon zwei Mal, nachdem sie Schulleiterin geworden war. In diesem Jahr war sie nicht eingeladen. Sie spürte den Schmerz sehr stark. Woher aber kommt der Schmerz? An dieser Frage habe ich mit ihr gearbeitet. Eine solche Situation ist zweifelsohne extrem schwer zu ertragen. Es schließt sich ja neben den Selbstzweifeln auch die Überlegung an, ob man die Situation mit dem oder der Einladenden klären soll oder nicht. Es türmt sich sofort wieder ein Berg auf, der unüberwindbar erscheint.
Zunächst einmal möchte ich Ihnen dadurch, dass ich dies hier aufschreibe, deutlich machen, dass wir da alle durchmussten und Sie mit Ihren Gefühlen nicht alleine stehen. Zu spüren, nicht (mehr) dazuzugehören, trifft einen und gibt einem das Gefühl, dass man ganz alleine ist. Genau hier liegt allerdings auch die Lösung des Problems. Sie sind zwar nicht alleine auf der Welt, aber Sie sind alleine in der Schule. Absolut alleine und einsam. Die Tatsache, dass Sie nicht eingeladen wurden, können Sie so interpretieren, dass Sie Ihren Job gut machen und dass Sie offensichtlich im Bereich der Beziehung ganz klare Signale setzen. Sie können nicht abwechselnd manchmal vorgesetzt und manchmal gleichgesetzt sein, je nachdem, was Ihnen gerade besser gefällt. Sie können in den Rollen nicht springen. Mein Großvater prägte dafür einen Spruch, an den ich oft denken muss: „Der Kapitän speist immer allein.“ Wenn Sie Kapitänin oder Kapitän sind, dann ist das der Preis, den Sie bezahlen.
Ja, es tut weh, und bei dem einen oder anderen schmerzt es besonders, weil man früher so ein gutes Verhältnis zu der Person hatte. Aber mal ehrlich: Dachten Sie, dass alles beim Alten bleibt und Ihr formaler Status keine Rollen spielt? Die Nicht-Einladung ist ein äußeres Zeichen für einen Prozess, den Sie selbst eingegangen sind und eingehen wollten. Sie ist

keine Strafe, eher eine Belohnung. Ich weiß, dass Sie es so nicht sehen können, wenn Sie vor Ihrem Postfach stehen und das Messer gerade so sehr im Herzen schmerzt. Aber ich sage Ihnen, dass Sie dabei sind, einen sehr gesunden Prozess zu durchleben. Sie haben sich vom Kollegium gelöst und haben Ihre Rolle gefunden. Dafür zahlt man einen Preis. Aber dafür sind Sie auch die Chefin oder der Chef. Fragen Sie sich mal, ob Sie Ihre Vorgesetzte oder Ihren Vorgesetzten gern dabeihätten, wenn Sie auf Ihrem eigenen Geburtstag vielleicht mal einen über den Durst trinken oder aus der Reihe tanzen wollen. Ich vermute, dass wir uns da alle einig sind: Das würden wir nicht wollen.
An Ihren sozialen Beziehungen wird sich nach und nach sehr viel ändern. Wer weiß, vielleicht erhalten Sie in einigen Wochen die Einladung zum Geburtstag der Schulleiterin der Nachbarschule? Versuchen Sie, den Prozess anzunehmen und durchleben Sie den Schmerz durchaus aktiv. Er ist gesund und wird Sie zu neuen Perspektiven und zu neuen Menschen führen.

7 Dinge verändern

7.1 Die Motivationsfalle

Bodo hat sich überlegt, dass er nach all den stressigen Zeiten und dem Ärger nun etwas tun möchte, was dem ganzen Kollegium guttut. Immer wieder hört er aus dem Lehrerzimmer, dass man dort unzufrieden mit dem Mobiliar, den PCs und überhaupt mit der ganzen Atmosphäre sei. Bodo hat sich schlau gemacht und dazu gelesen, dass die Stimmung innerhalb eines Kollegiums durch Farbgebung und Gestaltung von Räumen durchaus positiv verändert werden kann.

Bei der Dienstbesprechung erntet Bodo auch zum ersten Mal so etwas wie Anerkennung für seine Arbeit. Die Kolleginnen und Kollegen klopfen auf die Tische, als er seine Pläne vorstellt. Der Großteil des Kollegiums scheint über die anstehenden Änderungen hocherfreut zu sein. Damit alles möglichst so gestaltet wird, wie das Kollegium es wünscht, ruft Bodo dazu auf, eine Arbeitsgruppe einzurichten, die alle Entscheidungen maßgeblich mittreffen soll.

Auf die Frage, wer sich dabei engagieren wolle, meldet sich zunächst niemand. Als Bodo in Ansätzen beschreibt, was man entscheiden kann und wie oft man sich treffen würde, melden sich ganz vorsichtig zwei Lehrkräfte. Bodo bringt die Dienstbesprechung zu Ende und fährt wieder einmal voller Frust nach Hause. Er wollte zum widerholten Mal etwas für das Kollegium tun. Er wollte etwas verändern. Er wollte etwas gegen die Unzufriedenheit tun – und dann melden sich nur zwei? Wenn es ums Meckern geht, sind alle dabei. Wenn es aber darum geht, etwas zu tun, dann steht niemand auf. Bodo ist gefrustet. In dieser Nacht kann er wieder einmal nicht schlafen.

Zunächst einmal wundern Sie sich vielleicht, warum im Moment für Bodo wieder einmal alles so hart und schwer ist. Ein Schlag folgt dem anderen. Das habe ich in diesem Buch absichtlich so aufgebaut, weil es der Wahrnehmung vieler Schulleiterinnen und Schulleiter entspricht. Die erste Zeit ist unglaublich hart. Je größer eine Schule ist und je mehr Sie verändern wollen, desto schwerer fällt die erste Zeit.
In vielen Fällen handelt es sich besonders in den ersten zwei bis drei Jahren um tiefgreifende Kulturwechsel. Unterschätzen Sie dies niemals. Auch wenn es aus Ihrer Sicht nur Projekte sind, so handelt es sich aus Sicht der Lehrkräfte um eine neue Welt. Dass man mitentscheiden kann, muss man eventuell erst lernen. Es hilft Ihnen, wenn Sie sich das Kollegium als eine Klasse vorstellen, die eine neue Klassenlehrerin oder einen neuen Klas-

senlehrer bekommen hat. Es gelten neue Regeln. Wenn vorher galt: „Wir dürfen nicht mitentscheiden“ und nun gilt auf einmal: „Wir können mitarbeiten“, dann wundern Sie sich bitte nicht, dass das Kollegium Zeit braucht, um sich auf die neuen Regeln einzustellen; die einen brauchen für diesen Übergang länger als andere.
Darüber hinaus kommt hier ein weiterer sehr wichtiger Aspekt zum Tragen. Wir Schulleiterinnen und Schulleiter waren alle ursprünglich Lehrerinnen und Lehrer. Eine unserer Aufgaben war es, Fehler zu finden und zu korrigieren. Das sitzt tief in uns und steuert unsere komplette Wahrnehmung. Wenn sich also nur zwei Lehrkräfte melden, dann ist das nichts, worüber wir uns ärgern sollten. Machen Sie sich klar, dass sich hier zwei Lehrkräfte freiwillig (!) bereiterklärt haben, eine Aufgabe zu übernehmen, die mehr Zeit in Anspruch nimmt und die auf die bisherige Arbeit noch oben drauf kommt. Sie haben sich freiwillig gemeldet und wollen etwas verändern. Das ist zu loben! Und Sie haben damit eigentlich einen Anlass, um sich zu freuen. Da wir aber leider so ausgebildet wurden, dass wir immer Fehler finden sollen und dadurch einen defizitären Blick geübt haben, sind wir nun sehr schnell darin, unzufrieden zu sein und zu denken: „Schade, dass sich nicht mehr gemeldet haben.“
Wir sollten unbedingt lernen, auf das Positive zu sehen und zu sagen: „Schön, dass ich es nicht alleine machen muss, sondern dass sich zwei bereiterklärt haben, mitzumachen.“
Eine provokante Frage möchte ich hierzu auch noch in den Raum stellen. Haben Sie schon einmal versucht, eine Arbeit von Schülerinnen und Schülern in Grün zu korrigieren und das Positive hervorzuheben, anstatt in Rot das Negative anzustreichen? Interessanter Gedanke, finden Sie nicht?

7.2 Die Pausenaufsicht

Bodo hat sich durch viele Gespräche davon überzeugt, dass seine Vorgängerin hauptsächlich locker, mit autoritären Anteilen, geführt hat. Bereits seit Dienstantritt an der neuen Schule ist ihm aufgefallen, dass viele Lehrkräfte die Wahrnehmung der Pausenaufsichten ebenfalls sehr locker handhaben. Durch Rückfragen bei anderen Schulleitungsmitgliedern kommt heraus, dass dieses Problem bereits seit vielen Jahren bekannt ist, aber nie etwas dagegen unternommen wurde.
Bodo entscheidet sich, zu handeln. Er informiert die Kolleginnen und Kollegen per Aushang darüber, dass ab sofort damit zu rechnen sei, dass die Schulleitung die Wahrnehmung der Aufsichten in den Pausen kontrollieren werde.

Das führt natürlich sofort wieder zu einem Aufruhr im Lehrerzimmer. „Wie kann der das machen?“, „Das sind Stasimethoden“, „Ich fühle mich kontrolliert“ u. s. w. sind Aussagen, die unverzüglich und lautstark durch die Gänge hallen.

Mein Tipp

- Sollten Sie diesen oder einen anderen Missstand in Ihrer Schule vorfinden, kann ich Ihnen nur raten: Handeln Sie klar und eindeutig und gehen Sie dagegen vor. Die Wahrnehmung der Aufsichtspflicht ist einer der wenigen Punkte, die Kolleginnen und Kollegen tatsächlich in äußerst ernste Probleme bringen können, sobald in der Pause etwas passiert. Darüber hinaus kann es auch sehr schwierig für Sie werden, weil sofort gefragt werden würde, was Sie denn unternommen haben. Wenn Sie dann nicht klar antworten können, haben Sie ein großes Problem.
- Es geht aber in diesen Situationen tatsächlich sehr um das Fingerspitzengefühl. Handeln Sie nicht wie Bodo und hängen Sie nicht einfach die Information auf, sondern versuchen Sie, das Kollegium mitzunehmen. Suchen Sie beispielsweise in einer Dienstbesprechung gemeinsam mit dem Kollegium nach Lösungen. Am Ende wird es immer darauf hinauslaufen, dass man als Schulleiterin oder Schulleiter sicherstellen muss, dass die Aufsichtspflicht erfüllt wird. Es ist aber ein Unterschied, ob Sie das einfach mitteilen oder ob den Lehrkräften klar ist, warum Sie das tun. Wenn Sie dann die Aufsichten tatsächlich kontrollieren und den nicht anwesenden Lehrkräften einen Zettel ins Fach legen, achten Sie darauf, dass Sie beispielsweise schreiben: „Ich habe Sie in der Aufsicht nicht gesehen" und unterlassen Sie Anfeindungen wie: „Ich habe gesehen, dass Sie Ihre Aufsicht nicht wahrgenommen haben." Es kann nämlich auch sein, dass einzelne Lehrkräfte gerade ein verletztes Kind ins Sekretariat bringen und daher momentan nicht da sein können.
- Mit der einen Formulierung ermöglichen Sie eine Begründung, während Sie im anderen Fall eine Verletzung der Dienstpflicht unterstellen. Zu diesem Punkt ist auch zu sagen, dass ich keine Schule kenne, die hier ein absolut zuverlässiges System entwickelt hat, in dem ausnahmslos immer alle ihre Pflichten wahrnehmen. Bedenken Sie auch, dass Sie massiv in die gefühlte Autonomie jeder Lehrkraft eingreifen, wenn Sie Kontrollen einführen. Sie werden heftigen Protest ernten. Dennoch können Sie sich darauf verlassen, dass es viele Lehrkräfte geben wird, die sich über die Kontrolle freuen, weil sie stets ihre Pflicht wahrnehmen und sehr wohl wissen, dass es andere nicht tun.

7.3 Führen mit Lob

Nachdem Bodo hin und wieder kontrolliert hat, ob die Pausenaufsicht klappt, fällt ihm auf, dass sich die Anzahl derjenigen, die ihren Pflichten nicht nachkommt, erfreulicherweise deutlich verringert hat. Es ist ihm auch klar, dass er sich selbst bei seinen Kontrollen nicht wirklich gut gefühlt hat. Wer mag das schon gerne, Kolleginnen und Kollegen, denen man eigentlich vertraut, zu überprüfen und ihnen aktiv Fehler nachzuweisen?

Bodo sucht also nach einer Lösung, einer neuen Herangehensweise. Ihm ist auch bewusst, dass er sich einen Kulturwechsel für seine gesamte Schule wünscht, nämlich einen respektvollen und wertschätzenden Umgang mit den Schülerinnen und Schülern sowie mit den Lehrkräften. Man soll auch eine gewisse Haltung spüren, die den gegenseitigen Respekt zum Ausdruck bringt. An dieser Schule soll es nicht die Lehrerschaft geben, die schlau ist und das Recht auf ihrer Seite hat und auf der anderen Seite die „dummen" Schülerinnen und Schüler, die den Befehlen der Lehrerinnen und Lehrer zu gehorchen haben.

Eigentlich müsste er dann ja auch sein Kontrollsystem überdenken. Außerdem fällt ihm sowieso auf, dass er immer sehr kritisch ist und überall Fehler sieht. Er möchte seine Perspektive verändern und mehr Positives wahrnehmen. Wie wäre es denn, wenn er nicht diejenigen ermahnt, die ihre Aufsichtspflicht verletzt haben, sondern denjenigen einen Lobzettel ins Fach legt, die ihrer Pflicht nachgekommen sind? Bodo denkt darüber nach und setzt diese Idee um. Einige Wochen später beginnt die gesamte Schulleitung damit, grüne „Anerkennungszettel" ins Fach zu legen, anstatt Meckerzettel, auf denen bisher das Fehlverhalten dokumentiert wurde.

Tatsächlich habe ich mit Schulleitungen gesprochen, die von dieser Methode begeistert berichtet haben. Es verändert viel an Ihrer eigenen Haltung, wenn Sie damit beginnen, das zu loben, was die Lehrkräfte gut und richtig machen, anstatt Fehler aufzulisten. Diese Einstellung wird sich nach und nach auf das Kollegium übertragen und das Verhältnis zwischen Schülerschaft und Lehrkräften massiv positiv beeinflussen. „Führen mit Lob" hat eine nahezu magische Macht.

Ich möchte von einem Erlebnis berichten, das mich zum Umdenken anregte. Ich nahm an einer Fortbildung von Karl Benien aus Hamburg zum Thema „Führen mit Lob" teil. Während des Vormittags besprachen wir verschiedene Situationen und lernten anhand von Folien viel darüber, was Lob mit uns Menschen macht und welche positiven Auswirkungen dies hat. Ich selber habe mich hier und da beteiligt und das Gespräch aktiv verfolgt. Als es zum Mittagessen ging, legte mir Trainer Karl Benien die Hand auf die Schulter: „Hey Tjark, du hast dich heute richtig toll beteiligt, vielen Dank." Ich war so überrascht, dass ich gar nicht antworten konnte. Ich stammelte irgendwas Belangloses, um meine Unsicherheit zu überspielen. Erst in den nächsten Minuten und Stunden entfaltete dieses Lob seine Wirkung. Ich hatte Gedanken wie: „Hey, ich bin gut!" oder „Prima, dass er mich gesehen hat!" Ich fühlte mich durch das Lob richtig gut. Nach der Mittagspause war ich hochmotiviert und beteiligte mich noch mehr. Im Laufe des Tages bemerkte ich, dass der Trainer alle Teilnehmerinnen und Teilnehmer des Kurses lobte. Mir wurde klar, dass dies genau sein Ziel war. Wir sollten lernen, wie es sich anfühlt, gelobt zu werden und welche starke Kraft in einem Lob steckt.

Zu diesem Punkt möchte ich eine weitere Erfahrung mit Ihnen teilen und Sie einladen, das Gleiche mit Ihrem Team zu tun. Wir hatten beim Thema Rhythmisierung Schwierigkeiten

und eine angespannte Situation in der Schulleitungsrunde. Ich beauftragte einen externen Trainer damit, mit uns daran zu arbeiten. Ich befürchtete jedoch, dass die verschiedenen Meinungen sehr hart aufeinandertreffen würden und so bat ich den Trainer, dafür zu sorgen, dass wir auch nach sehr kontroversen Diskussionen am Nachmittag abends alle mit einem guten Gefühl ins Bett gehen könnten.
Der Tag, der kam, war hart. Die Meinungen gingen weit auseinander, und erst nach und nach war eine Einigung in Sicht. Wir beendeten die Arbeitsphase, weil wir keine Kraft mehr hatten, und gingen zum Abendessen. Die Stimmung war nicht so ausgelassen wie sonst, weil wir alle noch mit den Aussagen der anderen zu der Thematik beschäftigt waren. Der Trainer hatte uns nach dem Abendessen und einer kleinen Pause nochmals in den Konferenzraum des Hotels bestellt, in dem wir tagten. Ich selber war unzufrieden, weil er aus meiner Sicht nicht dafür gesorgt hatte, dass wir uns gut fühlen. Die dann folgende Übung sollte aber alles ändern, und ich möchte Sie anregen, diese auch durchzuführen. Wir alle erhielten ein weißes Blatt, das wir uns gegenseitig auf den Rücken kleben mussten. Unsere Aufgabe war es nun, im Raum umherzugehen und jeder anderen Person ein Kompliment auf den Rücken zu schreiben. Dabei benutzten wir alle die gleichen Stifte. Und da man ja auf einem Rücken etwas ungelenk schreibt, konnte auch die normale Handschrift keinen Anhaltspunkt auf die Schreiberin oder den Schreiber geben.
Wir sollten die Zettel anschließend abnehmen und ungelesen in die Tasche stecken. Den Abend verbrachten wir dann im Hotel und waren alle irgendwie gespannt, was auf unseren Zetteln stehen würde. Wir durften aber erst beim Zubettgehen lesen, was die anderen über uns geschrieben hatten. Ich weiß noch, dass ich tief gerührt davon war, wie meine engsten Kolleginnen und Kollegen mich wahrnehmen und wie ehrlich und freundlich sie mich beschrieben. In dieser Nacht habe ich wundervoll geschlafen. Ich habe das System auf Klassen angepasst und möchte auch diese Idee mit Ihnen teilen. Auf Klassenfahrten verwende ich einen Abend dazu, dass die gesamte Gruppe zusammenkommt. Aufgabe ist, dass man (im Kreis sitzend) nach und nach zu jeder Schülerin und jedem Schüler sagt, was man an ihr oder ihm mag. Diese Abende sind sehr intensiv und voller Gefühl. Ich kann Sie nur dazu ermuntern, diese „warme Dusche" auch durchzuführen. Sie werden sich wundern, was dabei herauskommt.

T

Mein Tipp

- Das Lob-Prinzip lässt sich auch auf eine ganze Schule übertragen. Führen Sie beispielsweise ein Heft, in dem Sie immer dann, wenn Sie sich über eine Kollegin oder einen Kollegen freuen, kurz eine Notiz darüber festhalten. Am Ende des Schuljahrs oder zu Weihnachten schenken Sie jeder und jedem eine Karte, auf der Sie notiert haben, worüber Sie sich ganz speziell bei diesem Menschen gefreut haben. Sie werden sehen, was für eine unglaublich positive Macht davon ausgehen wird. Versuchen Sie also ruhig den Perspektivwechsel und führen Sie mit Lob.

7.4 Perfektionismus

Bodo spürt nach mehreren Monaten, dass sich Dinge verändern, ist aber mit dem Tempo noch nicht zufrieden. Nach und nach bemerkt er, dass die Arbeit immer mehr, manchmal fast zu viel wird. Er kommt jeden Abend später nach Hause und nimmt einen stärker werdenden Druck wahr.

Wir befinden uns bei Bodo zu Hause. Es ist Sonntagabend. Die Familie sitzt gemütlich vor dem Fernseher, und Bodo arbeitet bereits seit zwei Stunden in seinem Arbeitszimmer. Langsam werden die Familienmitglieder ungemütlich. Es ist bereits halb neun. Der Film, den sie alle gemeinsam sehen wollten, hat bereits angefangen. Als Papa um 17 Uhr in sein Arbeitszimmer ging, hatte er gesagt, dass es maximal zwei Stunden dauern würde. Bodos Frau und die Kinder sind sauer. Seiner Frau platzt der Geduldsfaden und sie stürzt in Bodos Zimmer. „Lieber Bodo, als du dich auf die neue Stelle beworben hast, habe ich zugestimmt, weil ich hoffte, dass dich der neue Job glücklich machen würde. Ich wusste, dass ich weniger Zeit mit dir haben werde. Ich habe aber nicht unterschrieben, dass ich eine alleinerziehende Frau werden will. Lass die Sachen sofort liegen und komm mit ins Wohnzimmer!"

Solche oder ähnliche „Gespräche" haben viele Lehrerinnen und Lehrer, aber eben auch viele Schulleitungen in ihrem Leben schon mehrfach erlebt. Es ist sehr schwer in unserem Beruf, Privatleben und Schule zu trennen. Bei genauerem Nachfragen habe ich immer wieder gehört, dass die Dinge, die die Schulleiterin oder der Schulleiter machen, ja perfekt sein müssen, weil man ja als Vorbild gilt. Ich hörte Sätze wie: „Naja, wenn ich die Abiturklausur korrigiere, und das Korreferat stellt Fehler in meiner Korrektur fest, wird das gleich allen bekannt gemacht." Auch hörte ich, dass sich viele Schulleiterinnen und Schulleiter bewusst die schwierigsten Klassen geben oder die Elternabende oder sonstige Termine bewusst auf den ungünstigsten Zeitpunkt legen. Warum tun wir sowas? Weil wir das Kollegium entlasten, weil wir fehlerlos arbeiten, weil wir ein gutes Vorbild sein wollen. Ich weiß, dass Perfektionismus bei vielen Menschen im Elternhaus angelegt wurde und man nicht mit dem Lesen von einigen Zeilen seine ganze Sozialisation ablegen kann. Ich möchte Ihnen aber Mut machen, den „Fehler" zu begehen, nicht perfekt zu sein.
Ein Beispiel aus meiner eigenen Berufserfahrung: Als ich neuer Schulleiter an meiner Schule war, habe ich bei E-Mails ans Kollegium immer den Text mindestens zweimal Korrektur lesen lassen, bevor er versendet wurde. Für eine einfache E-Mail habe ich dadurch einen halben Vormittag gebraucht. Schreiben, lesen, korrigieren, nochmals lesen, nochmals korrigieren, verschicken. Es hat mich viel Zeit und Nerven gekostet. Ich habe jedoch irgendwann festgestellt, dass selbst die hundertfach gelesene E-Mail immer noch Fehler beinhalten kann. Ich bin kein großer Rechtschreiber und mache durchaus einige Fehler in einer E-Mail. Das finde ich aber mittlerweile nicht mehr schlimm. Niemand ist perfekt. Wenn ich abwäge, wie viel Zeit mich eine perfekte E-Mail kostet, dann ist es absolut klar, dass sich das nicht lohnt. Stattdessen gewinne ich Zeit.

Mein Tipp

- Gönnen Sie sich etwas! Gönnen Sie sich Freiheit! Seien Sie nicht perfekt und übernehmen Sie nicht immer für alle das Unangenehmste. Denn die Erfahrung aus vielen Gesprächen und auch aus meiner persönlichen Arbeit ist: Niemand wird es Ihnen jemals danken. Sie setzen die Prioritäten! Sie entscheiden über Ihr Leben! Niemand sonst tut das. Lassen Sie es nicht zu, dass der Job Sie auffrisst. Wenn Sie es doch zulassen, fragen Sie sich, warum Sie das tun und arbeiten Sie daran. Ich habe von vielen Leitungspersonen gehört, dass sie an der Anforderung kaputtgegangen sind. Haben Sie Mut zur Lücke und genehmigen Sie es sich, hier und da mal etwas später zu kommen. Genehmigen Sie es sich, Fehler zu machen. Sie können den Job als Schulleiterin oder Schulleiter nicht perfekt machen, egal, wie viel Zeit Sie investieren. Hören Sie auf die Menschen, die Sie lieben oder mit denen Sie befreundet sind. Wenn von dort Warnsignale kommen, dann überdenken Sie spätestens jetzt Ihre Einstellung.

Es kommt, wie es kommen musste. Bodo hat nicht auf die Zeichen gehört. Die neue Stelle hat ihn verändert. Die anfängliche Begeisterung ist einem großen Gefühl der Ohnmacht gewichen. Die Realität hat Bodo hart aufschlagen lassen: Lehrerinnen und Lehrer, die von ihm zu viel erwarten; eine Behörde, die Druck macht; Eltern, die niemals zufrieden sind; Schülerinnen und Schüler, die ständig Mist machen; und dann noch eine Familie, die ihn permanent kritisiert.

Bodo ist nun auf einem Weg, auf dem es kein Zurück mehr gibt. Er entscheidet sich – wenn auch vielleicht unbewusst – für die Schule und gegen das gemeinsame Familienleben. Er beginnt schon früh morgens um 7 Uhr mit seiner Arbeit in der Schule und ist selten vor 20 Uhr zu Hause. Warum? Weil er so viel tun muss, denkt er.

Allerdings ist das auch schön so, denn zu Hause bekommt er nur Druck und Ärger und hört, dass er mehr da sein und glücklicher sein soll. Also geht er den einmal eingeschlagenen Weg weiter und opfert sich immer mehr für die Schule auf. Hier ein Konzert, dort ein Theaterstück, hier ein Elternabend, dort ein Elterngespräch. Und alles nach 18 Uhr. Er wird ja gebraucht, er muss da sein.

Tatsächlich ist es jedoch so, dass Bodo mit sich selbst konfrontiert wird. Wo sind seine Werte, was sind seine Prioritäten? Ist das das Leben, das er sich gewünscht hat? Er möchte da sein für sein Kollegium. Er möchte seine Lehrerinnen und Lehrer unterstützen und sie wertschätzen. Aber jede Minute, die er in der Schule ist, kann er eben auch nicht für seine Familie da sein. Dennoch entscheidet er sich immer wieder für die Schule und gegen seine Frau und die Kinder zu Hause.

In diese Situationen kommen viele Personen, die einen hohen Grad an Verantwortung tragen. Man opfert sich immer stärker auf und man opfert immer mehr Zeit seines Lebens der Schule oder auch der Firma. Sollten Sie feststellen, dass dies bei Ihnen auch so ist, dann stellen Sie sich die Frage, warum Sie dies zulassen? Können Sie nicht delegieren oder steckt etwas anderes dahinter? Sind Sie glücklich in der Beziehung oder Ehe, die Sie führen? Hinterfragen Sie und sprechen Sie mit Menschen, die Sie gut kennen. In Bodos Fall muss es zunächst leider traurig weitergehen, damit ich darüber schreiben kann. Aber keine Angst, es geht auch später wieder bergauf.

7.5 Das Ende einer Ehe

Bodo hat eine sehr schwere Lebensphase vor sich. Da er sich die oben genannten Fragen nicht gestellt hat, schlittert er in eine Trennung. Seine Frau sieht keine Möglichkeit mehr, die Beziehung zu retten und möchte sich von ihm trennen. Als sie ihm dies mitteilt, trifft es ihn wie ein Schlag. Er habe nur noch Zeit für die Schule und vergesse die Familie, argumentiert seine Frau. Damit sei nun Schluss, sagt sie, als sie ihn verlässt.

Bodo ist am Boden zerstört. Sein Leben zerfällt vor seinen Augen, und er kann nichts dagegen tun. Bodo ist einsam. Seine Frau hat die Kinder mitgenommen und ist zu ihrer Mutter gezogen. Daheim ist es trostlos. Er geht durch die Kinderzimmer und ihm wird immer deutlicher, was er verloren hat. Er hat bekommen, was er verdient, denkt er.

Besonders hart trifft es ihn, als er die Kinder eines Tages zu seiner „Noch-Frau" gefahren hat und alleine wieder in seinem Zuhause ankommt. Auf dem Boden liegt das kleine Pferd, mit dem seine Tochter gerade vor Minuten noch gespielt hat. Nun ist sie weg. Mit aller Härte trifft ihn die Realität der Situation, und er bricht weinend zusammen.

Ähnliches habe ich in Beratungsgesprächen oft gehört. Warum das auch für uns interessant ist? Weil es einen Effekt auf die Schule hat. Ich höre so oft die Sätze: „Was geht die Schule mein Privatleben an?" Meine Antwort darauf: „Ganz viel!" Als Leitung sind Sie in herausgehobener Position. Ihr Gemütszustand wirkt sich über kurz oder lang auf die ganze Schule aus. Erinnern Sie sich doch bitte einfach an Ihre eigene Schulzeit. War es nicht so, dass es fröhliche Lehrerinnen und Lehrer gab und solche, die ständig frustriert und unzufrieden waren? Sie können doch nicht ernsthaft behaupten, dass es für den Unterricht absolut egal war, welche Laune die Lehrkraft hatte. Genauso verhält es sich eben auch mit der Gemütslage einer Schulleitung. Fakt ist, dass eine Trennung, ein Todesfall in der Familie oder auch andere Schicksalsschläge massive Auswirkungen auf einen Menschen haben – auf jeden Menschen, egal, wie alt, welcher Job, welches Geschlecht. Die Verarbeitung eines solchen Schlages ist sicherlich verschieden und typabhängig. Dennoch habe ich eine allgemeingültige Empfehlung: Teilen Sie die Situation Ihrem Umfeld mit!

Die Menschen, die Ihnen als Führungskraft vertrauen sollen, müssen im Umkehrschluss ebenso ein solches Vertrauen genießen. Ich kenne viele Leitungskräfte, die einen solchen Crash in ihrem Leben als Versagen empfinden und nicht möchten, dass es jemand mitbekommt, weil man dann als schwach dasteht. Ich denke hingegen, dass es genau andersherum ist. Offenheit und auch die Offenlegung einer Schwäche wird von einem Kollegium eher als Stärke empfunden. Dass Sie Trauer und Kummer durchleben, ist ein nachvollziehbares und menschliches Schicksal.
Gehen wir doch einmal den Umkehrfall durch: Sie werden verlassen und sind am Boden zerstört. Sie haben kaum Kraft. Sie kommen dennoch zur Schule und reißen sich zusammen. Dort bekommt Ihr Umfeld jedoch nur mit, dass Sie schlecht gelaunt sind und ständig gereizt wirken.
Oder Sie müssen sich auf einmal um die eigenen Eltern kümmern, die krank geworden sind, oder Sie tragen durch eine Trennung plötzlich Verantwortung als alleinerziehender Vater oder alleinerziehende Mutter. Sie können also nicht die gleichen Anwesenheitszeiten in der Schule erreichen wie bisher. Ihr Umfeld nimmt also nur Ihre Launen wahr und dass Sie nicht mehr so viel in der Schule sind. Verständnis dürfen Sie dann nicht erwarten.
Stellen Sie sich nun vor, Sie würden Ihre Situation erläutern und deutlich machen, dass Sie nicht so arbeiten können wie bisher und nicht so engagiert sein können, wie Sie es gerne würden. Dann verstehen alle, warum Sie so sind, wie Sie sind, und warum die Zeit gerade hart für Sie ist. Vielleicht erhalten Sie sogar hier und da ein nettes Wort oder Zuspruch.
So lautet also wieder mein Rat: Versuchen Sie nicht, perfekt zu sein. Auch Sie sind ein Mensch und auch Sie haben Grenzen und Schwächen, und es ist nur gut, wenn Ihr Umfeld das auch merkt.

7.6 Der Brief

Bodo entscheidet sich leider mal wieder nicht richtig. Er meint, alles alleine verarbeiten zu müssen. Aus diesem Grund redet er mit niemandem über seine Situation. Er verbringt noch mehr Zeit in der Schule, verspannt sich innerlich immer mehr. Er wird ungeduldig und aggressiv. Die Prozesse in der Schule laufen ihm nicht schnell genug. Besonders vor den Weihnachtsferien geht es Bodo schlecht. Er hat Angst vor der Einsamkeit an den Feiertagen. Anstatt sich aber darüber klar zu werden und gut für sich zu sorgen, geht er jeden Tag härter mit sich und anderen um. Er führt längst nicht mehr mit Lob, sondern erkennt überall nur Fehler und Dinge, die nicht erledigt wurden. Er wird sauer. Sauer auf sich, auf die Welt, auf seine Frau, auf die Schule und auf die Kolleginnen und Kollegen, die ihren Job nicht richtig machen.

Alle sehen von außen nur einen harten und unfreundlichen Schulleiter. Innen aber befindet sich ein Mensch, der glaubt, gerade sein ganzes Leben verloren zu haben; der nicht mehr von seinen Kindern zu Hause herzlich rufend begrüßt wird. Dieser Mensch hat ein kleines Zimmer, in dem niemand auf ihn wartet. Wenn er heimkommt, muss er die Heizung anschalten und sich eine Dose Nudeln warm machen. Nach außen sieht man es nicht, aber nach innen ist Bodo ein tief trauriger Mann, der gerade in einer schweren Lebenskrise steckt.

Bodo verliert komplett seinen Kurs. In der letzten Woche vor den Ferien beginnt er damit, die Aufsichten der Lehrkräfte penibel zu prüfen. Jede Lehrkraft, die nicht an Ort und Stelle ist, bekommt ein angeordnetes Dienstgespräch mit ihm. Im Kollegium entsteht der Eindruck, dass der Schulleiter nur noch kontrolliert. Die Lehrkräfte sind verwirrt, weil offensichtlich von jetzt auf gleich ein ganz anderer Führungsstil an den Tag gelegt wird.

Kurz vor dem ersten Ferientag geht Bodo an sein Postfach und wundert sich darüber, dass in allen Fächern ein roter Zettel liegt. In seinem eigenen Fach liegt auch einer. Bereits als er die ersten Zeilen liest, bekommt er fast einen Schlag. Er zieht sich in sein Büro zurück und liest in Ruhe:

„Sehr geehrter Herr Leiter, wir, das Kollegium unserer Schule, fühlen uns nicht mehr wohl. Ihr Führungsstil ist kalt und ohne Wertschätzung. Sie leiten unsere Schule, als seien Sie ein Herrscher und wir Ihr Volk. Wir haben Angst vor Ihnen und wünschen uns einen besseren Umgang mit uns!" Unterschrieben ist der Brief von etwa zwei Dritteln des Kollegiums.

Jetzt ist eine Pause hier im Buch ganz wichtig, weil ich glaube, dass viele von Ihnen auch so etwas erlebt haben und sich gerade Ihr Hals zuschnürt. Tatsächlich scheint es so etwas in dieser Art häufiger zu geben. Das Kollegium schließt sich zusammen und teilt Ihnen seinen Unmut mit. Der kann ganz verschiedene Ursachen haben. In Bodos Fall ist die Situation klar. Es kann aber auch an einem zu harten oder zu weichen Führungsstil herumkritisiert werden. Es kann sein, dass Sie für Veränderungen verantwortlich gemacht werden, die Sie selbst gar nicht herbeigeführt haben. Diesen „Briefen" sind ein paar Dinge gemein:

- Sie kommen absolut unerwartet und treffen Sie meist in einer Phase, in der Sie sich selbst nicht gut fühlen.
- Sie sind in fast allen Fällen pseudo – sachlich geschrieben. Man begründet den Unmut mit sachlichen Vorkommnissen, tatsächlich steckt aber etwas anderes dahinter.
- Sie sind meist äußerst persönlich und oft schwer verletzend.
- Meistens haben viele Kolleginnen und Kollegen unterschrieben.

In Bodos Fall würde ich sagen, dass die Situation verständlich ist. Er ist hart geworden und wirkt unmenschlich. Aufgrund seines Kummers, vor dem er davonrennt, verändert sich seine weiche Seite, und er wirkt ungerecht und herrschsüchtig. Bodo sieht nur noch Negatives und kann sich nicht mehr freuen über Dinge, die gut laufen.

In vielen Fällen steckt aber auch anderes dahinter, denn auch Schulleitungen, die an den grundsätzlichen, ungeschriebenen Regeln der Schule rütteln, bekommen Gegenwind. Je nach Formulierung und Anlass sind die „Briefe“ verschieden zu werten. Im besten Fall haben Sie ein Kollegium, das sich wirklich Sorgen macht und wertschätzende Führung einfordert. Eventuell steckt der Ruf nach dem „alten“ Menschen dahinter, der man früher war. Im ungünstigsten Fall versucht ein Teil des Kollegiums, Sie zu schwächen, weil man Ihnen zutraut, dass Sie wirklich etwas an den Grundsäulen der Schule verändern könnten.

T

Mein Tipp

Zum Umgang mit solchen Schreiben kann man schwer allgemeingültige Tipps geben. Dennoch versuche ich es:

- Bewahren Sie Ruhe. Sorgen Sie gut für sich und ziehen Sie sich erst einmal zurück.
- Analysieren Sie ganz in Ruhe die Situation. Gibt es einen Anlass, den Sie nachvollziehen können?
- Durchdenken Sie verschiedene Reaktionsmöglichkeiten.
- Reagieren Sie nur in Ausnahmefällen spontan und aus der Situation heraus.
- Denken Sie zunächst einmal so positiv wie möglich. Steckt hinter all den Vorwürfen etwas gut Gemeintes? Ein Rat? Ein Wunsch?
- Lassen Sie sich helfen.
- Reagieren Sie nur dann, wenn Sie glauben, dass Sie sicher sind, sich stark und gut fühlen. Agieren Sie niemals aus der Schwäche heraus.
- Führen Sie keinen Kampf, bei dem nicht sicher ist, dass Sie ihn mit Sicherheit am Ende gewinnen werden.
- Seien Sie sich sicher, dass Sie nicht die Erste oder der Erste sind, die oder der einen solchen „Brief“ erhält. Viele vor Ihnen mussten auch da durch.

Bodo nimmt sich diesen „Brief“ sehr zu Herzen. Am Tag danach ist er krank und bekommt die Grippe. Er nutzt die Situation, um über sich und sein Leben nachzudenken. Er versteht, dass er sehr hart war und möchte einen neuen Weg einschlagen.

Als er nach einer Woche wieder gesund ist, bittet er zu einer Dienstbesprechung. Er informiert alle Anwesenden über seine private Situation. Er schafft es gerade so, dass ihm während seiner Worte keine Tränen fließen.

„Liebe Kolleginnen und Kollegen, wie Sie alle wissen, erhielt ich den offenen Brief des Kollegiums vor einer Woche. Ich möchte Ihnen sagen, dass mich das hart getroffen hat. Ich musste mich erst einmal zurückziehen und darüber nachdenken, wie es dazu kommen konnte. Die Antwort habe ich nun für mich gefunden und daher wollte ich Sie informieren. Es ist jetzt bereits einige Monate her, dass meine Frau mich verlassen hat. Sie ist mit den Kindern zu ihrer Mutter gezogen. Wir hatten in den vergangenen Monaten massive Probleme in der Ehe, die für uns offensichtlich nicht lösbar waren. Meine

Frau fasste daher einen Entschluss, mit dem ich nur sehr schwer leben kann. Ich bin sicherlich nicht mehr der fröhliche, unbeschwerte Schulleiter, der ich mal war und den Sie vielleicht vermissen. Ich bin härter und manchmal ungerecht. Sollte ich hier und da zu hart gewesen sein, nehmen Sie bitte meine Entschuldigung an. Ich wollte Sie über meine private Situation nicht informieren, weil ich diese von meiner Arbeit trennen wollte. Aber ich stelle jetzt fest, dass meine persönliche Lage wohl nicht von meiner Arbeit an der Schule zu trennen ist. Ich hoffe, dass Sie Verständnis haben. Vielen Dank für Ihre Aufmerksamkeit." Nach diesen Worten verlässt Bodo das Lehrerzimmer.

Noch am gleichen Nachmittag bekommt Bodo die ersten E-Mails. Die Kolleginnen und Kollegen, die ihm schreiben, sprechen von Respekt, von Unterstützungsbereitschaft und von Dank für seine Offenheit. Bodo kommen bei den verständnisvollen und freundlichen E-Mails die Tränen. Die Schule gibt ihm gerade in diesen harten Zeiten sehr viel Halt und nun auch wieder Kraft. In den nächsten Wochen wundert sich Bodo darüber, dass irgendwie ein neues Gefühl des Zusammenhalts im Kollegium entsteht. Offenheit ist eben doch gut, wenn sie möglich ist.

8 In Leitung hineinwachsen

8.1 Moralische Instanz

Bodo hat in der Folge relativ gute Tage. Die Konflikte mit seiner von ihm getrennt lebenden Frau werden etwas geringer. Die Situation mit den gemeinsamen Kindern hat sich beruhigt. Bodo kann nach Wochen endlich mal wieder durchschlafen. So kommt er an einem sonnigen Morgen recht gut gelaunt in die Schule und freut sich über seinen Beruf. Solche Tage hat er in jüngster Zeit immer öfter. Der Beruf muss nicht immer nur eine Belastung sein. Bodo nimmt die Tatsache, dass er jeden Morgen zur Schule fährt, nun eher als Halt und Sicherheit wahr, nicht als eine besondere Belastung.

Bodo gelingt heute alles. Er gibt Unterricht in der 8b, und die Doppelstunde funktioniert wunderbar. Die Schülerinnen und Schüler nehmen tatsächlich etwas mit und haben das Erklärte aus den vergangenen Stunden verstanden. Bodo ist richtig befreit. Er schließt zur Pause die Klassenraumtür zu und geht in sein Büro.

Auf einmal kommt ihm eine Schülerin entgegen, die auf ihrem Pulli die Worte „Fuck for teachers" stehen hat. Die weißen Buchstaben stechen aus dem ansonsten schwarzen Stoff richtig heraus. Umzingelt sind die Worte von Stacheldraht und einer Faust. Bodo zieht es fast die Schuhe aus. Er denkt blitzschnell nach. Was soll ich tun? Hier mitten auf dem Flur? Ich kann hier keine öffentliche Diskussion gebrauchen. Eigentlich ist es mir egal, was die Schülerinnen und Schüler tragen, aber das hier geht doch wirklich nicht, oder? Aber was darf ich eigentlich? Darf ich sie zwingen, sich umzuziehen? Wie sieht das rechtlich aus? Ich soll doch nur in Kämpfe gehen, die ich auf jeden Fall gewinnen werde.

Bodo ist komplett überfordert, weil er bemerkt, dass auch andere Lehrkräfte den Schriftzug bereits gesehen haben und von ihm offensichtlich eine Reaktion erwarten. Er fühlt sich unter einem unglaublichen Druck. Jetzt geht es darum, was er entscheidet. Wie er sich verhält, ist für alle wegweisend. Was tun?

Gut, dass wenigstens wir beim Lesen eine Pause machen können, denn Bodo kann es leider nicht. Tatsächlich kennen wir alle solche Situationen. Sie können in verschiedenen Zusammenhängen auftreten. Beispiele hierfür sind nicht nur im Bereich des Verhaltens der Schülerschaft zu nennen, sondern auch bei dem von Lehrerinnen und Lehrern. So hörte ich, dass Schulleiterinnen und Schulleiter mit unpassenden Aussagen über Schülerinnen und Schüler konfrontiert worden waren. Das geringste Beispiel sind Aussagen wie: „Der gehört hier nicht her", wenn es um Leistungsschwache geht. Aber es gibt auch dieses:

„Es wäre besser gewesen, deine Mutter hätte dich abgetrieben." Selbst im Rahmen von Dienstbesprechungen wurden Leitungen in haarige Situationen gebracht: „Diese Sportlehrer, die haben ja eh nichts drauf, die sollen hier mal nicht so eine Welle machen." In solchen Momenten ist die Schulleitung als höchste Spitze der Schule gefordert. Wie gehen Sie damit um? Was geht Ihnen durch den Kopf? Würden Sie so eine Lehrkraft aus der Dienstbesprechung werfen? Wie würden Sie eine Grenze ziehen? Was würden Sie gerade noch durchgehen lassen?

Ich persönlich empfinde es leichter, auf Aussagen oder Verhalten der Schülerinnen und Schüler zu reagieren als auf jene von Kolleginnen und Kollegen. Bei Kindern und Jugendlichen ist es unsere Aufgabe, erzieherisch einzugreifen. Ein obszönes Kleidungsstück oder eines mit einer unpassenden Aussage ist entweder sofort zu verdecken oder es ist der Weg nach Hause anzutreten, um sich umzuziehen. Das gilt sowohl bei heftigen politischen Äußerungen aller extremen Richtungen als auch bei allzu freizügiger Kleidung, mit der Schulen vor allem im Sommer zu tun haben.

Auf Lehrkräfte in irgendeiner Art und Weise einzuwirken ist nicht so einfach. Ich kann Ihnen da nur empfehlen, so zu handeln, dass Sie Ihre Reaktion vor sich selbst rechtfertigen können. Niemand anders muss mit Ihrer Reaktion so sehr zufrieden sein, wie Sie selbst. Sie haben in diesen Situationen nur Bruchteile von Sekunden, aber Sie müssen entscheiden. Sollten Sie bei einer nochmaligen Prüfung Ihres Verhaltens im Nachhinein selbst feststellen, dass Sie über das Ziel hinausgeschossen sind, ist eine ehrliche Entschuldigung fällig. Das kann man immer noch machen. Lassen Sie aber extreme Aussagen im Raum stehen und reagieren Sie nicht, ist es sehr viel schwieriger, das im Nachhinein dann doch zu tun. Sollten Sie also eine Tendenz von mir hören wollen, dann würde ich ganz vorsichtig sagen: Probieren Sie in solchen Fällen eher aus, eine zu klare Linie aufzuzeigen, als eine zu unbestimmte.

Ich empfehle grundsätzlich immer das persönliche Gespräch mit der Kollegin oder dem Kollegen; auch bei auffälligem Verhalten von Lehrkräften in Dienstbesprechungen, wie etwa Stricken oder Korrigieren von Arbeiten – aus meiner Sicht sind das nicht hinnehmbare Verhaltensweisen. Ein persönliches Gespräch im Nachgang zur Dienstbesprechung ist hier sicherlich das Mittel der Wahl.

Zurück zu dem Konflikt mit der Schülerin: Die Situation eskaliert. Die Jugendliche weigert sich schlicht und ergreifend, den anstößigen Schriftzug zu bedecken. Dabei beruft sie sich auf die freie Äußerung ihrer persönlichen Meinung. Bodo weiß, dass solche Fälle gegebenenfalls juristisch zu prüfen sind. Aber er weiß auch, dass er immer die Möglichkeit hat, etwas dagegen zu unternehmen, wenn ein Kleidungsstück geeignet ist, den Schulfrieden zu stören.

Bodo lässt sich deshalb auf keine weitere Diskussion ein, sondern kündigt der Schülerin unmissverständlich an, dass er sie von der Polizei abholen lassen wird. Er muss unbedingt eine Möglichkeit finden, das Fehlverhalten zu unterbinden. Er ist sich allerdings auch bewusst, dass er zu diesem letzten Mittel erst dann greifen kann, wenn er die Eltern informiert hat.

T

Mein Tipp

- Seien Sie sich bewusst, dass Sie an Ihrer Schule die oberste moralische Instanz sind. Das, was Sie durchgehen lassen, werden auch andere Lehrkräfte durchgehen lassen. Das ist auch nur verständlich. Wie sollten diese vermuten, dass Sie als Leitung hinter ihnen stehen, wenn Ihre eigenen Entscheidungen und Grenzen weicher sind als die der Lehrkraft? Machen Sie sich also rechtzeitig Gedanken darüber, wo Ihre Grenzen sind und wie Sie im Zweifelsfall reagieren wollen. Sie werden dazu so oder so nur Bruchteile von Sekunden haben.

8.2 Das Gefühl der Einsamkeit

Nach den Sommerferien beginnt eine neue Lehrkraft ihren Dienst an Bodos Schule. Im Vorstellungsgespräch machte sie einen hervorragenden Eindruck. Bodo war sicher, dass sie eine große Bereicherung für die ganze Schule sein würde. So kommt es aber leider nicht. Bereits nach den ersten Wochen kommen Bodo merkwürdige Dinge zu Ohren. Die Lehrkraft erzählt in ihrem Unterricht Interna aus dem Lehrerzimmer und macht sich über die eine oder andere Lehrkraft gemeinsam mit den Schülerinnen und Schülern lustig. Besonders schlimm scheint ihr Verhalten bei dem Unterricht in jener Klasse zu sein, in der sie selbst Klassenlehrerin ist. Bereits mehrfach soll sie dort sehr offen für Kritik vonseiten der Schülerinnen und Schüler über die Mathematiklehrerin gewesen sein. Sie soll Dinge gesagt haben wie: „Stimmt, die alte Schrulle mag ich auch nicht. Das kann ich total gut verstehen, dass ihr Schwierigkeiten mit ihr habt. Das hätte ich an eurer Stelle auch." Darüber hinaus hört Bodo auch von Elternseite, dass inhaltlich in ihrem Unterricht kaum etwas „rüberkomme".

Er entscheidet sich, einen Unterrichtsbesuch anzusetzen. Er spricht mit der Lehrerin ganz offen über die Vorwürfe und begründet damit seinen Besuch bei ihr. Am Morgen des Besuchstags erfährt er jedoch, dass sich besagte Lehrkraft krankgemeldet hat. Dies passiert ihm dreimal. Bodo wird langsam etwas komisch zumute. Seine Nachfragen bei der Behörde bleiben relativ erfolglos. Seine Zweifel werden immer größer. Er beschließt, einen unangekündigten Unterrichtsbesuch durchzuführen, der so eigentlich nicht vorgesehen ist. Nachdem sich die Kollegin zunächst lautstark vor der Klasse wehrt, dass er dabei sein will, akzeptiert sie es schließlich.

Die Stunde ist katastrophal. Bodo entscheidet sich, der Lehrerin die Klassenleitung und auch den Unterricht in der Klasse wegzunehmen. Dies führt zu massiven Elternbeschwerden. Die Behörde meldet sich und fragt nach Gründen. Eltern hätten sich dort gemeldet und sich gegen die Entscheidung gewendet. Die Lehrerin sei aus Sicht der Eltern hervorragend geeignet und hätte einen ganz hervorragenden Draht zu den Kindern.

An so eine Erfahrung denke ich, wenn ich von „einsam“ spreche. Es gibt (zu) selten jemanden, der Ihnen den Rücken stärken wird. Man arbeitet häufig gegen Eltern, gegen Schülerinnen und Schüler und auch gegen die Behörde. Man wünscht sich so sehr, dass jemand „von oben“ käme und einem das Problem abnehmen würde. Aber das passiert nicht. Sie sind die oder der Einzige, die oder der in solchen Momenten die Entscheidung treffen kann. Niemand hat alle Informationen, die Sie haben. Auch die Behörde kann Ihr Votum nur schwer überstimmen. Sie haben die Verantwortung, also tragen Sie diese auch.

Bei Bodo wird es noch schlimmer. Die Eltern fordern über die Behörde ein Treffen, an dem sie über die Hintergründe, die zu der Entscheidung führten, informiert werden wollen. Die Behörde trägt Bodo daher auf, diesen Elternabend im Beisein von Schülerinnen und Schülern durchzuführen. Allerdings habe dabei Bodo insbesondere die Persönlichkeitsrechte der Lehrerin zu schützen und natürlich keine Aussagen zu irgendwelchen dienstlichen Vorkommnissen zu machen.

Als Bodo den Klassenraum betritt, möchte er am liebsten gleich wieder gehen. Die Eltern sind vollständig anwesend. Die Schülerinnen und Schüler sind ebenfalls größtenteils dort. Er steht vor diesem Gremium und soll ihm nun erklären, warum er die Lehrerin aus dem Unterricht genommen hat. Allerdings soll er dies tun, ohne dass er die Gründe dafür nennen kann.

T

Mein Tipp

- Solche Situationen bringen Sie in eine furchtbare Zwickmühle. Sie haben zwar den Eltern gegenüber eine Informations- und der Lehrkraft gegenüber zugleich eine Fürsorgepflicht, aber beiden Pflichten können Sie nicht gleichzeitig nachkommen. Es ist unmöglich. Ohne Zweifel: Die Fürsorgepflicht geht vor. Sie müssen die Kollegin oder den Kollegen schützen. Das wirkt oft sehr paradox, weil man versucht, die Schülerinnen und Schüler zu gutem Unterricht zu führen, aber gleichzeitig agiert man gegen die Schülerschaft und deren Eltern.
- Ein Weg aus der Zwickmühle ist, um Vertrauen zu bitten und deutlich zu machen, dass man eben nicht alles sagen kann. Werben Sie dafür um Verständnis, etwa mit dem Hinweis, dass auch Eltern sicherlich nicht möchten, dass ihr Chef ihre Probleme in die Öffentlichkeit trägt.
- Und noch ein Hinweis: Holen Sie sich Unterstützung. Fragen Sie eine befreundete Kollegin oder einen guten Kollegen, der Ähnliches erlebt hat. Auch ein externer Coach kann hilfreich sein.

8.3 Die Dienstaufsichtsbeschwerde

Mit dem Elternabend ist die Angelegenheit für Bodo nicht erledigt. Er fühlt sich zwar besser, als der Abend vorbei ist, aber er hat nach wie vor kein gutes Gefühl im Bauch. Diese Gefühle haben ihren Grund, wie Bodo zwei Tage später feststellen muss.

Als er aus dem Unterricht an seinen Schreibtisch zurückkehrt, liegt dort ein Zettel aus dem Sekretariat: „Die Behörde bittet dringend um Rückruf in der Personalabteilung." Bodo setzt sich hin und wählt die Nummer. Es wundert ihn, weil er mit der Abteilung sonst nie zu tun hat. Am anderen Ende meldet sich seine Personalabteilung, die ihm mitteilt, dass zwei Dienstaufsichtsbeschwerden gegen ihn eingegangen seien. Die eine stamme von der Elternvorsitzenden aus der Klasse, der er gerade die Klassenleitung genommen hat, die zweite von der Lehrerin selbst. Er habe seine Fürsorgepflicht verletzt und habe sie durch mehrere unangekündigte Unterrichtsbesuche in eine solche Bedrängnis gebracht, dass sie nun nicht mehr unterrichten könne. Darüber hinaus habe sie durch ihn einen massiven Gesichtsverlust erlitten. Die Lehrkraft bittet darum, dass sein dienstliches Verhalten geprüft werden solle. Der Hammer folgt dann aber noch: Beide Beschwerden stammen aus verschiedenen Anwaltskanzleien.

Bodo hat wieder einmal das Gefühl, als würde ihm der Boden unter den Füßen weggezogen. Wieder kommen all die Zweifel auf. *Wofür mache ich das eigentlich? Das muss ich mir definitiv nicht weiter antun!* Bodo ist verzweifelt. Er wollte nur für die Schülerinnen und Schüler die Verantwortung übernehmen und eine gute Schule führen. Nun bekommt er genau dafür von allen Seiten Druck. Die Bitte der Behördenmitarbeiterin, dass er hierzu binnen zwei Wochen Stellung nehmen solle, hört er kaum noch. Das Blut rauscht in seinen Ohren. Er hat das Gefühl, ohnmächtig zu werden. Er bittet das Sekretariat, keine Gespräche durchzustellen und beruhigt sich zunächst etwas. Er beschließt, die beiden folgenden Stunden ausfallen zu lassen und spazieren zu gehen. Dass die Kolleginnen und Kollegen vermutlich wieder über ihn reden werden, wenn er Unterricht entfallen lässt, ist ihm in dem Moment egal. Menschen haben eben ihre Grenzen, und auch er als Schulleiter ist nur ein Mensch.

Die Fortsetzung der Geschichte ist schnell erzählt. Die Anwälte bestehen auf ein Gespräch im Beisein der Vorgesetzten von Bodo. Im Rahmen dieses Gesprächs wird die Situation geklärt. Die Kollegin wird nicht etwa entlassen oder muss irgendwelche Konsequenzen akzeptieren, sondern ihrem Wunsch nach Versetzung wird sogar noch stattgegeben. Die Situation hat für Bodo keine weiteren Folgen.

Ich beschreibe dieses Fiasko, weil es leider sehr oft real ist. Als Schulleitung versucht man, seiner Verantwortung gerecht zu werden, notfalls auch harte Entscheidungen zu treffen und diese zu vertreten. Nicht weil man es will, sondern weil man es muss. Man hat es also doppelt schwer. Das Gute daran ist jedoch, dass es auch ein schönes Gefühl ist, Verantwortung zu haben und die Folgen zu tragen. Genau deswegen machen wir es doch. Wir verändern etwas. Wir bewegen die Schule. Wir verändern und beeinflussen das Leben vieler Schülerinnen und Schüler, und zwar zum Positiven. Dass der Weg manchmal hart ist, das wussten wir vorher.
Es ist wichtig zu wissen, dass wir durch diese Entscheidungen, die wir treffen, sehr leicht unter Druck geraten können. Insbesondere Eltern wissen sich oft nicht anders zu helfen, als sich offiziell zu beschweren. Woran liegt das? Die Antwort liegt auch in der Vergangenheit der Erziehungsberechtigten. Oftmals erleben sie Frust mit ihren Kindern oder sie erinnern sich an die eigene Schulzeit und erfahren Schule als eine Institution, der man sich gegenüber absolut hilflos fühlt. Sie suchen dann nicht das Gespräch, weil sie sich mit Unbehagen erinnern, dass Schule sie als Kind nicht ernst genommen hat. Der Weg, der diesen Eltern dann nur noch offen zu bleiben scheint, ist, sich offiziell bei vorgesetzter Behörde zu beschweren.
Ich empfehle den Betroffenen in solchen Fällen, sich einmal in die Rolle der Schulleitung zu versetzen. Viele spüren dann die herausgehobene Position der Schulleitung und können nachempfinden, wie schnell die verantwortlichen Personen für viele und vieles zu einer Projektionsfläche werden. Alte Erinnerungen an Lehrkräfte oder an Schule werden auf Sie als Leitung übertragen; und oft werden dann Kämpfe geführt, die nicht direkt etwas mit Ihnen zu tun haben.

8.4 Das Parkplatzproblem

An Bodos Schule herrscht Mangel an Parkplätzen, so wie es bei vielen städtischen Schulen eben ist. Eines Nachmittags, als Bodo sich nach getaner Arbeit zu Fuß auf den Weg zu seinem Auto macht, stellt er fest, dass ein sehr großer dunkler Geländewagen auf einem Platz steht, wo normalerweise in wenigen Minuten ein Bus parken sollte. Bodo ist genervt von diesen Eltern, die ihren Kindern nicht einmal einen Gang von fünf Minuten Fußweg zumuten können.

Er geht auf den Wagen zu, in dem ein etwas älterer Herr sitzt, der ihn provozierend anschaut. Bodo macht deutlich, dass der Mann bitte kurz sein Fenster herunterlassen möge. Dies tut er dann auch mit den Worten: „Na Chef, was gibt's denn zu meckern?" Bodo bleibt ruhig, obwohl er innerlich kocht. „Würden Sie bitte Ihren Wagen wegfahren. Das ist eine Bushaltestelle. Der Bus kommt in wenigen Minuten." „Hier steht nirgendwo, dass ich hier nicht parken darf, Chef." „Nein, das steht da nicht, weil das eigentlich alle wissen und weil man auch sehr leicht erkennen kann, dass hier eine Bushaltestelle ist." Der Mann schaut grimmig, wirft den Motor an und fährt dann exakt einen Meter vor. „Zufrieden, Chef?"

Bodo geht ohne weitere Worte weg. Er denkt sich: *Nein, ich bin nicht zufrieden, du Idiot. Fahr dein Auto weg und stell dich dahin, wo alle anderen Eltern auch ihre Kinder abholen. Das würde deinem Kind sicherlich sehr gut tun.* Seine Gedanken spricht er aber nicht aus.

Wer denkt, dass sich der Fall damit erledigt hat, irrt. Am nächsten Tag erhält Bodo ein Schreiben. Der Briefkopf macht gleich einen sehr wichtigen Eindruck. Herr Dr. Zankapfel, seines Zeichens Rechtsanwalt und der Fahrer des Geländewagens, schreibt Bodo in sehr formellen Zeilen, dass er doch nochmals auf das Gespräch vom Vortag eingehen wolle. Er fände diese Art und Weise der Zurechtweisung absolut unpassend und wolle das nicht so im Raum stehen lassen. So habe man früher vielleicht Schulen regiert, aber heute sei ja wohl ein anderes Verhalten von Führungskräften zu erwarten. So wolle er sich nicht behandeln lassen ... in diesem Stil geht das Geschwafel über drei Seiten.

Klar ist, dass hier das Elternteil einen Fehler begangen hat, auf den man freundlich hingewiesen hat. Auf die anschließende Provokation kann man entweder mit Ruhe oder mit „Ausrasten" reagieren. Sie können sich darauf verlassen, dass ein „Ausrasten" eine Beschwerde bei der Behörde nach sich ziehen wird. In dem Fall müssen Sie sich dann entschuldigen. Ich erwähne dieses Beispiel, weil es eine typische Situation ist, in der sich jemand nicht an Ihnen als Mensch abarbeitet, sondern an Ihrer Rolle. Der Person ist überhaupt nicht klar, dass die Situation sachlich betrachtet absolut klar und einfach ist. Eine Entschuldigung für das falsche Parken wäre eine angemessene Reaktion gewesen. Damit alles nicht noch weiter eskaliert, können Sie in einem solchen Fall diplomatisch handeln. Etwa durch einen Brief folgenden Inhalts: „Sehr geehrter Herr Dr. Zankapfel, vielen Dank für Ihren Brief. Ich habe die Situation anders empfunden als Sie. Für mich ist absolut klar, dass an der Stelle, wo Sie parkten, kein Auto stehen darf. Sie haben sicherlich Recht, dass dort ein Schild hilfreich wäre. Es liegt mir jedoch fern, mich auf diesem Wege weiter mit Ihnen auseinanderzusetzen. Ich nehme die Situation zum Anlass, um eine Klärung durch die Verkehrsbehörde zu erbitten. Mit freundlichen Grüßen."

8.5 Einführung der Mittagspause

Bodos Schule ist eine Ganztagsschule. Ein Großteil der Schülerinnen und Schüler nimmt auch am Ganztag teil. Das Problem, das jedoch immer wieder gemeldet wird, ist, dass die Kinder nicht genug Zeit zum Mittagessen haben. Die Stundenplanung wurde bisher so umgesetzt, dass jede Klasse entweder in der fünften oder in der sechsten Stunde eine Mittagspause hat. Über die Jahre hat es sich jedoch so eingespielt, dass diese Zeit sehr gerne genutzt wurde, um beispielsweise Arbeiten nachschreiben oder Schülerinnen und Schüler Hausaufgaben nachholen zu lassen. In den vergangenen beiden

Jahren wurde sogar die Religionsstunde in die Mittagspause gelegt. Begründung: Religion beträfe ja nur ganz wenig Schülerinnen und Schüler. Diese müssten eben eine Stulle mehr mitnehmen, wurde Bodo bei kritischen Nachfragen im Planungsbüro entgegengeworfen.

Bei näherer Auseinandersetzung mit der Frage wurde ihm klar, dass die Regelungen für Schülerinnen und Schüler wenig freundlich, für die Lehrkräfte hingegen sehr wichtig waren, da diese so länger am Stück unterrichten können. Bodo möchte das ändern und beginnt mit der Planung.

Das, was er vorhat, erfordert ein **„Change Managment"**, welches sich nach meinen Erfahrungen in acht Phasen strukturieren lässt. Wenn Sie Änderungen an der Schule vornehmen wollen, sollten Sie sich im ersten Schritt immer fragen, welche Auswirkungen diese haben werden und für wen. Einen Flur neu streichen zu lassen oder neue PCs anzuschaffen, sind weniger einschneidende Änderungen, als beispielsweise ein 60-Minutcn-Stundcnmodell einzuführen. Fragen Sie sich auf jeden Fall, wie groß der Effekt sein wird. Ein Flur in neuer Farbe erstrahlen zu lassen, wird viele Kolleginnen und Kollegen und auch die Schülerschaft erfreuen. Der Widerstand wird recht gering sein. Gleiches gilt für neue PCs im Computerraum. Das wären sogar Veränderungen, für die Sie vielleicht Anerkennung und etwas Lob erhalten könnten. Aus diesem Grund empfehle ich, mit Änderungen dieser Art zu beginnen (**erste Phase**).
In der **zweiten Phase** kommt es nun darauf an, den Widerstand gegen „größere" Neuerungen abzuschätzen. Überlegen Sie, wer etwas dagegen haben könnte und warum. Wenn Sie beispielsweise ein 60-Minuten-Stundenmodell einführen wollen, sind alle betroffen: Eltern, Schülerschaft und Kollegium. Jede einzelne Lehrkraft muss ihre Unterrichtseinheiten ändern. Alle bislang gültigen Systeme werden umgeworfen. Das wird definitiv Widerstand der härtesten Sorte erzeugen. Gehen Sie ein solches Unterfangen nur dann an, wenn es von einem großen Teil des Kollegiums gewünscht wird. Vergessen Sie niemals, dass Sie zwar voranschreiten müssen, aber das Kollegium muss Ihnen auch folgen können. Sie haben nichts davon, wenn Sie eine super innovative Führungskraft sind und mit Gewalt neue Ideen durchdrücken, das Kollegium sich am Ende aber nicht mehr wohlfühlt. Allerdings müssen Sie aber auch neue Ideen annehmen und andenken, sonst fühlen sich die innovativen Lehrkräfte an Ihrer Schule eben auch nicht wohl. Das Schwierige ist, den Mittelweg zu finden zwischen dem Umgang mit Widerstand (oder auch der Ausübung von leichtem Innovationsdruck) auf der einen Seite und dem Mitnehmen aller auf der anderen Seite.
In der **dritten Phase** prüfen Sie daher sehr sorgfältig, woher der Wunsch nach neuen Wegen kommt. Haben Sie als Führungskraft neue Ideen und wollen Sie sich selbst verwirklichen? Oder nehmen Sie ernsthaft den Wunsch nach Veränderung wahr? Wenn Sie ehrlich zu sich selbst sind und feststellen, dass Sie eigentlich die oder der Einzige sind, der oder die das neue Projekt will, dann lautet mein Rat: Lassen Sie es bleiben! Sollten Sie aber feststellen, dass Sie mit der geplanten Veränderung den Wunsch eines Teils des Kollegiums aufgreifen, dann haben Sie einen Prozess zu moderieren, in dem Sie selbst ebenfalls eine Rolle spielen, eine Meinung haben und haben müssen.

In der **vierten Phase** gehen wir nun davon aus, dass das Projekt wirklich diskutiert werden soll. Aufgrund Ihrer eigenen Rolle überlegen Sie nun kritisch, ob Sie selbst überhaupt die oder der Richtige sind, die Moderation zu übernehmen. Wenn Sie also ehrlich zu sich selbst und auch zum Kollegium sein wollen, dann lassen Sie den Prozess von einer externen Person begleiten und moderieren. Sie können dann durchaus Ihre Meinung offen sagen, laufen aber nicht Gefahr, mit Gewalt etwas gegen das Kollegium durchzudrücken.
Nun sollten Sie in der **fünften Phase** die Befürworterinnen und Befürworter sowie die Gegenseite kennen. Was befürchten Sie, und was kann im Idealfall passieren? Stellen Sie sich auch die Frage, ob das Kollegium zu einer intensiven inhaltlichen Diskussion bereit ist. Wenn es wirklich um eine Änderung für alle geht, die an den Grundfesten und an den Haltungsfragen der Schule rüttelt, dann prüfen Sie, ob das Ziel den Einsatz wert ist. Sie haben nichts davon, wenn Sie am Ende ein Projekt mit einer Stimme Mehrheit durchbekommen und Sie dann mit einem total zerstrittenen Kollegium zusammenarbeiten müssen, das Monate brauchen wird, um wieder zusammenzufinden.
In der nächsten **sechsten Phase** wird entscheidend sein, dass die Ideen möglichst neutral mit allen zum selben Zeitpunkt kommuniziert werden. Warum soll überhaupt über diese Veränderung nachgedacht werden, wer verspricht sich genau was davon? Was würde dagegen sprechen und was würde es in der Realität bedeuten? Genau dieser Punkt ist, wenn Sie selbst involviert sind, sehr schwer zu reflektieren. Was bedeutet die Veränderung in der realen Umsetzung? Als Leitung erliegt man hier schnell der Versuchung, die Realität allzu rosig zu malen, damit möglichst viele von der Neuerung begeistert werden. Das ist sehr gefährlich, denn es holt Sie später wieder ein. Sollten die Lehrkräfte Ihnen dann nämlich vorwerfen, mit unfairen Mitteln argumentiert zu haben, dann haben Sie am Ende nichts gewonnen, aber unter Umständen viel verloren.
In der **siebten Phase** lassen Sie das Kollegium an Ideen arbeiten. Vielleicht gibt es Alternativen, vielleicht kristallisieren sich verschiedene Lager heraus. Seien Sie möglichst offen für alle Wege und haben Sie ein gutes Gespür für Stimmungen, damit Ihnen das Kollegium jetzt nicht entgleitet. Sollten Sie mitgeteilt haben, dass Sie selbst neutral und offen für alles sind, dann müssen Sie dies auch sein. Sollten Sie sich selbst zu einem Lager zugehörig fühlen und die Veränderung gerne wollen, dann kommunizieren Sie dies sauber über den ganzen Prozess.
In der letzten **achten Phase** folgt nun die Abstimmung über die Einführung der Innovation. Einigen Sie sich im Vorfeld mit dem Kollegium oder der Behörde oder schauen Sie im Schulrecht nach, wie viele Stimmen benötigt werden. Mein Rat würde sogar noch weiter gehen: Wenn Sie eine tiefgreifende Veränderung erreichen wollen, dann gelingt Ihnen das nur, wenn zwei Drittel des Kollegiums das auch wollen und von der Neuerung überzeugt sind. Wenn die Entscheidung sehr knapp ausfallen sollte, dann werden Sie nie Ruhe in die Schule bringen, weil der große unzufriedene Teil das Problem stets von Neuem diskutieren will.
Denken Sie also ganz in Ruhe über die Stimmenanteile nach. Ich finde es auch durchaus legitim, zu prüfen, in welchem Gremium man abstimmen wird. Wenn es nicht explizit juristisch vorgegeben ist, dann finde ich es nur fair, wenn man auch darüber nachdenkt, ob Eltern und Schülerschaft überhaupt ein Mitspracherecht haben sollten. Bei der Einführung einer neuen

Rhythmisierung trifft es natürlich alle, also sollten auch alle Betroffenen mitbestimmen dürfen. Aber wenn es wirklich nur die Lehrerschaft angeht, müssen Eltern und Schülerschaft dazu nicht zwingend ihre Meinung sagen. Man muss bedenken, dass Eltern, Schülerinnen und Schüler nur eine gewisse Zeit an der Schule verbringen und wir Lehrerinnen und Lehrer in den meisten Fällen viele Jahre mit einer Entscheidung leben müssen. An die Abstimmung schließt sich dann die Umsetzung der Innovation und schließlich auch die (meistens ja bereits von vornherein geplante) Evaluation nach ein bis zwei Jahren / Durchläufen an.

In Bodos Fall entwickelt sich tatsächlich aus der Diskussion heraus wenig Widerstand. Eltern, Schülerinnen und Schüler sowie die Lehrkräfte sind sich relativ schnell einig, dass eine allgemeine Mittagspause eingeführt werden soll; und zwar auch dann, wenn dadurch der Unterricht weiter in den Nachmittag reingezogen wird. Selbst diejenigen, die Bodo als Widerständler eingestuft hatte, ziehen mit, weil auch sie sich eine Ruhepause in dem hektischen Alltag wünschen. Bodo ist nach erfolgreicher Abstimmung sehr erstaunt. Manchmal gehen Dinge auch viel leichter durch, als man es befürchtet hat.

T

Mein Tipp

Zu Veränderungen ist zu sagen:

- Rechnen Sie immer mit Widerstand. Überlegen Sie vorher, wie viel Widerstand einer Idee entgegengesetzt werden könnte und vor allem, woher dieser kommen könnte.
- Bemühen Sie sich um Offenheit. Je verbissener Sie selbst als Leitung sind, desto mehr Verbissenheit wird Ihnen entgegengebracht.
- Ärgern Sie sich nicht über Widerstand. Er bedeutet, dass die Menschen Ihnen zutrauen, dass Sie wirklich etwas verändern. Wenn man Ihnen das nicht zutrauen würde, würde sich, wie bereits an anderer Stelle erläutert, kein Widerstand formieren. Versuchen Sie im Widerstand auch stets den wahren Kern der Kritik zu sehen, denn der Widerstand wird sich auf einen Punkt beziehen, der tatsächlich kritisch ist.
- Wenn Sie mit tiefgreifenden Veränderungen zu tun haben und Sie spüren, dass es schwierig wird, dann geben Sie die Prozesssteuerung ab und nehmen Sie sich selbst aus der „Schusslinie".
- Prüfen Sie, ob Sie die Änderung wirklich diskutieren oder auf jeden Fall durchdrücken wollen? Vermeiden Sie, eine Scheinoffenheit herzustellen, in der Sie so tun, als wäre das Ergebnis wirklich offen. Wenn Sie als Leitung etwas durchsetzen wollen und können, dann tun Sie es auch, aber verbrennen Sie nicht die Ressourcen des Kollegiums in ewigen Diskussionen. Stehen Sie dazu, dass die Änderung kommt, weil Sie es so wollen – und leben Sie dann mit den Reaktionen des Kollegiums oder der Eltern- und Schülerschaft. Auch das heißt manchmal leiten.

8.6 Das Schrankproblem

Kehren wir zurück in Bodos Alltag. Die Diskussion um die Mittagspause ging ja erstaunlich gut über die Bühne. Bodo sitzt an seinem Schreibtisch im Büro und erstellt einen Bewährungsbericht für einen jungen Kollegen. Seine Zimmertür steht offen, die Sonne scheint in sein Büro. Er hört Gelächter aus dem Sekretariat. Die Stimmung ist gelöst, es ist Freitagmittag, und alle freuen sich auf das Wochenende. Es klingelt. Endlich. Die Schülerinnen und Schüler strömen in Scharen zu den Bussen und Fahrrädern. Die Kolleginnen und Kollegen gehen in kleinen Gruppen redend und lachend Richtung Lehrerzimmer.

Bodo fällt es schwer, sich zu konzentrieren. Seine Gedanken schweifen immer wieder ins Wochenende ab. Plötzlich klopft es an der Tür. Frau Grunz steht im Büro. „Kann ich mal eben stören?" Bodo reißt es komplett aus seinen Wochenend-Gedanken. „Ja klar, was kann ich für Sie tun?" Bodo steht von seinem Schreibtisch auf und bittet Frau Grunz mit einer Geste, sich an den Tisch zu setzen. „Nee nee, das braucht nicht viel Zeit, ich will ja auch ins Wochenende." „In Ordnung, wo drückt denn der Schuh?" „Herr Leiter, in meinem Klassenraum ist bereits seit Wochen die Tür vom Klassenschrank lose. Da würde ich Sie wirklich bitten, sich darum zu kümmern."

So oder ähnlich habe ich unfassbar viele Fälle gehört. Ob es die Schranktür, die klappernde Tafel, das dreckige WC, die kaputte Kaffeemaschine oder der Bus ist, der immer zu spät kommt – einige Dinge haben all diese Probleme gemeinsam: Sie kommen immer dann, wenn man sie nicht braucht, und noch wichtiger: Für keines davon sind wir zuständig!
Es erstaunt mich in der alltäglichen Praxis immer wieder, mit welchen Anliegen Lehrerinnen und Lehrer, Schülerinnen und Schüler oder Eltern auf uns zukommen. Egal, ob unsere Schülerinnen und Schüler im Ort die Bushaltestellen dreckig hinterlassen, im Park so viel rauchen, der Schrank klemmt, ein Schlüssel verloren wurde oder ein Kind die Handschuhe in der Schule vergessen hat – wir als Schulleitungen sollen es bitte richten. Ich kann dabei ja noch verstehen, dass Eltern sich an uns wenden, weil sie keine andere Ansprechperson haben. Aber wenn jemand auf der Toilette nicht abgespült hat, ist das wirklich nichts, was auf unseren Schreibtisch gehört.
Ich habe aus vielen Gesprächen mitbekommen und auch selber erleben müssen, wie sehr solche Themen unseren Alltag bestimmen. Insbesondere am Freitag oder direkt an den Tagen des Wochenendes werden viele Schulleitungen mit diesen Dingen belastet. Und damit meine ich auch tatsächlich „belastet".

Mein Tipp

- Da ich hier selber wirklich belastende Erfahrungen gemacht habe, kann ich nur empfehlen, E-Mails nur dann abzurufen, wenn Sie auch wirklich Zeit und Kraft haben, sich mit dem auseinanderzusetzen, was da kommen kann. Eventuell kann es aber auch hilfreich sein, dem Kollegium oder der Elternschaft mitzuteilen, dass man am Wochenende seine E-Mails nicht liest. Hierfür würde ich jedoch eine Notfallbereitschaft einführen oder eine Notfall-E-Mail-Adresse die eben doch abgerufen wird. Achten Sie hier sehr genau auf sich. Auch Sie haben als Leitung das Recht auf Erholung und Regenerationszeit.
- Besonders schlimm finde ich Regelungen, wo die Stunden- und Vertretungsplanerinnen und -planer per E-Mail am Wochenende oder per Telefon über Krankheitsfälle informiert werden dürfen. Als ich an einer großen Schule selber für den Vertretungsplan zuständig war, rief ich permanent meine E-Mails ab. Mehrfach am Tag erhielt ich so die neuen Krankenstände und machte mir dann schon am Abend Gedanken darüber, wie ich am besten die Vertretung organisieren könnte. Mein ausdrücklicher Tipp ist: Lassen Sie das sein! Gönnen Sie Ihren Gedanken Zeit ohne Schule.

Bodo macht es ebenfalls so und antwortet Frau Grunz: „Seien Sie mir nicht böse, ich kann das gerade gar nicht aufnehmen, weil ich in Gedanken ganz woanders bin. Schreiben Sie es mir bitte auf einen Zettel oder wenden Sie sich direkt an den Hausmeister. Ich wünsche Ihnen ein schönes Wochenende."

8.7 Der nervige Kollege

Auch Bodo erlebt an seiner Schule natürlich Menschen, mit denen er ab und zu Schwierigkeiten hat. Das ist nicht immer einfach, aber er schafft es mithilfe der Techniken, die er sich über die Jahre angeeignet hat, ganz gut. Aus diesem Grund möchte ich hier einen Fall schildern, der mir vor einigen Jahren zugetragen wurde.

Ein Schulleiter wollte in Ruhe mit mir sprechen, und wir vereinbarten einen Termin in einem Café. Er erzählte mir davon, dass ihn ein Lehrer an seiner Schule immer wieder nerven würde. Er würde ihn zur Weißglut treiben, und er würde es nicht mehr aushalten. Wenn das so weiterginge, dann würde er sich den einmal vorknöpfen und ihm mal so richtig sagen, wo der Weg langgehen würde.

Nachdem sich der Kollege ausgesprochen hatte, fragte ich gezielt nach, in welchen Situationen denn der nervige Kollege auftauchen würde. „Das ist ganz egal, der nervt schon, wenn ich ihn nur sehe und wenn er dann in meinem Zimmer steht und was will, dann drehe ich fast durch." „Also nervt er dich immer, ganz egal, was er will und wann er kommt?". „Ja, der kotzt mich wirklich so dermaßen an und ich weiß nicht weiter. Das kann ja so nicht bleiben."

Wir arbeiteten langsam heraus, dass das „Nerven" zurückzuführen war auf die Art, wie der Kollege gesprochen hat. Er hatte einen geringfügigen süddeutschen Akzent und sprach wohl recht undeutlich. An dieser Stelle angekommen, konfrontierte ich meinen Kollegen damit, dass es sich hierbei nicht wirklich um den Kollegen handelt, der nervt, sondern dass er in dem Kollegen jemanden sieht, der ihn in der Vergangenheit genervt hat.

Wir fanden nach und nach heraus, dass mein Kollege massive Probleme mit seinem Vater gehabt hatte, der zufälligerweise ebenfalls aus Süddeutschland stammte und diesen Akzent tatsächlich auch aufwies. Er fühlte sich hilflos und wehrlos seinem Vater gegenüber und übertrug dieses Verhalten und diese Gefühle offensichtlich nun auf den Kollegen.

Ich kenne diese Zusammenhänge aus verschiedenen Situationen mit verschiedenen Menschen und Hintergründen. Wenn ein Mensch Sie also immer wieder nervt, egal, was er tut, sagt oder wie er sich verhält, dann fragen Sie sich, ob es wirklich dieser Mensch ist, der da auf Ihren Nerven herumtanzt. Oder ist es nicht vielmehr eine andere Person, die Sie in die Kollegin oder den Kollegen hineinprojizieren? Denn genauso wie ich es oben schrieb – dass Menschen sich an unserer Funktion abarbeiten –, kann es auch uns passieren, dass wir Kolleginnen und Kollegen falsch behandeln, nur weil sie uns an jemanden aus unserer Vergangenheit erinnern. Versuchen Sie dies einmal zu prüfen, und wenn es so sein sollte, kann ich Ihnen nur empfehlen, das Problem (eventuell mit Hilfe) anzugehen, weil es sonst ungelöst immer wieder auftauchen wird.
Seien Sie ehrlich: Kennen Sie das nicht auch, dass es immer die gleichen Menschen sind oder die gleichen Situationen, die Sie aufregen? Der eine dreht total durch, wenn er einmal ungerecht behandelt wird, wohingegen der andere Mensch sehr ruhig bleibt und eine ungerechte Entscheidung mit Sanftmut hinnimmt. Die Aufgabe, eine Schule zu leiten – oder auch allgemeiner: die Aufgabe, mit Menschen zu arbeiten –, wird uns alle immer wieder an den Punkt bringen, an dem wir in den Spiegel schauen und prüfen müssen, ob wir mit uns selbst im Reinen sind.

8.8 Das Fußballteam geht immer vor

Bodo fühlt sich immer wohler an der Schule. Schritt für Schritt werden die Probleme abgearbeitet. Begonnen hatte er damit, die Finanzen zu ordnen. Als er Schulleiter wurde, unterschrieb er für sechs Konten die Vollmacht und übernahm diese in seinem Namen. Nach und nach stellte er fest, dass niemand wusste, woher das Geld kam, und er regelte alles per Offenlegung dem Schulträger gegenüber. Im zweiten Schritt nahm er sich des Gebäudes an. Er arbeitete mit dem Schulträger und dem Personalrat daran, die Arbeitsbedingungen der Lehrkräfte zu verbessern. Ein bisschen frische Farbe hier und da sowie einige Neuanschaffungen vermittelten gleich ein viel besseres Gefühl. Nach einigen wichtigen organisatorischen Neuerungen, die ebenfalls gelungen sind, hat er nun Zeit, sich einigen unangenehmen Aspekten zu stellen, die ihm aufgefallen sind.

Besonders ärgerlich ist die Situation um Herrn Spielmit. Er ist Sportlehrer, Mitte 50, und für den Fachbereich Sport ein unverzichtbarer Bestandteil der Schule. Er leitet die Fußballmannschaft und ist mit dieser seit vielen Jahren äußerst erfolgreich. Da Sport eines der großen Aushängeschilder der Schule ist, sind die Erfolge der Fußballmannschaft sehr wichtig. Für viele Eltern ist der sportliche Schwerpunkt einer der Hauptgründe für die Anwahl nach Klasse 4. Dass Herr Spielmit so erfolgreich ist, ist eigentlich kein Problem, sondern eher etwas Positives – wenn er daraus nicht gewisse Sonderrechte für sich und sein Fußballteam ableiten würde.

Immer wieder möchte er zu Trainingszwecken Schülerinnen und Schüler aus dem Unterricht holen und tut dies ohne Rücksprache mit der Leitung. Darüber hinaus hat er sich bereits bei Bodos Vorgänger von allen Dienstbesprechungen freistellen lassen, weil er durch die Turniere ja bereits so viele Überstunden ansammeln würde, die ihm nicht vergütet würden.

Bodo nimmt wahr, dass über diese Sonderregelungen im Kollegium geredet wird. Er wird immer häufiger darauf angesprochen, dass für Herrn Spielmit keine Sonderregelungen gelten dürften. Schließlich würden alle Lehrkräfte mehr tun, als nur den Unterricht vorzubereiten und die Klassenarbeiten zu korrigieren. Bodo gerät mehr und mehr unter Druck. Bei einem ersten vorsichtigen Versuch, das Thema mit Herrn Spielmit anzusprechen, kündigt dieser sofort an, dass er alles niederlegen würde, wenn ihm die Möglichkeiten des Trainings nicht mehr gegeben werden würden; oder auch dann, wenn er verpflichtet werden würde, zu Dienstbesprechungen zu erscheinen. Bodos Vorgänger habe noch verstanden, wie wichtig Fußball für die Identität der Schule sei, und es sei ja wohl nicht zu glauben, dass er als neuer Schulleiter an den Säulen der Schule rütteln würde. Es wäre für ihn aber auch kein Problem, die Trainertätigkeit an den Nagel zu hängen. Er würde dann eben Dienst nach Vorschrift machen.

Bodo war schon während des Gesprächs klar geworden, dass diese Drohung kommen würde, weil Herr Spielmit genau weiß, wie wichtig er und sein Team für die Schule sind. Er ist der einzige Sportlehrer, der in der Vergangenheit einen Fußball-Bundesligaverein trainiert hat, und nur er kann die Schulmannschaft zu diesen Erfolgen führen.

Bodo läuft bereits seit mehreren Monaten mit Bauchschmerzen herum, weil diese Situation aus seiner Sicht nicht haltbar ist. Wie soll er das Problem angehen? Was soll er tun? Wie soll er sprechen? Die Kolleginnen und Kollegen machen Druck. Auch er selber findet die Situation auf der einen Seite ungerecht, aber auf der anderen Seite wäre es eine Katastrophe, wenn Herr Spielmit seine Ämter niederlegen würde. Was ist also zu tun?

Ich weiß auch nicht wirklich, wie die beste Reaktion aussieht. Tatsächlich gibt es im Leben und in der Arbeit von Schulleitungen Situationen, die extrem schwierig sind. Es gibt keine optimale Lösung. Wenn Sie den Kollegen nochmals ansprechen, kann es sein, dass er die Gelegenheit nutzt und alles hinwirft. Sprechen Sie ihn nicht an, wirken Sie führungsschwach und ohne Durchsetzungsvermögen. In solchen Fällen kann ich Ihnen nur raten, vorerst nichts zu unternehmen, bevor Sie sich nicht von außen Hilfe geholt haben. Das Risiko, dass Sie jemanden frustrieren, der tatsächlich unersetzbar ist, ist zu hoch. Eine Person von außen wird Ihnen helfen, eine Entscheidung zu fällen und auch ein Gespräch vorzubereiten. Es kommt hier ja sehr genau darauf an, welcher Charakter in Herrn Spielmit steckt. Vielleicht wartet er nur darauf, mit Pauken und Trompeten sein Amt niederzulegen, weil er schon seit Jahren eigentlich keine Lust mehr dazu hat. Vielleicht fehlt ihm auch nur etwas Anerkennung. Für einen solchen komplexen Fall macht es tatsächlich Sinn, sich gründlich Gedanken zu machen. Oft sind solche Schlüsselfiguren für die Stimmung im Kollegium sehr wichtig.
Wenn die Leitung wechselt, erhalten die einen automatisch mehr Anerkennung und andere weniger als zuvor – das ist menschlich. Die Persönlichkeit und damit auch die Art und Weise, wie die Leitung ihre Aufgaben wahrnimmt, wird nach und nach das Kollegium und auch die Sicht auf die Schule beeinflussen. In jeder Schule gibt es eine gewisse Haltung. Haltung den Schülerinnen und Schülern gegenüber, Haltung der Leitung gegenüber und auch eine Haltung der Lehrkräfte untereinander. Diese zeigt sich extrem deutlich, wenn man auf die Schulkultur schaut. Wie gehen wir miteinander um? Wie sprechen wir miteinander? Ist es okay, wenn wir uns untereinander morgens nicht grüßen? Ist es okay, wenn wir Handys benutzen, aber von den Schülerinnen und Schülern verlangen, dass sie es nicht tun? Das alles sind Haltungsfragen und können nur schrittweise verändert werden.

T

Mein Tipp

- Mein grundsätzlicher Rat an dieser Stelle ist: Geben Sie sich Zeit! Wenn Sie grundlegende Dinge an der Schule ändern wollen, braucht das Zeit. Bodo würde ich beispielsweise an dieser Stelle empfehlen, die Situation noch eine Zeitlang zu ertragen und dies auch so zu kommunizieren. Das Problem mit Herrn Spielmit und seinem Team kann er nur dann angehen, wenn er es absolut genau durchdrungen hat und genau weiß, wo er anpacken muss. Tut er dies nicht, forciert er mit einem einzigen Gespräch Entwicklungen, die nicht mehr aufzuhalten sind. Haben Sie also Mut, Missstände so lange zu ertragen, bis Sie genau wissen, woher sie kommen und wie Sie sie angehen können. Ich weiß, dass das manchmal sehr schwer ist, aber das Risiko, alles zu verlieren, wiegt noch viel schwerer.

- Wenn Sie eine Schule als Leitung neu übernehmen, dann werden Sie ein hoch komplexes System an sozialen Verbindungen vorfinden, die seit Jahren funktionieren. Sie finden ein Geflecht von eingefahrenen Wegen vor, die sich etabliert haben. Dinge waren immer so und waren immer gut. Sie wurden gefördert oder auch absichtlich nicht thematisiert. Das ist und war ganz wichtig für das Funktionieren der Schule. Ich schrieb weiter vorne im Buch über ungeschriebene und geschriebene Regeln im System. Die geschriebenen sind leicht verständlich und leicht veränderbar. Diejenigen, die Ihnen das Leben schwer machen werden, sind diejenigen, die Sie nirgendwo geschrieben finden.
- Halten Sie sich immer wieder vor Augen, dass wir in unserer Schule mit Menschen arbeiten. Überlegen Sie einmal, wie viel Stress und Ärger Sie in Ihrer Beziehung in wenigen Monaten aushalten und überstehen. Überlegen Sie, wie anstrengend oft Freundschaften oder Familien sind. Warum das so ist? Weil wir Menschen sind und jede und jeder ganz unterschiedlich auf verschiedene Dinge reagiert. Und nun halten Sie sich vor Augen, dass Sie eine Schule mit mehreren hundert Menschen leiten. Alle sehen die Schule aus ihren eigenen Erfahrungen heraus und schauen auf die Situation durch die Brille, die durch ihr Leben geprägt und geformt wurde. Alle haben individuelle Bedürfnisse, Ängste und Wünsche. Sie haben Lehrkräfte in ihrem Kollegium, die hoffen, dass sich bei Ihrer Amtsübernahme nichts ändern wird und solche, die hoffen, dass sich alles ändern wird. Für die einen sind Sie eine ungewollte Weichenstellung, für die anderen sind Sie die Person, auf die gehofft wurde.
- Ich höre immer wieder von Schulleitungen, die ein bis zwei Jahre im Amt sind, dass Ihnen die Dinge nicht schnell genug gehen. Die Veränderung der Kultur bleibe aus. Die Schülerinnen und Schüler müssten immer noch die Schulordnung abschreiben, wenn sie etwas falsch gemacht haben, oder Ähnliches. Ich möchte an Sie appellieren, dass Sie sich und den Prozessen, die Veränderung bedeuten, Zeit geben. Sie arbeiten mit Menschen, die fühlen und denken. Stellen Sie sich einfach vor, dass Sie einen großen Dampfer als Kapitän zu verantworten haben. Der Dampfer ist bisher immer das gleiche Tempo in immer den gleichen Gewässern gefahren. Nun kommt jemand auf die Brücke, der das Ruder in neue Richtungen lenkt, und es dauert einfach sehr lange, bis der Dampfer sachte und träge seinen Kurs ändert.
- Seien Sie nicht frustriert, wenn es nicht schnell genug geht. Nehmen Sie sich am Anfang pro Jahr ein oder maximal zwei Themen vor, die Sie angehen wollen. Das ist realistisch, denn Sie brauchen auch noch Kapazitäten für die Veränderungen, die durch Politik und von außen auf die Arbeit der Schule zukommen. Bleiben Sie also ganz ruhig und warten Sie ab. Langsam werden Sie feststellen, dass Aussagen sich ändern und dass die Haltung der Lehrkräfte, der Schülerinnen und Schüler sich lockert und bewegt. Achten Sie dabei auf die Kleinigkeiten und nicht nur auf das große Ganze. Seien Sie mit wenig zufrieden und freuen Sie sich über kleine Veränderungen.

9 Viel geschafft, Neues im Blick

9.1 Die Wiederbewerbung

Bodo leitet eine Schule in einem Bundesland, in dem es üblich ist, dass man seine Stelle nicht sofort auf Lebenszeit erhält, sondern zunächst einige Jahre arbeiten darf und sich dann wieder für die Stelle bewerben kann. Bodo wurde sein Amt zunächst für drei Jahre verliehen. Es ist nun so weit und Bodo steht zur Wiederbewerbung an. Das Gefühl, das ihn dabei beschleicht, ist kein gutes. Er fühlt sich nicht sicher in seinem Sattel, sondern eher so, dass er vielleicht zu viele Neuerungen angeschoben hat. Wollte er möglicherweise zu viel? Hat er immer alles richtig gemacht? Wenn nein, wie hart werden die Eltern, Lehrkräfte und die Schülerschaft mit ihm ins Gericht gehen?

Bodo geht es nicht gut, als er seine eigene Stelle im Verwaltungsblatt ausgeschrieben vorfindet. Er bereitet seine Bewerbung vor. Da geht es schon los. Was soll man denn in das Anschreiben an die Behörde schreiben? Hiermit bewerbe ich mich auf meine Stelle? Das wirkt doch sehr merkwürdig. Nun gut, Bodo belässt es bei der Formulierung „Hiermit bewerbe ich mich auf die ausgeschriebene Stelle im Verwaltungsblatt als Leiter der Schule ..." Mit komischem Gefühl im Bauch bringt er die Bewerbung auf den Weg.

In dieser Zeit findet er sein Kollegium sehr merkwürdig: Wenn er das Lehrerzimmer betritt, wird es ruhig. Auch wenn er über die Flure geht, verstummen die Gespräche. Was soll das? Warum benehmen sich alle so komisch? Da kommt wieder ein Brief:

„Sehr geehrter Herr Leiter, ein Teil des Kollegiums möchte sich mit diesem Brief an Sie wenden, um Ihnen von einer erneuten Bewerbung abzuraten. Die vergangenen eineinhalb Jahre haben doch gezeigt, dass Sie für die Aufgabe nicht geeignet sind und dass Sie an vielen Stellen überfordert waren. Wir lieben unsere Schule sehr und sehen diese durch Ihre Leitung und durch die Änderungen, die Sie in kürzester Zeit herbeigeführt haben, massiv gefährdet. Wir fordern Sie auf, sich nicht wieder zu bewerben. Unterschrift: ein besorgter Teil des Kollegiums."

Bodo findet den Brief wieder einmal an einem Freitag in seinem Fach vor. In diesem Fall scheint es nur ein Exemplar zu geben. Die anderen Fächer sind leer. Bodo liest den Brief und behält die Fassung. Es wirft ihn nicht so sehr um, wie beim ersten Mal, aber dennoch muss er sich in sein Büro zurückziehen. Hier im Lehrerzimmer Gefühle zu zeigen, ist sicherlich genau das, was die Schreiberin oder der Schreiber sich erhofft hat. Bodo eilt in sein Büro und macht die Tür hinter sich zu. Es trifft ihn wohl, aber nicht mehr so stark und so persönlich wie damals. Er überlegt, wie er reagieren soll.

Lassen Sie uns kurz die Situation analysieren. Die Stelle war für einen festen Zeitraum ausgeschrieben. Alle wussten, dass es um eine Wiederbewerbung gehen würde. Natürlich wird das vom Kollegium oder von einigen wenigen genutzt, um mit Bodo abzurechnen. Wenn nicht jetzt, wann dann? Ähnliches wurde mir von anderen Schulleitungen berichtet. In einem Fall wurde einer Schulleiterin in einem anonymen Schreiben eine andere ausgeschriebene Stelle empfohlen. In einem anderen Fall bestellte „ein besorgter Teil des Kollegiums" dem Schulleiter tatsächlich einen Sarg nach Hause. Machen Sie sich auf etwas gefasst, wenn Sie sich auf Ihre eigene Stelle wiederbewerben. Denken Sie deshalb daran, dass Personen, die kritisieren, immer sehr schnell zugestimmt wird; dass Sie aber auch viele schweigende Lehrkräfte, oft auch Eltern und die Schülerschaft hinter sich haben. Das Problem ist nur, dass diese meistens gar nichts von einem solchen Schreiben wissen oder nicht den Mut haben, dagegen aufzubegehren. Durch diese Situation müssen Sie wieder einmal mehr oder weniger alleine durch. Wichtig ist, dass Sie auf alles gefasst sind, wenn Sie die Wiederbewerbung angehen.

Bodo beschließt nach vielem Nachdenken, dass er sich nicht einschüchtern lassen wird. Er hängt das Schreiben im Lehrerzimmer aus. Daneben platziert er einen Brief von sich:

„Lieber besorgter Teil des Kollegiums, vielen Dank für das Schreiben, das ich am Freitag erhalten habe. Die Zeilen, die Sie dort schreiben, haben mich sehr getroffen. Ich versuche seit der Übernahme des Amtes, die Schule zu leiten, so gut es in meinen Kräften steht. Ich versuche dabei, verantwortlich zu handeln, Transparenz herzustellen und Veränderungen herbeizuführen. Offensichtlich habe ich dabei nicht alle von meinem Weg überzeugen können. Das ist ein ganz natürlicher Vorgang. Ich kann Ihnen nur anbieten, für Gespräche zur Verfügung zu stehen. Vorausgesetzt, Sie sind bereit, aus der Deckung der Anonymität herauszukommen und mit mir gemeinsam die Schule so voranzubringen, dass wir alle damit leben können. Ich würde mich sehr freuen, wenn ich auf Ihre Mithilfe zählen könnte. Kommen Sie gerne zu einem Gespräch vorbei. Mit freundlichen Grüßen Bodo Leiter."

Ein solcher Brief ist aus meiner Sicht die beste Reaktion auf anonyme Schreiben oder Anfeindungen. Sie haben sonst keine Chance. Legen Sie die Dinge offen und öffnen Sie sich selbst für den Gedanken, Ihre Arbeit zu hinterfragen. Laden Sie zum Dialog ein. Mehr können Sie nicht tun. Sollte dann tatsächlich jemand aus der Deckung kommen, müssen Sie verständnisvoll und großherzig reagieren. Bedenken Sie immer, dass Sie es mit einer sehr schwachen Persönlichkeit zu tun haben, die bisher nicht den Mut hatte, zu ihrer Meinung zu stehen. Machen Sie diesen Mut jetzt nicht kaputt, indem Sie Ihre Wut über das Schreiben an der Person auslassen, sondern stehen Sie zu Ihrem Gesprächsangebot.

Auch wenn ich persönlich anonyme Auseinandersetzungen nicht gutheiße und absolut destruktiv finde, muss ich aber auch sagen, dass das Kollegium mehr Möglichkeiten hat als wir als Leitung. Wir als Führungspersonen dürfen und können diese Wege nicht gehen, sondern müssen immer mehr aushalten und ertragen als die Kolleginnen und Kollegen. Sie sind auf Ihr Kollegium angewiesen, versuchen Sie daher, möglichst viele mitzunehmen.

9.2 Arbeiten mit Begeisterung und Begeisterten

Bodo setzt an seiner Schule eine Idee um, von der er in Fortbildungen gehört hat: die freiwillige Dienstbesprechung. Nachdem bei der ersten dieser Art nur ein sehr kleiner Teil des Kollegiums anwesend war, fanden sich bei der zweiten schon mehr Leute ein.
Mittlerweile sind die freiwilligen Besprechungen ein fester Teil der Schulentwicklung. Bodo sorgt hier immer dafür, dass Kekse und Kaffee für alle vorhanden sind. Die Arbeitsatmosphäre und die Diskussionsstimmung sind immer sehr angenehm und offen. Jede und jeder traut sich, hier ohne Vorbehalte die eigene Meinung zu vertreten und darf darauf vertrauen, nicht direkt Widerworte zu erhalten. Bodo macht dadurch mehr und mehr gute Erfahrungen und erhält zu diesen Dienstbesprechungen sehr positive Rückmeldungen. Er spürt auch bei sich selbst, dass er mit einer anderen Stimmung dort auftaucht. Er fühlt sich nicht so bedrängt und getrieben, sondern ist selber freier in seinen Gedanken und kann sich somit auch selbst viel besser auf neue Ideen einlassen. Nach und nach bewegt sich also etwas in Bodos Schule.

Genau wie in jedem anderen Betrieb auch haben Sie in der Schule einige Kolleginnen und Kollegen, die die Welt immer dunkel und traurig sehen. Sie könnten zu ihnen gehen und sagen: „Ab morgen bekommen Sie alle 1.000 Euro pro Monat mehr." Diese Menschen würden Ihnen in so einem Fall mit den Worten antworten: „In einer anderen Schule bekommen die Lehrerinnen und Lehrer aber 2.000 Euro mehr."
In Seminaren zum Thema Führung wird oft gelehrt, dass man nach Möglichkeit alle Kolleginnen und Kollegen mitnehmen soll. Das finde ich grundsätzlich auch, aber das „nach Möglichkeit" ist eine wichtige Einschränkung. Man konzentriert sich so sehr auf die Neinsager und auf die Nörgler, dass man gar nicht mehr erkennt, wie viel positive Energie es im Kollegium gibt und wie viele gut gelaunte Menschen jeden Tag einen ganz tollen Job machen. Weil Herr Knuffig oder Frau Grunz ständig am neuen Konzept herumnörgeln, fühlt man sich nicht gut, nicht verstanden und man hat den Eindruck, dass man gar nicht vorankommt. Dass Frau Fröhlich und Herr Lustig schon lange freiwillig die Arbeitsgruppe leiten, übersieht man dabei gelegentlich.

Mein Tipp

- Aus diesem Grund möchte ich Ihnen ans Herz legen, sich auf diejenigen zu konzentrieren, die mit Ihnen den Weg gehen wollen. Schauen Sie sich diejenigen an, die lächeln und fröhlich sind und versuchen Sie, nicht auch noch bei der Letzten oder dem Letzten ein Lächeln ins Gesicht zu zaubern. Akzeptieren Sie, dass es Menschen gibt, die in ihrer negativen Sichtweise auf die Welt und auf die Schule gefangen sind. Diese gefallen sich darin, sich in der schlechten Laune, die sie verbreiten, gegenseitig zu übertrumpfen.
- Ich finde, Sie sollten Schulentwicklung ohne diese permanenten Gegner und Bremser betreiben. Wie man das macht? Man stellt ihnen frei, nicht mitzumachen. In der Tat ist das für viele ein neuer Gedanke. Aber veranstalten Sie doch mal solch eine freiwillige Dienstbesprechung. Dort besprechen Sie dann die Dinge, die in der Schule verändert werden sollen oder könnten. Bei einer freiwilligen Veranstaltung werden diejenigen, die permanent Kritik üben, nur um Kritik zu üben, nicht erscheinen. Diejenigen, die Kritik üben, weil sie wirklich an der Sache interessiert sind, werden aber kommen – und die brauchen Sie auch dringend, da sie die Entwicklung vorantreiben und den Finger dort in die Wunde legen, wo es wichtig ist. Die gut gelaunten Lehrkräfte, die Lust auf Veränderung und auf freiwillige Arbeit haben, werden erscheinen und konstruktiv arbeiten. Das bedeutet nicht, dass sie alles durchwinken, was Sie sich so überlegt haben. Ganz im Gegenteil. Sie werden Neuerungen intensiv diskutieren. Aber eben nicht mit dem Ziel, sie zu sabotieren, sondern sie wirklich gründlich zu durchdenken und von allen Seiten zu beleuchten.
- Ein weiterer Vorteil liegt darin, dass diejenigen, die nicht erschienen sind, nachher nicht alles wieder infrage stellen können. Wenn diese Kolleginnen und Kollegen Dinge kritisch sehen würden, hätten sie ja zur freiwilligen Besprechung erscheinen und dort mitarbeiten können. Deshalb: Öffnen Sie sich also selbst für neue Gedanken und Ideen der Schulentwicklung. Es muss nicht zwangsläufig jede und jeder mitgenommen werden, aber jeder und jedem sollte die Möglichkeit der Mitarbeit und der Mitverantwortung gegeben werden.

9.3 Die Neue

Bodos Wiederbewerbung war erfolgreich und somit hat er sein Amt nun auf Lebenszeit. Er fühlt sich gut und sitzt recht fest im Sattel.

In der Schule spürt man erste Veränderungen. Nachdem kleinere Ziele erreicht wurden, bewegt sich nun auch etwas in der Haltung der Lehrerinnen und Lehrer untereinander und der Schülerschaft gegenüber. Auch diese gehen freundlicher miteinander um und achten mehr auf das Mobiliar und die Sauberkeit der Schule.

Doch nun steht eine große Veränderung an. Die Stelle der Stellvertreterin oder des Stellvertreters wird neu ausgeschrieben, da die Vorgängerin in die Behörde gewechselt hat. Bodo ist erfreut und traurig zugleich. Eigentlich haben die beiden sich immer gut verstanden, und nun steht eine Neuerung an, die für ihn und sein alltägliches Leben massive Veränderungen mit sich bringen wird. Fröhlich ist er aber aus genau dem gleichen Grund. Es passiert etwas! Es kommt etwas Neues, jemand Neues. Er weiß es noch nicht, aber irgendwie ist das positiv aufregend.

Die Stelle wird erst ausgeschrieben, als seine Stellvertreterin schon lange in die Behörde gewechselt ist. Dieser Schritt ging sehr plötzlich, und es interessierte irgendwie niemanden, wie die Schule in der Übergangszeit weiter laufen sollte. Zum Glück findet Bodo schnell interessierte Lehrkräfte, die den Stundenplan zusammen erstellen und sich für den Vertretungsplan verantwortlich fühlen. „Wie gut", denkt Bodo, „wenn man solche Leute in seinem Team hat."

Da er die Stelle selber besetzen und die Prüfungen durchführen darf, ist er sehr gespannt, als die Ausschreibung aktuell wird. Wer wird sich wohl melden? Er weiß, dass viele seiner Schulleitungskolleginnen und -kollegen eine solche Ausschreibung immer schon im Vorfeld abklären. Sie sprechen die eine oder den anderen an, um eine in ihren Augen gute Besetzung zu gewährleisten. Bodo hat sich auf das Glatteis bewegt und niemanden angesprochen. Er wartet auf die ersten Interessierten, die auch nicht lange auf sich warten lassen. Doch wie soll ich wen was fragen? Wie kann ich ermitteln, wer am besten ins Team passt?

T

Mein Tipp

- Für die Bildung eines Teams gibt es verschiedene hilfreiche Methoden. Eine zentrale möchte ich hier erläutern, das *Riemann-Thomann-Modell*. (Thomann 1988) Einfach erklärt geht es dabei darum, dass Menschen vier Grundbestrebungen haben, die jeweils verschieden stark ausgeprägt sind. Stellen Sie sich ein Kreuz vor: Während sich oben und unten Dauer und Wechsel gegenüberstehen, stehen sich rechts und links die Werte Distanz und Nähe gegenüber. In einem dieser dadurch entstehenden Quadranten ist jeder von uns zu Hause. Die Frage ist also: Wie bin ich? Bin ich eher ein Nähe-Mensch, der sehr viel Harmonie und Wärme braucht? Bin ich jemand, der sehr gut mit Menschen umgehen kann und sehr empathisch ist? Dann gehöre ich eher in den Bereich Nähe. Bin ich gleichzeitig auch ein Mensch, der Dinge sehr gerne wiederholt, der beispielsweise immer gerne ins gleiche Restaurant geht oder die gleiche Automarke fährt, dann bin ich eher ein Dauer-Mensch. Die Gegenteile wären demnach kühlere Distanz, die auch mal einen Streit gut aushalten kann, und Wechsel-Menschen, die ständig Neues ausprobieren müssen und neue Ideen haben.

- Wenn Sie dieses Kreuz als Grundlage Ihrer Entscheidung nehmen, dann tragen Sie doch mal die Menschen ein, die mit Ihnen eng zusammenarbeiten. Beispielsweise die Mitglieder einer kollegialen Schulleitung oder auch das Team Ihrer Schule, mit dem Sie sich eng verbunden fühlen. Wer von den Menschen passt am ehesten in welchen Quadranten? Wenn Sie die Kolleginnen und Kollegen verteilt haben, überlegen Sie, welcher Quadrant unterbesetzt ist.
- Haben Sie also festgestellt, dass Sie vorwiegend innovative Wechsel-Menschen im Team haben, aber niemanden, der das Alte und Gute bewahrt, dann sorgen Sie dafür, dass die neu zu besetzende Stelle mit einem Dauer-Menschen besetzt wird. Im Idealfall haben Sie also in allen vier Quadranten starke Persönlichkeiten. Sie brauchen jemanden, der neue Ideen einbringt, aber auch jemanden, der tendenziell das Alte und Gute bewahrt. Sie brauchen Menschen, die dem Kollegium Wärme und Nähe anbieten können, aber auch solche, die durch Distanz einen Streit gut aushalten können. Achten Sie also darauf und fragen Sie in den Kennenlerngesprächen mit Interessenten nach Verhaltensweisen in bestimmten Situationen. Versuchen Sie dadurch zu ermitteln, um was für einen Menschen es sich handelt.
- Natürlich gibt es nicht die Reinform der Ausprägungen. Jede und jeder von uns ist mal eher Nähe-Mensch, mal Distanz-Mensch; und auch die anderen Grundrichtungen streifen wir alle mal; je nachdem, in welcher Rolle wir gerade handeln müssen. Dennoch gibt es Grundtendenzen, die wir sehr gerne und sehr oft einnehmen. Jemand, der gerne und häufig neue Ideen einbringt, wird kaum ständig als Bremser sagen: „Das haben wir schon immer so gemacht." Allerdings wird sich ein Dauer-Mensch schwertun, sich neuen Gedanken anzuschließen.
- Wenn Sie es geschafft haben, im Laufe der Jahre ein Team zusammenzustellen, das in allen Bereichen gut vertreten ist, dann haben Sie eine sehr ausgeglichene und leistungsstarke Führungsmannschaft. Aber auch hier gilt: Lassen Sie sich Zeit. Es dauert lange, bis Sie wirklich durchschauen, wer wie „tickt" und welcher Quadrant zusätzlich besetzt werden sollte.

Bodo gelingt es sehr gut, durch gezielte Fragestellungen eine Person herauszukristallisieren, die hervorragend in sein Team passt. Mette Strahler wird ein halbes Jahr später im Rahmen einer kleinen Feierstunde als stellvertretende Schulleiterin in ihr Amt eingeführt. Bodo ist glücklich und freut sich auf die Zusammenarbeit.

9.4 Kompetenzgerangel

Bodos Schulleitungsteam funktioniert eigentlich ganz gut. Die neue Stellvertreterin arbeitet sich gut ein. Dennoch gibt es manchmal Schwierigkeiten. Bodo ist zunächst gar nicht richtig klar, warum er sich in Schulleitungssitzungen und in Konferenzen mitunter merkwürdig fühlt. In den ersten Wochen und Monaten ist es nur ein undifferenziertes und merkwürdiges Gefühl im Bauch. Er schläft oft unruhig und manchmal fällt es ihm schwer, sich zu konzentrieren.

Bodo fängt an zu analysieren, in welchen Situationen diese Gefühle auftreten und seit wann das passiert. Er stellt fest, dass die komischen Bauchgefühle begonnen haben, nachdem seine Stellvertreterin ihre Aufgabe übernommen hatte. Wenn er genau darüber nachdenkt, erinnert er sich auch an bestimmte Situationen. Es ging um solche Fragen wie, wer welche Unterschrift unter welches Blatt Papier setzen darf, oder wer entscheidet, welche Referendarinnen und Referendare oder welche Praktikantinnen und Praktikanten angenommen werden. Darüber herrschte irgendwie immer Unklarheit. Bodo hat bisher immer alle das machen lassen wollen, was ihnen wichtig war, aber irgendwie sind ihm selbst ja auch ein paar Dinge wichtig.

Bei einem Gespräch mit einem externen Berater fällt Bodo auf, dass es noch eine Reihe weiterer ungeklärter Regelungen innerhalb der Schulleitungsrunde gibt. Wenn er die Jahre zurückverfolgt, fällt ihm auf, dass zum Beispiel die Aufgabenverteilung rund um die Abschlussbälle nie geklärt war. Sowohl er selbst als auch der Jahrgangsleiter des Abschlussjahrgangs fühlen sich jedes Jahr wieder für den Ball verantwortlich. Wenn Bodo ehrlich zu sich selbst ist, dann ist er bisher klaren Regelungen aus dem Weg gegangen, indem er immer zurückgesteckt hat. Das war auch bisher nicht das große Problem, weil immer klar war, dass er der Chef ist und im Zweifelsfall entscheidet. Bei seiner neuen Stellvertreterin scheint dies aber nun nicht mehr klar zu sein. Sie hat eine andere Position als alle anderen, weil sie seine ständige Vertreterin ist. Sie kann theoretisch natürlich alles entscheiden, was er entscheiden kann. Schon qua Amt ist sie ja dazu befugt, ihn zu vertreten.

Mein Tipp

- Diese Problematik kenne ich aus unendlich vielen Gesprächen mit Schulleitungsmitgliedern. Je nachdem, wie die Leiterin oder der Leiter führt, fühlen sich manche Verantwortliche nicht eingebunden, sondern haben den Eindruck, nur Befehlsempfänger zu sein. Das ist meist nicht das, was sich diese Menschen gedacht haben, als sie sich beworben haben. Meistens steckt dahinter ja der Wunsch nach mehr Verantwortung im dienstlichen Leben. Es frustriert, wenn man ständig fragen muss und nichts entscheiden darf.

Darum ist es ratsam, als Schulleiterin oder Schulleiter Verantwortung abzugeben. Lassen Sie also etwas los und vertrauen Sie den Menschen um sich herum ein wenig mehr. Es fühlt sich sehr gut an, wenn einem etwas zugetraut wird und wenn man tatsächlich das Vertrauen der Chefin oder des Chefs für eine wichtige Aufgabe bekommt.

- Beispielsweise könnten Sie darüber nachdenken, jemanden aus der zweiten Reihe in die Stellenbesetzung mit einzubinden oder ihm sogar für eine Stelle die komplette Verantwortung zu übertragen. Das heißt aber dann auch, dass Sie sich heraushalten müssen! Eine sehr schlechte Kombination ist es, wenn Sie beispielsweise die Verantwortung der Stellenauswahl an jemanden übertragen, dann aber doch alle Gespräche selbst führen. Vertrauen Sie anderen und leben Sie dann mit deren Entscheidungen. Sie werden feststellen, dass Sie eine neue Freiheit bekommen und sich ruhiger und entspannter fühlen, weil es andere gibt, die Sie wirklich entlasten können. Treffen Sie klare Absprachen und legen Sie den Rahmen, innerhalb dessen andere Entscheidungen treffen können, klar fest.
- Mir ist bewusst, dass diese Regelung sehr stark von Ihrem eigenen Führungsstil abhängt. Wenn Sie eher autoritär führen, dann fällt es Ihnen schwerer, sich zu öffnen und zu entspannen. Ich rate Ihnen dennoch dazu, dies zu versuchen. Aber egal, welchen Führungsstil Sie pflegen: Sie sollten im Falle von Bodos Problemen eine klare Geschäftsordnung aufstellen. Ich habe bereits mehrfach gute Erfahrungen mit folgendem Vorgehen machen dürfen:
  1. Alle Mitglieder der Leitungsebene schreiben ihre Aufgaben aus ihrer eigenen Sicht auf. Sie erstellen dann eine Tabelle, in der oben die Person steht und darunter die Aufgaben, die sie ihrer eigenen Meinung nach erledigen muss.
  2. Sie gleichen die Spalten gegeneinander Punkt für Punkt ab. Jeder stellt sein Aufgabengebiet vor. Die Frage, die dabei die ganze Zeit im Raum stehen muss, lautet: „Ist das unstrittig?" Ist allen klar, dass diese Person alleine für diese Aufgabe zuständig ist und hier absolut eigenverantwortlich entscheiden darf? Wenn ja, dann ist es gut. Aber nun ist es wichtig, dass Sie als Leitung auf Ihren Bauch hören. Meldet er sich, dann reagieren Sie. Sie könnten zum Beispiel sagen: „Ja, in diesem Punkt bin ich einverstanden, dass Kollege XY entscheidet, aber wenn das und das eintritt, dann möchte ich eingebunden werden." Konkret: „Wenn es um körperliche Auseinandersetzungen zwischen Schülern geht, dann darf Klaus das gerne selbst regeln, aber sobald die Polizei eingebunden wird, möchte ich darüber informiert werden."
  3. Klären Sie Unstimmigkeiten. Sie werden nun feststellen, dass in Bodos Beispiel bei der Zusage für Referendarinnen und Referendare sich sowohl Bodo als auch seine Stellvertreterin verantwortlich gefühlt haben. Nun müssen sie sich darauf einigen, wer hier entscheidet und wer was darf. Je detaillierter Sie das alles klären, desto weniger Ärger und Energieverluste haben Sie in der alltäglichen Arbeit.

4. Sprechen Sie auf der Metaebene über den Prozess. Fühlen sich alle gut? Ist eine wirkliche Klärung eingetreten oder gibt es Unausgesprochenes? In der Praxis fällt mir immer wieder auf, dass nach einem solchen Arbeitstag, an dem diese Dinge besprochen worden sind, erst einmal alle zufrieden scheinen. Aber achten Sie auf Spätmelder. Der eine oder die andere hat in der Situation nur zugestimmt, damit es keinen Stress gibt. Dass eine Absprache auf einem Blatt Papier steht, heißt noch lange nicht, dass sie auch so umgesetzt wird. Treffen Sie sich also nach einem halben Jahr wieder und sprechen Sie darüber, ob der Geschäftsplan funktioniert hat oder ob es Nachjustierungen geben muss.

- Ein solcher Plan eignet sich auch hervorragend, um die Verantwortlichkeiten nach außen klar darzustellen. Auf vielen Internetseiten von Schulen findet man mittlerweile diese Pläne. Darüber hinaus ist es ein wirkungsvolles Mittel, wenn ein neues Mitglied in die Leitung eintritt. Stellen Sie sich vor, dass jemand neu in der Schulleitungsrunde anfängt, der sehr gerne und sehr gut Dinge organisieren kann. Dann muss der Plan wieder einmal herausgeholt und neu besprochen werden. Die Frage, die nun ansteht, lautet: „Ist die neue Kraft mit den Aufgaben der früheren Kraft zufrieden oder möchte sie sich anders einbringen?"
- Prüfen Sie also immer mal wieder, ob der Plan noch der Realität und dem Wohlbefinden derjenigen, die ihn erstellt haben, entspricht. Bodo ist sogar so schlau und bucht sich einen externen Coach, der mit der Leitungsrunde zusammen den Geschäftsplan erstellt. Das birgt den Vorteil, dass Bodo das Meeting nicht vorbereiten muss und nicht die Doppelrolle des Moderators und des Teilnehmers einnimmt. Ich möchte Ihnen grundsätzlich empfehlen, jemanden von außen hinzuzuziehen, wenn Sie sich kraftlos fühlen oder wenn Sie Gefahr laufen, mehrere Rollen einnehmen zu müssen. Holen Sie sich Hilfe und entspannen Sie sich ein bisschen. In vielen Ländern bietet dazu auch die Behörde Unterstützung, die für die Schulen häufig kostenlos ist.

Bodo stellt fest, dass sich durch diese Klausurtagung sein Bauchgefühl beruhigt hat. Die kritischen Fälle wurden alle offen angesprochen, und es liegt nun eine klare Regelung für die Arbeitsteilung vor. Es fühlt sich irgendwie besser sortiert an. Er stellt auch fest, dass seine Stellvertreterin und er ein klareres und ausgeglichenes Verhältnis haben. Es ist klar, wer wann entscheiden darf.

Bodo hat zusätzlich zu der Tabelle auch noch bei jeder Funktion eine Stellvertretung eingetragen. Hier lautete die Fragestellung: „Wer entscheidet, wenn die eigentlich Verantwortliche oder der eigentlich Verantwortliche nicht im Haus ist?" Dieser Punkt ist ebenfalls von großer Wichtigkeit, weil Sie sonst durch die Geschäftsverteilung eher eine Lähmung erreicht haben als eine Entspannung. Wenn es darum geht, akut zu entscheiden, darf es nicht heißen: „Der ist nicht da, deswegen muss das warten." Es muss vielmehr heißen: „Der ist nicht da, also entscheidet die Stellvertretung."

T

Mein Tipp

- Wichtig ist auch, dass dieser Geschäftsverteilungsplan in der Schule kommuniziert wird und insbesondere das Sekretariat diesen kennt. Es ist schließlich die Schaltzentrale, wenn dringliche Anfragen kommen oder schnelle Entscheidungen getroffen werden müssen. Ein klarer Plan spart darüber hinaus sehr viel Zeit, denn er schafft nicht nur für das Leitungsteam Klarheit, sondern strukturiert die ganze Schule. Auch die Lehrkräfte wissen, wo sie mit welcher Frage hingehen müssen.
- Sollten Sie eine kleine Schule führen und nun denken: „Naja, das geht für große Systeme, aber bei mir ist das sinnlos", dann möchte ich das kurz auf ein kleines System übertragen. Wenn Sie sich eine kleine Schule mit sechs Lehrkräften, einer halben Stelle im Sekretariat und einem Hausmeister vorstellen, gibt es ebenso viele Entscheidungen, die nicht von der Leiterin oder dem Leiter getroffen werden müssen. Auch die Sekretariate entscheiden oft vieles. Dabei kommt es zu Spannungen, die durch ein klares System aufgefangen bzw. verhindert werden können.

9.5 Das Sekretariat

Da Bodo eine recht große Schule leitet, verfügt sein System erfreulicherweise über drei volle Stellen im Sekretariat. Als Bodo dieses „Plus" bei der Bewerbung wahrgenommen hat, hat er sich sehr gefreut. Ein starkes Sekretariat kann ihm viel Arbeit abnehmen und dafür sorgen, dass eine Schule so richtig rund und gut läuft.

Leider ist es so aber nicht gekommen. Bodo wünscht sich immer mal wieder, dass weniger Personen im Sekretariat arbeiten würden. Manchmal hat er das Gefühl, dass die Mitarbeiterinnen sich gerne selbst das Leben schwer machen.

Zur Situation: Im Sekretariat bei der Schulleitung sitzt eine Sekretärin. In einem anderen Bereich, dort, wo die Jahrgänge 5 und 6 untergebracht sind, gibt es ein weiteres Sekretariat mit zwei Mitarbeiterinnen. Die Sekretariate sind deswegen getrennt, weil das Gebäude ursprünglich zwei getrennte Schulen beherbergte. Damals gab es eine Orientierungsstufe als Neubau. In diesem Gebäudeteil sitzt Bodo mit seinen Leitungskolleginnen und -kollegen. Der andere Gebäudeteil war früher eine Realschule, die sehr groß war und deswegen ein größeres Sekretariat brauchte. Die beiden Damen im großen Sekretariat arbeiten schon sehr lange an der Schule. Sie kennen das System noch als Realschule und haben die Veränderung hin zur neuen Schulform zwar organisatorisch mitgemacht, aber nicht mit dem Herzen.

Frau Fleißig hingegen ist deutlich jünger als die erfahrenen Damen und wurde neu eingestellt, kurz bevor Bodo seine Aufgabe übernahm. Sie ist in den neuen Medien fit und kann mit Excel und Word problemlos umgehen, während die Arbeit mit diesen Programmen in dem anderen Sekretariat noch nicht so ganz rund läuft. Hier werden gerne Zettel geschrieben, und es wird eher auf das handschriftliche Wort Wert gelegt als auf E-Mails und Nachrichten auf dem Smartphone.

Die neue Stelle wurde auch aufgrund des neu eingerichteten Ganztagsbetriebs geschaffen. Frau Fleißig ist von den drei Damen die einzige, die die finanziellen Seiten des Ganztagsbetriebs mitverantwortet. Daher ist sie eine Gehaltsgruppe höher als die beiden anderen Sekretärinnen eingestuft.

Direkt nach Dienstantritt ist Bodo im Umgang mit den drei Damen nichts aufgefallen. Natürlich gab es einen Altersunterschied, aber das ist ihm absolut egal gewesen. Er hat mit allen drei Damen einmal pro Woche ein gemeinsames Gespräch geführt. Sie sind die Wochenplanung und die Veranstaltungen durchgegangen und haben festgelegt, was bis wann erledigt werden muss. Bis hierhin war Bodo auch immer zufrieden mit der Arbeit der beiden Sekretariate. Neuerdings dringen jedoch merkwürdige Dinge an sein Ohr. Als Schulleitung hört man ja selten Sachverhalte aus erster Hand, sondern andere reden über andere, und so bekommt man nach und nach mit, was wo passiert. Angeblich hätten sich die zwei Damen im „alten" Sekretariat nun verabredet, gemeinsam Mittagspause zu machen. Da aber ein Sekretariat besetzt sein muss, bleibt Frau Fleißig außen vor. Als diese fragt, ob sie mit den beiden Kolleginnen Pause machen dürfe, genehmigt Bodo dies ausnahmsweise, weil er will, dass sich alle gut verstehen. Da sind solche Dinge wie ein gemeinsames Essen wichtig – vielleicht in dem Fall auch wichtiger, als dass die Schule immer erreichbar ist.

Als Frau Fleißig jedoch in der nächsten Woche in der Mittagspause doch im Büro sitzt, fragt Bodo, warum dies denn so sei. Als Antwort bekommt er nur, dass man sie nicht dabei haben wolle. Bodo fragt sich, worin das Problem bestehen könnte. Er lässt die Sache zunächst laufen. In den Folgewochen stellt er jedoch immer öfter fest, dass die Sekretariate nicht zusammenarbeiten. Informationen werden nicht weitergegeben. Krankmeldungen werden nicht an das Leitungssekretariat weitergeleitet, und er spürt auch eine zunehmende Feindlichkeit der drei Damen untereinander. Es scheint so zu sein, als hätten sich die zwei erfahrenen Kräfte zusammengetan und sich gegen Frau Fleißig verbündet. Bodo überlegt, ob er einschreiten soll.

Dieses Problem ist vielen von uns hinlänglich bekannt. In vielen Gesprächen wurde es verbunden mit der Frage: „Wofür bin ich eigentlich als Leitung noch alles zuständig? Soll ich auch noch Streitschlichter sein? Die sind doch erwachsen. Ich will nicht Teil des Problems werden, deswegen halte ich mich da lieber raus." In der Tat ist die Situation für alle Beteiligten sehr unbefriedigend. Warum können die nicht einfach netter sein? Was steckt denn

dahinter? Warum sind die einen denn so garstig? Ich weiß, dass solche oder ähnliche Probleme nicht nur zwischen Sekretariaten auftreten, sondern oft auch zwischen der Schulleiterin und der Sekretärin oder zwischen Schulassistenten und Lehrkräften etc.
Ich kann nur empfehlen, diese Probleme immer frühzeitig anzugehen. Sorgen Sie dafür, dass die Unstimmigkeiten auf den Tisch kommen und moderieren Sie die kritischen Fälle. Wenn Sie sich das selbst nicht zutrauen, dann holen Sie sich Hilfe von außen. Je schneller Sie handeln, desto schneller und leichter ist das Problem behoben. Ursachen für Konflikte gibt es genug. Zwei Beispiele:
1. Beispiel: Die Sekretärin oder der Sekretär, die Schulassistentin oder der Schulassistent ist eine hervorragende Kraft und hat in vielen Fällen selbst studiert oder hätte dies von der Leistungsfähigkeit her leicht gekonnt. Dieses Muster liegt oft den Konflikten zwischen Leitung oder Lehrkraft und Verwaltung zugrunde. Hinter der Unzufriedenheit verbirgt sich eine Enttäuschung über sich selbst. Der Kerngedanke ist: „Eigentlich könnte ich mehr und ich bin unzufrieden mit meinem Job. Sieh mich endlich!" In solchen Fällen frage ich die von mir beratende Leitung oft, was die andere Person zu leisten in der Lage ist. Meist kommen dann Aussagen wie: „Die Person ist in der Lage, sehr viel Verantwortung zu tragen und weitreichende Entscheidungen selbst zu treffen." In solch einem Fall würde ich Ihnen empfehlen, diesen Menschen Aufgaben zu geben, die sie herausfordern. Ein Arbeitsrechtler würde jetzt vermutlich sagen, dass sie dann auch Anspruch auf mehr Gehalt hätten. Aber ich bin kein Jurist. Fragen Sie die Person, was sie sich selbst zutraut und was sie machen möchte, und dann trauen Sie es ihr oder ihm auch zu. Sie werden vermutlich feststellen, dass sie oder er wachsen und die neue Aufgabe hervorragend meistern wird. Lassen Sie die Menschen neben sich wachsen und stark werden und machen Sie ihnen Mut. Lassen Sie sie sich entfalten und kleben Sie nicht an Vorschriften, die das angeblich verhindern. Meistens wissen die Menschen sehr gut, was sie sich wünschen. Sie werden nur zu selten gefragt.
2. Beispiel: Oft sind Aufgaben falsch verteilt. Beispielsweise arbeitet eine Dame im Büro, die früher bei einem Notariat angestellt war und nun die Aufgabe hat, die Finanzen der Schule zu bearbeiten. Eine andere Dame war vielleicht früher im Finanzwesen tätig und ist nun für die Verwaltung der Schülerakten zuständig. Das ist Verschwendung von Ressourcen und führt fast automatisch zu Frust.

Mein Tipp

- Stellen Sie sich einen Extremfall vor: Sie waren früher beim Rettungsdienst tätig. Es war sehr erfüllend für Sie, aber die Rettungswache musste schließen. Sie haben sich umorientiert und arbeiten nun in einem Krankenhaus im Büro. Sie sind zwar immer noch in der Nähe der Aufgabe, die Sie so sehr liebten, aber Sie müssen sie nicht mehr ausüben. Das führt zu einem unglaublich starken Frust. Darum nochmals: Setzen Sie die Menschen nach ihren Fähigkeiten ein. Fragen Sie sie, was sie gut können und was sie machen möchten. Stellen Sie die Frage, für welche Aufgabe sie noch lieber in die Schule kommen würden. Ihre Aufgabe ist es dann, die Themen, die zu bearbeiten sind, neu zuzuschneiden und vielleicht auch neue Teams zu etablieren.
- Eine weitere Alternative läge darin, die Mitarbeiterinnen und Mitarbeiter selbst ihre Aufgaben verteilen zu lassen. Geben Sie dem Verwaltungsteam einen Tag Zeit, mit oder ohne einen externen Trainer, und lassen Sie zu, dass auch diese in ihrem Team die Aufgaben in einem Geschäftsverteilungsplan zusammenstellen. Ich würde zwar empfehlen, dass Sie als Leitung an dem Tag dabei sind, aber Sie können auch abwesend sein und sich ein Vetorecht einräumen.
- Auch wenn Sie einwenden wollen, dass Sie an einer kleinen Schule ganz andere Probleme haben, als mehrere Sekretariate zu managen, kann das Kernproblem identisch sein. Auch Sie können unter verschiedenen Zuständigkeitsproblemen leiden. Sprechen Sie hin und wieder auf der Metaebene mit Ihrem Team über die Zufriedenheiten und die Unzufriedenheiten. Bei diesen Gesprächen sollte das Motto lauten: Wahrheit vor Schönheit! Sprechen Sie die Dinge klar aus und ermutigen Sie Ihr Team, genau das Gleiche zu tun. Sie werden sich niemals zu einem noch besseren Team entwickeln können, wenn mehrere Personen nicht optimal eingesetzt sind. Die Erfahrung zeigt darüber hinaus, dass viel mehr Bereitschaft existieren würde, Unangenehmes zu erledigen, wenn man sich selber optimal eingesetzt fühlt. Fazit: Sorgen Sie dafür, dass genau dies geschieht und Sie werden feststellen, dass die Laune, die Stimmung und die Leistungsfähigkeit Ihres gesamten Teams steigen werden.

9.6 Die Evaluation

Bodo hat ja nun in seiner Zeit an der Schule schon so einige Dinge erneuert, verbessert und gelöst. Es ist an der Zeit, dass er sich seine Leistung auch mal fair vom Kollegium bewerten lässt. Denkt er. Also macht er sich daran, eine Evaluation seines Führungsverhaltens zu erstellen. Er möchte, dass das Kollegium weiß, dass er offen, transparent und kritikfähig ist. Er möchte kein ergrauender Schulleiter sein, der meint, dass er der Herr unter der Sonne ist, der stets alles richtig macht. Er möchte offen sein für Verbesserungsvorschläge und er möchte mit gutem Beispiel vorangehen. Er selbst erwartet von seinen Lehrkräften, dass sie sich hinterfragen und dass auch sie sich hin und wieder anhören, was etwa die Schülerinnen und Schüler über sie denken. Er weiß, dass das auch mal wehtun kann, dass dabei aber am Ende viel Gutes herauskommen kann.

Also erstellt er mit viel Hilfe der Behörde einen Fragebogen. Er möchte sich wirklich seinem Kollegium stellen und die Zufriedenheit mit seiner Arbeit erfragen. Er fragt unter anderem:

- Wie zufrieden sind Sie mit dem Führungsverhalten Ihres Schulleiters?
- Gewährleistet die Schulleitung einen vernünftigen Ablauf des Tages?
- Sind die angesetzten Dienstbesprechungen sinnvoll und gut mit Inhalten gefüllt?
- Entspricht die zeitliche Planung Ihren Wünschen?
- Fühlen Sie sich durch die Schulleitung stets wertgeschätzt?
- Regelt die Schulleitung die Dinge in der Schule transparent?
- Löst die Schulleitung Konflikte transparent?
- Welche weiteren Anmerkungen haben Sie zur Schulleitung?

Bodo hat noch diverse weitere Fragen in diesem Stil gesammelt und lässt sie durch sein Kollegium beantworten. Für die Bearbeitung gibt Bodo zwei Wochen Zeit. Nach und nach sammeln sich die beantworteten Bögen im Sekretariat, und erste Fragen werden laut, was denn mit den Bögen passieren würde.

Da fällt Bodo auf, dass er etwas sehr Wichtiges vergessen hat. Man hätte kommunizieren müssen, wer die Bögen auswertet und wie damit umgegangen wird. Offensichtlich befürchten einige Kolleginnen und Kollegen persönliche Repressalien, wenn sie sich kritisch äußern. Bodo sucht das Gespräch mit dem Personalrat und bittet die Vertreterinnen und Vertreter des Kollegiums, die Bögen auszuwerten. Er gibt bekannt, dass er selbst keinen Blick auf die ausgefüllten Bögen werfen wird und dass die Originale sicher im Safe verwahrt werden. „Komisch", denkt Bodo „damit habe ich gar nicht gerechnet, dass die Sache so eine Welle verursachen würde."

Als der Tag der Ergebnis-Bekanntgabe näher rückt, ist Bodo zunehmend gespannt. Er hat das Gefühl, dass er sich auf eine Bühne gestellt hat und nicht weiß, wann und wie auf ihn „geschossen" werden wird. Er hat keine Ahnung, ob schöne Rosen oder nur deren Dornen auf ihn warten. Es ist ein widerliches Gefühl. Niemand sonst muss sich so sehr preisgeben und sich dem Kollegium so ausliefern. Bodo ist sich aber fast sicher, dass „sein" Kollegium keine Abrechnung im negativen Sinne plant.

In der Nacht vor der Auswertung kann Bodo kaum schlafen. Das hat er schon länger nicht mehr erlebt. Er ist unruhig und aufgebracht. Sein Gefühl wird immer schlechter und fällt ins Bodenlose, als er am nächsten Morgen die Schule betritt. Die Ergebnisse der Befragung wurden entsprechend der Absprache im Lehrerzimmer ausgehängt. Er selbst sieht sie auch zum ersten Mal. Er ist erschüttert und tief verletzt. Eine Abrechnung ist gar kein Ausdruck. Die Damen und Herren, die er als „sein" Kollegium sah, haben ihn in Grund und Boden bewertet. In seinem Kopf pocht es. In seinem Herzen schmerzt es, und während er die Ergebnisse liest, spürt er, dass viele aus dem Kollegium ihn ansehen und auf eine Reaktion warten.

Er ist verwirrt, sein Kopf dreht sich und er hat das Gefühl, dass er den Boden – nicht zum ersten Mal – unter den Füßen verliert. Er muss auf sicheren Grund zurück. Sein Kopf denkt nur ein Wort: „Büro!". Er reißt sich zusammen, antwortet im Vorbeigehen auf ein „Guten Morgen" und schafft es mit wackeligen Beinen in sein Büro. Tür zu. Ruhe.

Nun heißt es, sich zu beruhigen und zu sammeln. Es sind so viele Gefühle gleichzeitig. So geht das nicht. Bodo kann sich nicht konzentrieren. Er kann sich aber auch nicht krankmelden und gehen. Das würde für alle bedeuten, dass sie ihn geschafft hätten. Keine Schwäche zeigen. Durchhalten bis zum Letzten. Schmerzen ertragen, Gefühle herunterschlucken und den Tag überstehen. Seinen Mathematikunterricht in der 6. Klasse führt Bodo durch. Aber er ist kaum anwesend. Die Schülerinnen und Schüler sollen das Buch herausnehmen und rechnen. Seitenweise rechnen. Er kann sich nicht konzentrieren und muss nur durchhalten. Die beiden Stunden übersteht er, auch wenn er zwei Schüler unverhältnismäßig hart angeschrien hat. Aber was soll er auch tun? Er ist alleine! Dieses „Zeugnis" war für ihn, für niemanden sonst. „Das hat man nun davon, wenn man sich einem Votum stellt." Es ist eine Katastrophe. Bodo schafft es so gerade, durch den Berufsverkehr nach Hause zu kommen. Am Kinderspielzeug vorbei, das auch sofort einen Schmerz ganz anderer Art auslöst, läuft er Richtung Sofa und schon liegt er. Er hört sein Herz pochen. Es schlägt so fürchterlich laut. Die Ergebnisse hat er sich auch per E-Mail schicken lassen. Seine Gedanken verschwimmen, und Bodo schläft ein.

Als er aufwacht, ist er in Schweiß gebadet. Er möchte sich die Ergebnisse einmal in Ruhe anschauen. Ausgewertet wurden alle Angaben, und auch der Schnitt wurde berechnet:

Wie zufrieden sind Sie mit dem Führungsverhalten Ihres Schulleiters? 6 von 10 Punkten. Mit diesem Wert ist Bodo eigentlich doch ganz zufrieden. Wenn er es genau bedenkt, ist die Frage auch sehr unspezifisch gestellt. Es reicht ja, dass man sich ein einziges Mal über ihn geärgert hat und schon gibt man dort nicht mehr volle Punktzahl. Diejenigen, die sich vielleicht sogar sehr über etwas geärgert haben, geben hier vielleicht 0 Punkte, um sich abzureagieren. Also sind 6/10 ja gar nicht so schlecht. Im ersten Moment hatte er sich natürlich mehr gewünscht, aber bei genauer Betrachtung ist es eigentlich in Ordnung.

Gewährleistet die Schulleitung einen vernünftigen Ablauf des Tages? 5/10. Dieser Wert ist natürlich schon schlechter, aber auch hier muss man sagen, dass 5 genau die Hälfte ist. Was genau heißt eigentlich „vernünftiger Ablauf"? Auch diese Frage ist eigentlich voll daneben. Sie ist nicht konkret genug und führt dazu, dass man hier wenig Punkte gibt, wenn jemand einmal kein Vertretungsmaterial vorbereitet hat. Es ist einfach sehr häufig so, dass die Schulleiterin oder der Schulleiter an allem schuld ist, was nicht funktioniert. Wenn die neuen Räumlichkeiten nicht fertig werden oder tatsächlich in der Sporthalle Schimmelbefall ist und sie gesperrt werden muss, ist natürlich die Schulleiterin oder der Schulleiter daran schuld. Dass hier ganz andere Zusammenhänge eine Rolle spielen und man als Leitung im besten Fall nur über die Verzögerungen informiert wird, ist dem Kollegium oft nicht klar. Es denkt, dass man sich als Leitung um alles kümmern und eben dafür sorgen müsse, dass der Unterricht stattfinden kann. Dass aber Vorgaben wie Fluchtwege, Bauzeiten etc. nun einmal Punkte sind, auf die keine Leitung einen Einfluss hat, ist der Lehrerin oder dem Lehrer mitunter nicht bekannt.

Sind die angesetzten Dienstbesprechungen sinnvoll und gut mit Inhalten gefüllt? 3/10. Also das ist nun mehr als deutlich, denkt Bodo. Hier ist dringender Handlungsbedarf. Aber auch hier gilt es, genauer hinzuschauen. Wenn Sie keine Dienstbesprechungen ansetzen, dann fühlen sich die Lehrkräfte nicht informiert und nicht mitgenommen. Wenn Sie Dienstbesprechungen ansetzen, dann sind die Lehrerinnen und Lehrer oft genervt und empfinden diese als überflüssig. Stellen Sie sich vor, eine Schule bewirbt sich bei einem großen Sportprojekt, als „Schule des Sports" oder „Bewegte Schule". Darüber wird in einer Dienstbesprechung informiert. Die tatsächlichen Inhalte interessieren nur wenige. Viele Lehrkräfte sitzen in der Besprechung mit dem Gedanken „Was geht mich das an?" oder „Das ist verschwendete Lebenszeit." Aber wären sie nicht informiert worden, würden sie sich beschweren, dass an der Schule so viel passiert, worüber sie erst aus der Zeitung erfahren. Es ist also schlicht nicht möglich, das Kollegium zufriedenzustellen. Finden Sie sich damit ab, dass jedes Lehrerkollegium ein äußerst kritisches Auditorium ist, das in jedem Fall und immer Dinge finden wird, die nicht gut sind und die schlecht moderiert wurden. Erwarten Sie hier niemals eine positive Rückmeldung der ganzen Gruppe und freuen Sie sich darüber, wenn der eine oder die andere hin und wieder etwas Nettes sagt. So betrachtet sind 3 von 10 Punkten doch auch gar nicht so schlecht. (Eine Möglichkeit, auf die ich schon an anderer Stelle hingewiesen habe, sehe ich darin, freiwillige Dienstbesprechungen durchzuführen. Somit kann jede und jeder selbst entscheiden, ob er oder sie mitreden will oder nicht, informiert werden will oder nicht.)

Entspricht die zeitliche Planung Ihren Wünschen? 1/10. Hier ist Bodo sehr schnell klar, dass es kaum mehr Punkte geben kann. Dienstbesprechungen und außerunterrichtliche Veranstaltungen werden von vielen immer noch als „unbezahlte Arbeitszeit" gesehen. Da solche Besprechungen nicht ständig stattfinden, werden sie als nervige Sondertermine empfunden, die die Planung des Tages, eben auch des Privaten, komplett verändern. Die eigenen Kinder müssen irgendwo untergebracht werden, und oft müssen beispielsweise Oma und Opa auf die Enkel aufpassen. Das ist alles verständlich, aber dann ist es eben auch verständlich, dass hier kaum jemand schreiben wird, dass es tolle Termine sind, die super in die eigene Planung passen. Ich kann hier empfehlen, gleich zu Beginn des Schuljahrs die Termine aller Konferenzen und Dienstbesprechungen bekannt zu geben. Es ist dann allen möglich, sich frühzeitig darauf einzustellen. Mit einer solchen langfristigen Regelung könnten Sie den Frust der Lehrkräfte vermeiden. Weiterhin sind Regelungen wie feste Konferenztage und deren Dauer sehr hilfreich.

Fühlen Sie sich durch die Schulleitung stets wertgeschätzt? 7/10. Bodo sieht diesen Wert nun zum zweiten Mal und in Ruhe. Damit ist er sehr zufrieden. Wenn man darüber nachdenkt, fühlen sich doch offensichtlich die meisten Lehrkräfte gesehen und geschätzt. Es ist einfach nicht möglich, immer wieder alle zufrieden zu stellen und allen das Gefühl zu geben, dass sie einen tollen Job machen. Wenn man sich selbst daran gewöhnt und sich selbst zwingt, mit Lob zu führen, dann wird dieser Wert immer mehr steigen, denn die Kolleginnen und Kollegen werden Ihren Perspektivwechsel wahrnehmen. Sie werden oft gelobt, anstatt kritisiert zu werden, und daher wird das persönliche Empfinden ins Positive wachsen.

Regelt die Schulleitung die Dinge in der Schule transparent? 5/10. Bodo fällt beim ruhigen Nachdenken auf, dass er diese Frage total unsinnig gestellt hat. Was soll man denn da antworten? Wie soll man denn entscheiden, ob die „Dinge" transparent geregelt werden. Welche „Dinge" sind denn gemeint? Wenn man die Lehrkräfte fragen würde, würden diese alle etwas anderes darunter verstehen. Vermutlich haben dann die meisten aus einem Missverständnis heraus im Mittelfeld eine Bewertung abgegeben. Da kann man nicht viel falsch machen. Es ist weder Lob noch Kritik.

Löst die Schulleitung Konflikte transparent? 2/10. Bodo erschrickt, als er diesen Wert sieht. Aber auch hier fällt ihm nach wenigen Minuten auf, dass diese Angabe aufgrund der Fragestellung nicht anders ausfallen kann. Konflikte sind Situationen, in denen meist nur ein bis zwei Personen eingebunden sind. In vielen Fällen wollen die Beteiligten nicht, dass dies nach außen dringt. Man spricht also viel hinter verschlossenen Türen. Stellen Sie sich den Vorwurf einer Mutter gegen eine Lehrerin vor, dass diese im Sportunterricht ihre Tochter unsittlich berührt habe. Wie soll ein solcher Konflikt so gelöst werden, dass die Kolleginnen und Kollegen hier ankreuzen, dass die Situation transparent gelöst wurde. An dieser Stelle möchte jede Leitung Transparenz für alle Beteiligten und absolut keinerlei Transparenz für das Kollegium oder die Öffentlichkeit. Wenn Fälle gemeint sind, die das ganze Kollegium betreffen, dann muss man hier spezifischer fragen. „Löst die Schulleitung öffentliche Konflikte transparent?" Hier könnten alle sagen, ob sie das Gefühl haben oder eben nicht.

Welche weiteren Anmerkungen haben Sie zur Schulleitung? Dieses Feld gab ja die Möglichkeit für freie Rückmeldungen, und ich liste hier einige auf, die Bodo erhalten hat:

- Die Tatsache, dass die Schulleitung sich neuerdings in Anzügen und Kostümen kleidet, erinnert mich an die Nazi-Zeit und an Gleichmacherei.
- Der Schulleiter befördert nur noch junge Leute, die seiner Meinung sind.
- Die Stimmung im Kollegium ist viel schlechter geworden, seit Herr Leiter die Schule übernommen hat.
- Herr Leiter ist ein überheblich unangenehmer Mensch, der die Schule in kompetente Hände geben sollte.
- Ich fühle mich wohl.

So in dieser Art gibt es viele Aussagen im freien Bereich. Auch hier lohnt sich ein Blick auf die einzelnen Aussagen selbst.

Die Tatsache, dass die Schulleitung sich neuerdings in Anzügen und Kostümen kleidet, erinnert mich an die Nazi-Zeit und an Gleichmacherei. – Bodo fühlt sich beim Lesen dieser Zeilen tief getroffen und beleidigt. Er ist es ja, der den etwas eleganteren Stil in die Leitungsebene eingebracht hat. Die anderen in den höheren Positionen haben das dann mehr oder weniger übernommen. Davon aber direkt Gleichmacherei abzuleiten, findet Bodo wirklich nicht in Ordnung. Er bemüht sich, die Aussage nicht an sich heranzulassen und sie eventuell sogar positiv zu bewerten. Offensichtlich wird der Kulturwechsel auch in der Kleidungsfrage nun wirklich sichtbar. Hier hat er es vermutlich mit jemandem zu tun, der oder die einfach diesen Kleidungsstil ablehnt; und um es deutlich auszudrücken, wählte er oder sie eine sehr harte Formulierung.

Der Schulleiter befördert nur noch Leute, die seiner Meinung sind. – Hierin sieht Bodo gleich zwei Aussagen. Es scheint so, als sei eine etwas erfahrene Kollegin oder ein erfahrenerer Kollege betroffen, weil sie oder er noch nicht für eine Beförderung vorgeschlagen wurde. Diese Enttäuschung und diesen Frust verbindet diese Person damit, dass alle Bodos Meinung sein sollten. Da das schlicht und ergreifend nicht stimmt und hier persönliche Betroffenheit sowie Frust herauskommen, lässt Bodo diese Aussage kalt.

Die Stimmung im Kollegium ist viel schlechter geworden, seit Herr Leiter die Schule übernommen hat. – Diese Worte treffen Bodo dagegen sehr hart. Die Stimmung ist schlechter geworden, aber was soll er dagegen tun? Eine Lehrerparty? Welche Stimmung überhaupt? Wie wurde das gemessen? Wer wurde denn hier genau gefragt? Bei genauerem Nachdenken fällt Bodo auf, dass es sich hier um eine Einzelaussage handelt. Offensichtlich geht es einer Person mit Bodo als Schulleiter schlechter als vorher bei seinem Vorgänger. Das ist ja auch bei genauerer Betrachtung kein Wunder. Vielleicht ist es genau die Kollegin, der Bodo das Rauchen im Klassenzimmer untersagt hat. Oder es ist der Kollege, dem Bodo seine eingereichte Klassenarbeit mit Verbesserungsvorschlägen zurückgegeben hat. Oder es ist die Kollegin, die die Klassenarbeit nochmals schreiben musste, weil sie nicht den Vorgaben entsprach. Oder der Kollege, der stets zu spät kommt und den Bodo nun schriftlich ermahnt hat. Auch hier ist die Aussage bei erster Betrachtung schmerzhaft, aber bei weiteren Überlegungen durchaus nachvollziehbar.

Herr Leiter ist ein überheblich unangenehmer Mensch, der die Schule in kompetente Hände geben sollte. – Auch diese Aussage trifft Bodo. Hier hat er offensichtlich einen echten und wahren Feind, der ihn überhaupt nicht leiden kann. Ihm wird hier Inkompetenz nachgesagt, die natürlich, wenn man realistisch ist, auch hier und da gegeben sein kann. Kein Mensch kann von allen gemocht werden. Auch wenn das hier hart formuliert ist, so ist es eigentlich natürlich, dass es solche menschlichen Abneigungen gibt. Das ist schade, aber normal.

Ich fühle mich wohl. – Auch diese Aussage soll hier stellvertretend für einige aufgeführt werden, die ebenfalls positive Inhalte haben. Bodo freut sich darüber und sieht, dass nicht alles an seinem Führungsverhalten schlecht ist. Bodo geht wieder ein bisschen ruhiger ins Bett.

Zugegeben, die Ergebnisse sind etwas drastisch dargestellt, und auch die freien Äußerungen sind sehr auf die Spitze getrieben. Sie stammen jedoch tatsächlich aus Gesprächen mit Schulleitungen. Wie kommt es aber, dass solche Ergebnisse bei einer Umfrage herauskommen können? Wie kommt es, dass man sich so dermaßen niedergeschlagen fühlt, dass einige der Kolleginnen und Kollegen, mit denen ich sprach, direkt über eine Wegbewerbung nachgedacht haben?

Wenn Sie sich einer Befragung stellen wollen, sollten Sie zunächst einmal prüfen, ob der Zeitpunkt in der Schule gut gewählt ist. Befindet sich das Kollegium in einer Phase, in der es fair und ehrlich mit Ihnen umgeht und nicht nur das Negative nennt? Haben Sie selbst die Kraft, sich mit einer kritischen Rückmeldung auseinanderzusetzen? Wenn Sie das mit „Nein" beantworten, dann verschieben Sie die Befragung. Sollte in der Schule gerade ein großer Konflikt brodeln, dann können Sie schlicht und ergreifend keine Befragung durchführen. Was sollen dort für Ergebnisse herauskommen? Niemand fühlt sich in solchen Zeiten in der Schule wohl, also werden Sie genau das zurückgemeldet bekommen. Auch wenn Sie gerade aus persönlichen Gründen keine Kraft haben, sollten Sie keine Befragung durchführen. In diesen Fällen verschieben Sie sie. So oder so bringt eine Evaluation des Schulleitungshandelns immer sehr viel Unruhe in die Schule und in die Schulleitung.

Mein Tipp

- Sollten Sie sich entscheiden, eine Befragung durchzuführen, dann überlegen Sie exakt und messerscharf, wozu genau eine Rückmeldung erfolgen soll. Allen Fragen oben ist gemein, dass sie viel zu unpräzise sind. Außerdem impliziert die Fragestellung schon, dass die Schulleitung für alles verantwortlich ist. Eine Frage nach der optimalen Zeit für Dienstbesprechungen ist katastrophal. Was sollen die Lehrkräfte denn dort hinschreiben? Was würden Sie als Schulleitung denn antworten, wenn die Behörde Sie fragen würde, ob Ihnen die Dienstbesprechungen der Behörden passen? Darüber hinaus gibt es eine Besonderheit, die bei allen Befragungen eine Rolle spielt. Ich hole dazu etwas aus:
- Wenn Sie sich ein Auto kaufen wollen und im Internet eine Recherche zu dem Fahrzeug starten, dann geben Sie zum Beispiel als Suchbegriff ein: „Auto XY Probleme." Sie erhalten als Ergebnisse seitenweise negative Foreneinträge. Sie gewinnen also den Eindruck, dass dieses Auto mit Sicherheit kein gutes sein kann. Haben Sie schon einmal im Internet einen Eintrag hinterlassen, weil Sie mit etwas so unglaublich zufrieden waren? Erwarten Sie ernsthaft, dass jemand ein Autoforum aufruft, um dort zu schreiben: „Hallo, ich habe auch den XY 100. Ich bin total zufrieden, der fährt bisher problemlos." Vereinzelt gibt es das.
- Genauso vereinzelt gibt es positive Aussagen in Ihren Evaluationen. Wenn ich also frage: „Wie kommen Sie mit diesem Thema zurecht oder wie finden Sie die Regelung für das Problem an unserer Schule?", dann wecken Sie bei vielen Lehrkräften den Gedanken, dass das ja vielleicht gar nicht gut sein kann. Vielleicht hat man sich vor drei Jahren mal über diese Regelung geärgert. Durch die Frage kommt der Gedanke wieder hoch, und man kann endlich mal den Frust von damals in der Umfrage loswerden. Achten Sie daher auch auf die Formulierung der Fragestellung.
- Sie können etwa fragen: Sind Sie mit der Regelung zu den Präsenzstunden einverstanden? Oder: Ich empfinde mehr Ruhe und eine bessere Planbarkeit durch die Regelung der Präsenzstunden (Zustimmen auf einer Skala von 1-10).
- Spüren Sie, wie die Fragestellung schon eine Antwort impliziert? Ich frage mit der ersten Frage nach dem Einverständnis. Das sollte ich aber nur dann machen, wenn ich auch bereit bin, eine neue Regelung zu erstellen. Mit der zweiten Frage möchte ich jedoch wissen, wie das persönliche Gefühl ist. Ich hinterfrage die Regelung an sich also nicht. Grundsätzlich gilt: Unspezifische Fragestellungen führen im Nachgang einer Umfrage sehr oft zu Unstimmigkeiten. Werden Sie also sehr konkret.
- Wenn Sie eine Frage der ersten Art stellen, die eine Infragestellung der Regelung suggeriert, und dann als Ergebnis sehen, dass der Großteil des Kollegiums eine Änderung wünschen würde, dann muss diese auch folgen. Wenn Sie im Nachgang einer Befragung vorgeworfen bekommen, dass Sie natürlich nicht transparent mit den Ergebnissen umgehen und dass auf diese Weise die Befragung unnötig gewesen sei, dann schauen Sie sich die Fragen nochmals an und prüfen Sie, ob Sie wirklich gefragt haben, was Sie fragen wollten.

- Grundsätzlich sollten Sie sich bei dem Entwurf eines Fragebogens immer Beratung von außen holen, damit Ihnen genau das nicht passiert. Ich muss auch ganz ehrlich sagen, dass ich noch keinen vorgegebenen Fragebogen gefunden habe, der wirklich fair mit den Schulleitungen umgeht. Auch die Bögen zur Abfrage der Lehrergesundheit implizieren nahezu immer, dass die Schulleitung für das Seelenheil aller Lehrkräfte verantwortlich sei; darüber hinaus auch für den gesunden Rücken, die bewegte Schule, die gerechte Verteilung der Aufgaben, die Entlastung und die Wertschätzung aller an der Schule lebenden Menschen.
- Oft werden auch Dinge abgefragt, die suggerieren, dass die Schulleiterin oder der Schulleiter daran etwas ändern könnten. Fragen nach den Räumlichkeiten und Fragen wie „Kümmert sich die Schulleitung um ...?“ sind wenig sinnvoll, da die Lehrerinnen und Lehrer in den meisten Fällen überhaupt nicht wissen, wie die Zuständigkeiten zwischen Schulleitung und Schulträger verteilt sind. Wenn die Sporthalle gerade umgebaut wird, und es kommt hier zu Verzögerungen, kann eine Schulleiterin oder ein Schulleiter noch so gut sein. Es ist einfach nicht zu ändern.
- Ich empfehle daher, auf offene Fragen zu verzichten. Freie Felder sollte man nur verwenden, wenn die Bögen nicht anonym abgegeben werden dürfen. Ein freies Feld, das man anonym ausfüllen darf, fordert zu drastischen und verletzenden Äußerungen förmlich auf. Denken Sie hier an das Internet. Dadurch, dass hier Äußerungen über Menschen ohne Namensnennung möglich sind, wird sehr krass und mit harter Wortwahl gewertet. Sie kennen das Problem. Verstehen Sie mich bitte richtig. Ich bin überhaupt nicht gegen Kritik oder freie Meinungsäußerung. Ganz im Gegenteil. Aber ich plädiere dafür, dass man Verantwortung übernehmen muss für das, was man schreibt und sagt. Gerade Lehrerinnen und Lehrer sollten in der schriftlichen oder verbalen Auseinandersetzung Vorbilder sein.

An dieser Stelle möchte ich nochmals klarstellen, dass die Lehrkräfte und das Kollegium hier sehr drastisch dargestellt werden. Mir ist absolut bewusst und bekannt, dass es viele tolle Kollegien gibt, die hervorragend mit den Leitungen zusammenarbeiten, ihre Schulleitungen schätzen und dies auch rückmelden. Wenn ich aber solche wunderbaren Kollegien hier vor Augen hätte, dann müsste ich dieses Buch nicht schreiben. Ich bitte hier ausdrücklich um Verständnis.

9.7 Das Machtwort

Bodo geht es gut. Die Wunden der Befragung sind abgeheilt. Aus der Evaluation wurden einige Veränderungen abgeleitet. So wurde beispielsweise festgestellt, dass man Bodo zu wenig erreichen kann. Viele Lehrkräfte seines Kollegiums wollen lieber mit ihm persönlich sprechen, als E-Mails zu schicken, und da er sich sehr oft in Gesprächen mit Kolleginnen und Kollegen oder dem Sekretariat befindet, ist das nur schwer möglich.

Bodo hat sich daraufhin überlegt, dass er eine offene Sprechstunde in der Woche anbietet. Zu dieser Zeit steht die Tür immer offen, und jede und jeder darf zu ihm kommen. Die Gespräche sind niemals vertraulich, da ja immer jemand hinzukommen kann. Er legt die Sprechstunde in die Mittagspause, da alle Lehrkräfte hier frei haben und zu ihm kommen können. Die Idee hat er von einer befreundeten Schulleiterin, die ein „offenes Mittagessen" angeboten hat. Das bedeutet, dass sie an einem Tag in der Woche in der Mensa isst und dabei von allen alles gefragt werden kann. Zugegeben, sie kommt selber kaum zum Essen, aber es ist für alle klar, wo sie erreichbar ist und für lockere Gespräche zur Verfügung steht.

In der Schule wird gerade die Einführung eines „didaktischen Raumes" diskutiert. Darin sollen Schülerinnen und Schüler frei arbeiten dürfen. Lehrkräfte können besonders leistungsstarke und sehr selbstständige Mädchen und Jungen mit Aufgaben in diesen Raum schicken. Bodo findet die Idee, die aus dem Kollegium kam, grandios. Er möchte sie unterstützen und bringt das Thema in die Schulleitungsrunde ein. Hier stößt er wider Erwarten auf teilweise großen Widerstand. Während er selbst und die didaktische Leitung sowie zwei weitere Leitungsmitglieder die Idee sehr gut finden, halten die Stellvertreterin und ein weiteres Leitungsmitglied die Idee für absolut schlecht. Bodo wundert das. Er hatte erwartet, dass die Einführung schnell abgesegnet würde. Nun muss neu gedacht werden.

Er richtet einen Tag ein, an dem die ganze Schulleitungsrunde gemeinsam mit den Sozialpädagoginnen und Sozialpädagogen über das Thema diskutiert. Es werden Vor- und Nachteile abgewogen, aber irgendwie kommt das Team zu keiner Einigung. Es werden Stunden um Stunden für Gespräche investiert, und Bodo fragt sich langsam, ob sein Wunsch, alle Schulleitungsmitglieder mitzunehmen, überhaupt umsetzbar sein kann.

Bodo trifft eine Entscheidung: „Liebes Team. Wir diskutieren schon ewig über den ‚didaktischen Raum'. Ich habe den Eindruck, dass wir uns im Kreis drehen. Offensichtlich sind vier Personen aus dem Leitungsgremium für die Einführung und zwei dagegen. Ich würde jetzt gerne die Diskussion beenden und zu einer Abstimmung kommen."

Wie erwartet bringt die Abstimmung genau das Ergebnis. Bodo muss nun wirklich „leiten". „Wie wir sehen, haben wir in unserer Runde der Verantwortlichen dieser Schule ein 4:2-Verhältnis für die Einführung des ‚didaktischen Raumes'. Das bedeutet, dass wir diesen nun zeitnah einführen werden." Er bittet alle Beteiligten, das Nötige zu veranlassen und zum nächsten Monat den Raum in Betrieb zu nehmen. Er beendet die Sitzung knapp und bedankt sich für die Mitarbeit. In all diesen Worten ist Bodo ungewohnt sachlich und kühl.

Das sind die Momente, in denen wir als Schulleiterin oder Schulleiter handeln und wirklich Verantwortung übernehmen müssen. Wir müssen leiten und den Weg vorgeben. Das sind nicht die Momente, in denen man große Einigkeit und Wohlfühlatmosphäre erzielt. Aus diesem Grund bietet es sich auch an, kurz und knapp und vor allem sachlich zu sein. Emotionale Worte bringen einen nicht weiter. Sie kennen diese Situationen vielleicht aus Runden, in denen entschieden werden muss, welche Lehrkraft abgeordnet oder versetzt wird. Es liegen für alle Entscheidungen gute Pros und Contras auf dem Tisch, aber jemand muss entscheiden – und das sind dann Sie. Also seien Sie mutig und treffen Sie eine Entscheidung. Auch wenn diese im Nachgang kritisiert wird, ist es eine Entscheidung. Sie bieten damit allen Beteiligten eine Orientierung und Klarheit. Ich habe es oft erlebt, dass es eine Art von Aufatmen gab, als die Entscheidung dann endlich von der oder dem Verantwortlichen getroffen wurde. Alle können und müssen sich dann damit arrangieren.
Für Bodo endet das Thema hier jedoch noch nicht. In den folgenden Wochen bemerkt er, dass mitunter die Türen der Leitungsbüros geschlossen werden, wenn er vorbeigeht. Er spürt, dass es eine Spaltung im Team gibt. Seine Stellvertreterin ist neuerdings sehr oft bei der Kollegin im Büro, die ebenfalls gegen die Einführung des Raumes gestimmt hat. Bodo beschließt, für Klarheit zu sorgen. In der nächsten Schulleitungsrunde ergreift er direkt zu Beginn das Wort: „Ich habe bemerkt, dass zwei in der Runde im Moment noch sehr unzufrieden damit sind, dass wir den ‚didaktischen Raum' einrichten werden. Ich möchte euch beide daran erinnern, dass wir ausführlich das Für und Wider abgewogen und viel diskutiert haben. Wir haben abgestimmt, und ich habe genau das durchführen lassen, was die Mehrheit beschlossen hat. Ich erwarte schlicht und ergreifend, dass ihr beiden aufhört, im Hintergrund gegen den Beschluss zu arbeiten. Ich finde es in höchstem Maße unkollegial und unfair, wie ihr euch verhaltet. Ich erwarte, dass ihr sofort damit aufhört." Ruhe. So etwas hat Bodo noch nie gemacht. Er hat zumindest verbal mit der Faust auf den Tisch gehauen. Das ist neu für sein Team.

T

Mein Tipp

- Ich möchte Ihnen Mut machen, im Zweifel ein Machtwort zu sprechen. Es ist nicht zu tolerieren, dass sich in Ihrem Team – auch bei kleineren Schulen – oder im Kreise des Kollegiums Einzelne im Nachhinein nicht an einen Beschluss halten oder ihn hintenherum kritisieren, nur weil sie nicht „dafür" waren. Bringen Sie Klarheit in die Situation. Auch hier müssen Sie führen. Sie geben an, was geht und was nicht geht.

Auch Bodo bleibt es leider nicht erspart, ein Machtwort zu sprechen. In der Lehrerkonferenz, in der das Konzept vorgestellt werden soll, sind die engagierten und motivierten Kolleginnen und Kollegen, die das Projekt vorangetrieben haben, gerade mit ihrem Vortrag fertig. „Gibt es Fragen dazu?" Eine Kollegin meldet sich: „Wie sieht das denn mit den Stunden aus? Wenn ich in dem Raum zur Aufsicht eingesetzt werde, bekomme ich das 1:1 als Stunden angerechnet, wird es einen anderen Faktor geben oder ist das wie eine Pausenaufsicht zu sehen?" Bodo schaut zu seiner Stellvertreterin und bittet sie mit einer Handbewegung, die Antwort zu geben: „Danke für die Frage. Der Chef hat vorgegeben, dass diese Stunden im Faktor 1:2 verrechnet werden. Für eine Unterrichtsstunde Aufsicht im Raum erhalten Sie also eine halbe Stunde Arbeitszeit, was ich nebenbei gesagt für komplette Verschwendung von Unterrichtsstunden halte."

Bodo bleibt fast das Herz stehen. Einige Kolleginnen und Kollegen geben ihrer Zustimmung durch Klopfen und Klatschen Ausdruck. Bodo hingegen kocht innerlich. Nun heißt es: Ruhig bleiben. Er steht auf. Er kann auf der einen Seite das Kollegium so besser überschauen, auf der anderen Seite entscheidet er sich bewusst, mit der Körpersprache deutlich zu machen, wer hier der Chef ist. Die eben getroffene Aussage seiner Stellvertreterin muss er erst einmal ignorieren, um die Diskussion weiter zu leiten. Er muss sehr viel Energie aufbringen, um nicht den Faden zu verlieren. Alle erwarten eine Reaktion von ihm. Aber was soll er tun?

Ihm wäre nach ausrasten, wenn er ehrlich ist. Anschreien wäre genau das, was er gerne tun würde. Er bleibt aber ruhig und geht nicht in der Öffentlichkeit auf die Aussage ein. Er bringt die Dienstbesprechung zu Ende und ist absolut erschöpft. Als er danach in seinem Büro sitzt, klopft es an seiner offenen Tür, und die Stellvertreterin kommt leise herein: „Bodo, wollen wir reden?" „Nein, jetzt nicht. Wir sehen uns morgen."

T

Mein Tipp

- Diskutieren Sie niemals, wenn Sie gerade erschöpft oder erregt sind. Bodo hat gerade all seine Energie dafür verbraucht, seinen Ärger zurückzuhalten. Er hat nun keine Kraft mehr. Wenn er jetzt loslegt, wird seine Stellvertreterin in unangemessener Weise zurechtgewiesen, und in vielen Fällen muss man sich danach entschuldigen. Also machen Sie es wie Bodo und halten Sie den Konflikt aus.

Bodo wartet bis Montag. Es liegt eine merkwürdige Spannung in der Luft. Seine Stellvertreterin wartet förmlich auf das Gespräch. Nach der sechsten Stunde, als es etwas ruhiger wird, geht Bodo zu ihr. „Bitte komm jetzt in mein Büro." An dieser Stelle erscheint es ihm wichtig, die Unterhaltung in „seiner Heimat" zu führen. Das wird kein leichtes Gespräch, und er hat sich überlegt, dass er sich in seinem eigenen Büro besser fühlt.

Er setzt sich an seinen Tisch, seine Stellvertreterin nimmt gegenüber Platz. Er beginnt: „Du weißt, dass ich ein Freund von offenen Worten bin." Seine Stellvertreterin schaut ihn mit einem sturen Blick an. „Das, was du in der Dienstbesprechung gesagt hast, ist für mich nicht hinnehmbar." „Aber Bodo ..." Sie versucht, ihn zu unterbrechen. „Ich bin jetzt dran." Bodos Ton wird schärfer. „Wenn wir in der Schulleitungsrunde etwas beschließen oder ich etwas anordne, dann erwarte ich von dir, dass du ohne Misstöne und ohne Zweideutigkeiten genau das umsetzt, was wir beschlossen haben. Du untergräbst meine Autorität nicht und du stellst dich dem Kollegium gegenüber immer auf die Seite der Schulleitung. Das erwarte ich von dir, und ich möchte, dass du weißt, dass ich sehr enttäuscht und verärgert bin." „Aber Bodo ..." Bodo wird sehr klar: „Ich möchte von dir dazu jetzt nichts weiter hören. Ich habe dir gesagt, wie ich dein Verhalten fand und wie es mir damit geht. Du kannst deine Meinung zu einem anderen Zeitpunkt äußern. Für jetzt ist das Gespräch beendet."

Bodos Stellvertreterin schaut geschockt in Bodos kühles Gesicht. Ihre Gefühle sind komplett durcheinander. Sie bekommt rote Flecken am Hals. Bodo und sie schauen sich noch eine Minute in die Augen. Sie hat verstanden, dass sie eine Grenze überschritten hat. Sie steht auf und geht aus Bodos Büro. Bodo hingegen spürt zwei Dinge. Auf der einen Seite ist eine merkwürdige Form von Klarheit im Raum, auf der anderen Seite ist er sehr stolz auf sich selbst, denn solche Gespräche führt fast niemand gerne.

Wir schauen von außen auf die Situation. Respekt! Bodo hat klargestellt, was er erwartet und was das Verhalten seiner Stellvertreterin für ihn bedeutet. Das können nur wenige Menschen in Schulen. Ich habe oft erlebt, wie schwer es Leitungen fällt, klare Ansagen zu machen. Wir Pädagoginnen und Pädagogen haben damit ein Problem, weil wir gute Menschen sein wollen; wir mögen Harmonie und gemeinsames Arbeiten. Eine klare Ansage, wie in der Wirtschaft üblich, liegt uns fern. Dennoch möchte ich Ihnen auch hier Mut machen. Wenn Sie spüren, dass Grenzen überschritten werden, dann schreiten Sie klar und entschieden ein. Es ist schwer und unangenehm, aber in diesem Fall heißt es: entweder lange weiter leiden, hinter verschlossenen Türen und mit dem Risiko einer Spaltung im Team, oder alle klar auf die Richtung einschwören, die gemeinsam beschlossen wurde.
Die Richtlinie für Gespräche dieser Art ist: kurz und bündig. Sagen Sie, was Sie stört, was das Verhalten für Sie bedeutet und was Sie in Zukunft erwarten. Verfallen Sie auf keinen Fall in eine Diskussion um den Streitpunkt. Es gibt Gesprächspartnerinnen und -partner, die sind Meister darin, wieder vom Kern abzulenken. Der ist aber in unserem Beispiel nicht mehr der „didaktische Raum", sondern die Grenzüberschreitung der Stellvertreterin; und darüber gibt es keine Diskussion, sondern nur eine klare Feststellung. Deutliche Ansagen dieser Art dauern, wenn sie gut sind, wenige Minuten. Sollten Sie nach einer halben Stunde feststellen, dass Sie immer noch reden, haben Sie Ihr Anliegen „verwässert".

T

Mein Tipp

- Ist es Ihnen aufgefallen? Bodos Stellvertreterin hat sich ihm gegenüber hingesetzt. Bodo hatte die Möglichkeit, sein Büro neu einzurichten, als er an der Schule anfing. Sollten Sie auch diese Möglichkeit durch den Schulträger erhalten, dann nutzen Sie diese. Machen Sie sich Gedanken dazu, wie Sie Ihr Büro einrichten wollen. Achten Sie dabei darauf, dass Sie sehr unterschiedliche Anlässe für Gespräche in Ihrem Raum haben werden. Wenn Sie also sehr viel Platz haben, dann sollten Sie verschiedene Zonen einrichten.
- Ich kenne Schulleiterinnen und Schulleiter, die eine Couch in ihrem Büro haben, um hier Gespräche in entspannter Atmosphäre führen zu können. Das ist beispielsweise immer dann sehr förderlich, wenn Sie ein kritisches Gespräch vor sich haben und mit der Wahl einer gemütlichen Atmosphäre Druck und Spannung aus der Situation nehmen möchten. In diesem Bereich sollen sich die Gäste und auch Sie sich selbst wohlfühlen. Die Möbel und auch das Sitzen selbst sollen Entspannung bringen.
- Sie sollten aber auf jeden Fall auch für kontroverse Gespräche Sitzarrengements haben, in denen Sie eine klare Front bilden können. Das ist manchmal sehr nützlich. Hinter Ihrem Schreibtisch können Sie sich fast immer „verschanzen", wenn Ihnen etwas unangenehm ist. Sie sollten aber auch wissen, dass dieses Arrangement auf die Gesprächspartner genauso wirkt. Sie verschanzen sich hinter Ihrem Schreibtisch und sind nicht offen. Sie verstecken einen Großteil Ihres Körpers hinter einer großen und trennenden Tischplatte. Das macht für ein hartes klares Gespräch wie im Beispiel oben durchaus Sinn. In diesem Bereich sind Sie klar Chefin oder Chef, und das Gespräch ist ganz klar hierarchisch angelegt.
- Wenn Sie aber ein vermittelndes Gespräch zwischen Eltern und einer Lehrkraft führen wollen, ist das nicht förderlich. Dafür sollten Sie einen runden oder eckigen Tisch im Büro haben, wo sich alle wohlfühlen können und man schon durch die Sitzordnung das Gefühl hat, dass man gemeinsam etwas erreichen möchte. Diese Arbeitszone ist der Mittelweg zwischen dem Wohlfühlen und der Distanz. Hier arbeitet man gemeinsam und sachlich und fühlt sich dabei wohl.
- Idealerweise haben Sie also drei Zonen:
  - Die „Hoheitszone" ist Ihr Schreibtisch und der Stuhl davor. Sie sind klar Chefin oder Chef, der andere ist klar Gast.
  - Die „Zone der Kooperation" ist jene im Bereich des Tisches mit mehreren Stühlen.
  - Die „Wohlfühlzone" ist die Couch.
- In eben dieser Reihenfolge würde ich auch die Prioritäten sehen. Wenn Sie über ein sehr großes Büro verfügen, dann haben Sie natürlich mehr Möglichkeiten. Wenn Sie nur sehr wenig Platz haben, kann man Schreibtischkombinationen wählen, die Schreibtisch und Gruppentisch zugleich sein können. Ich empfehle Ihnen, sich beraten zu lassen, welche Möbel in Ihren Raum passen und welche psychisch-emotionalen Konsequenzen diese haben werden.

9.8 Entlastungsstunden

Das Thema der Verteilung der Entlastung auf die Lehrkräfte ist für Bodo sehr komplex. Als er sein Amt übernahm, fand er eine handschriftliche Liste mit den Vornamen einiger Lehrkräfte und einer Zahl dahinter. Sie wurde ihm als Aufstellung der Entlastungsstunden überreicht. Bodo hatte die Verteilung zunächst so gelassen, um keinen unnötigen Unmut zu erzeugen. Außerdem wusste er auch noch gar nicht, wie er sie denn verteilen sollte. Welche Kriterien legt man da zugrunde? Bodo macht sich an die Erstellung neuer Richtlinien zur Verteilung der Entlastungsstunden.

In der Schule gibt es viele Aufgaben, die lediglich als Mehrarbeit empfunden werden. Es gibt aber auch Aufgaben, die eine tatsächliche Mehrarbeit darstellen und somit entlastet werden sollten. Es gibt viele Ungerechtigkeiten, die vom System vorgegeben werden. Je nach Lehramt verdienen die Kolleginnen und Kollegen mehr oder weniger Geld, je nach Lehramt oder Einsatzbereich müssen sie mehr oder weniger Stunden unterrichten. Es mag ja sein, dass man tatsächlich den einen oder anderen Sachverhalt mit einem längeren Studium begründen könnte, aber in der Praxis oder in kombinierten Schulen, wo verschiedene Lehrämter zusammen unterrichten, werden Sie immer wieder die Gerechtigkeitsdiskussion haben; etwa in Gymnasien, wenn Lehrkräfte an der Schule sind, die nicht in der Oberstufe unterrichten. Das wird als Ungerechtigkeit empfunden, weil sie das gleiche Gehalt beziehen und die gleiche Anzahl von Stunden leisten müssen. Die Stunden, die den Schulleiterinnen und Schulleitern zur Verfügung gestellt werden, werden ganz verschieden eingesetzt. Ich habe von Schulen gehört, wo diese Stunden nahezu vollständig den Mitgliedern der Leitung gegeben werden. An anderen Schulen werden alle Stunden auf das Kollegium verteilt. Mal macht das die Schulleitung, mal macht es ein Gremium aus dem Kollegium, mal übernimmt der Personalrat die Verteilung.
Es ist sicherlich grundsätzlich sinnvoll, den Personalrat in die Entscheidungen einzubeziehen. Je nach Stimmung zwischen Personalrat und Schulleitung und je nach Gesetzesgrundlage hat der Personalrat sowieso ein Mitbestimmungs-, zumindest aber ein Informationsrecht. An sehr vielen Schulen ist die Verteilung dieser Stunden ein großer Streitpunkt. Folgende Ideen können dazu beitragen, dem einen oder anderen Problem aus dem Weg zu gehen:
Zunächst ist es sicherlich sinnvoll, wenn man Entlastung dort verteilt, wo auch wirklich mehr gearbeitet wird. Das sind beispielsweise die Schulentwicklungsprojekte. In Bodos Beispiel wäre das die Einrichtung des „didaktischen Raums". Die Kolleginnen und Kollegen, die hier viel Zeit investieren und sich außerhalb des Unterrichts treffen, sollten dafür eine Anerkennung erhalten.
Viele Schulleitungen haben gute Erfahrungen damit gemacht, wenn diese Stundenentlastungen mit einem schriftlichen Vertrag besiegelt werden. Bestandteile des Vertrages sollten der Auftrag, die Arbeitszeit und die Entlastung sein. Sie könnten beispielsweise auch Datenschutz- oder Sicherheitsbeauftragte damit entlasten. Schreiben Sie klar auf, wie die Aufgabe aussieht, wie lange die oder derjenige sie übernehmen soll und wie hoch die Ent-

lastung ist. Das unterschreiben dann beide Parteien. Sollten Kolleginnen und Kollegen fragen, wie und nach welchen Vorgaben die Stunden verteilt wurden, kann man immer ganz klar deutlich machen, dass sie nicht verschenkt werden, sondern an Aufgaben hängen. Wie ist das aber mit der „gefühlten" Mehrarbeit? Wie sieht es aus, wenn Kolleginnen und Kollegen über die Maßen viele Prüfungen am Abschluss eines Jahres durchführen müssen? Was ist mit der Klassenleitung einer sehr schwierigen Klasse im Vergleich zu einer Kollegin oder einem Kollegen, der überhaupt keine Klasse führt? Definitiv wird unterschiedlich viel Zeit aufgewendet. Selbst wenn Sie nun berechtigterweise anführen mögen, dass das mit zu den Aufgaben einer Lehrkraft gehört, ist nicht von der Hand zu weisen, dass hier eine klare Ungerechtigkeit vorliegt.

T

Mein Tipp

- Ein möglicher Weg aus dem Dilemma ist folgender: Wenn einer Schule Stunden zugewiesen werden, die der Entlastung dienen, dann sorgen Sie dafür, dass nicht alle Stunden auf Personen verteilt werden, sondern halten Sie ein paar Stunden zurück. Diese multiplizieren Sie mit der Anzahl der Wochen des Schuljahrs und erhalten dann eine gewisse Stundenzahl an Einzelstunden.
- Im Klartext: Wenn Sie also fünf Jahresentlastungsstunden zurückbehalten und das Schuljahr 40 Wochen hätte, könnten Sie eine Summe von 5 x 40 = 200 Einzelstunden vergeben. Wir wissen doch, dass es den Kolleginnen und Kollegen häufig gar nicht darum geht, dass sie ihre Arbeitszeit 1:1 zurückerhalten. Es geht vielmehr darum, dass zum Beispiel das Engagement der Klassenlehrerin einer schwierigen Klasse gesehen wird. Oder wenn beispielsweise im Abitur ein Kollege einen kranken Kollegen vertritt und freiwillig 20 Deutschklausuren zusätzlich korrigiert, dann möchte dieser Kollege das auch anerkannt bekommen.
- Eine Möglichkeit wäre nun, dass zunächst fünf Stunden zurückgehalten werden. Am Ende jedes Schuljahrs könnte dann jede Kollegin und jeder Kollege einen Antrag auf Zuteilung von einzelnen Entlastungsstunden stellen. Die belastete Klassenlehrerin der schwierigen Klasse könnte für sich selbst erkennen, dass sie aus ihrer Sicht mehr Arbeit hatte als andere Kolleginnen und Kollegen und könnte beispielsweise 12 Einzelstunden als Entlastung beantragen. Das entspräche dann zwei freien Tagen. Ein Gremium aus Personalrat und Schulleitung oder Vertretungen des Kollegiums würde über die Zuteilung der Stunden entscheiden. Sie hätten damit erreicht, dass jede Lehrkraft nach ihrem ganz persönlichen Empfinden selber sagen kann, ob er oder sie mehr gearbeitet hat als andere. Alle können Stunden beantragen, sie müssen es aber auch, wenn sie welche erhalten möchten. Jede und jeder muss Verantwortung für sich selbst übernehmen. Es gibt keine übergeordnete Stelle mehr, über die man sich beschweren kann, weil die einem nicht die Entlastung gibt, die man glaubt, zu verdienen.
- Überlegen Sie einmal, ob das nicht auch für Ihre Schule eine gute Möglichkeit wäre. Besonders für kleine Schulen sehe ich hier gute Möglichkeiten, die oft sehr wenigen Stunden aufzusummieren und damit exakter und gerechter entlasten zu können.

Bodo entscheidet sich dafür, Entlastungsstunden zurückzuhalten, bespricht das mit dem Personalrat und stellt diese Lösung in der nächsten Dienstbesprechung vor. Es wird vereinbart, dass dem Ansatz drei Jahre gegeben werden und es dann eine Evaluation zur Zufriedenheit der Lehrkräfte geben soll. Bodo selbst lehnt sich entspannt zurück. Durch diese Lösung hat er gemeinsam mit dem Kollegium einen Weg gefunden, mit dem vorerst alle leben können.

9.9 Der Fehler

Bodo hat einige entspannte Wochen hinter sich. In der Schule ist es vergleichsweise ruhig. Der „didaktische Raum" ist eingeführt worden, die Schulleitungsrunde arbeitet gut zusammen. Es sind keine weiteren Neuerungen geplant. Das Abitur ist noch in weiter Ferne, und es ist eine gewisse Ruhe und Frieden ins Kollegium eingezogen. Das ist ein sehr angenehmer Zustand für alle Beteiligten. Bodo ist sich sicher, dass weder er noch andere Schulleitungsmitglieder diesen unnötig stören wollen.

In dieser Zufriedenheit sitzt er in seinem Büro und arbeitet an einem Bericht über einen auffälligen Schüler, den er für die Behörde erstellen soll. Seinen Unterricht für diesen Tag hat er zwar noch vor sich, aber er ist sehr gut vorbereitet. Da klopft es plötzlich an der Tür: „Herr Leiter, haben Sie mal kurz eine Minute?" Eine Kollegin, die für die Abrechnungen der Klassenfahrten zuständig ist, steht in der Tür. „Na klar, kommen Sie herein." Sie: „Es kann aber etwas dauern und es ist leider etwas sehr Unangenehmes, was ich mit Ihnen besprechen muss." Bodo: „Kein Problem. Nehmen Sie erst einmal Platz." Bodo bleibt ganz ruhig. Er kennt diesen Beginn eines Gesprächs schon. Meistens hat jemand etwas falsch gemacht und befürchtet nun, dass Bodo sauer oder ärgerlich wäre. Das ist bisher aber nie passiert. Fehler geschehen nun einmal.

Ein kleiner Ausflug in Bodos Leben vor dem „Lehrerdasein": Während eines Praktikums, das Bodo selbst beim Rettungsdienst absolviert hatte, als er jung war, war ihm einmal eine Patientin von der Liege gefallen. Die Liege war nicht sonderlich hoch, und es waren keine bleibenden Schäden entstanden, aber die Dame war natürlich mehr als erbost über diesen Fehler und schrie herum. Als Bodo mit dem Rettungswagen zurück in die Wache kam, führte ihn sein erster Weg zu seinem Chef. Als er die Situation darstellte, ging er davon aus, dass der Chef ihn direkt rauswerfen würde. Er war schließlich nur Praktikant. Nachdem Bodo aber alles erzählt hatte, schwieg der Chef erst einmal lange. Er schaute recht neutral und antwortete dann mit ruhiger Stimme: „Bodo, es ist wirklich blöd, dass dir das passiert ist. Ich denke, dass du weißt, dass das für unsere Wache und für den Ruf unserer Arbeit eine echte Katastrophe ist. Du und ich wissen beide, wie schlimm dein Fehler ist, aber es nützt nichts. Es ist passiert und es ist gut, dass du mir das sofort erzählt hast. Wo gehobelt wird, fallen Späne. Ich versuche das wieder glattzubügeln."

Bodo verließ daraufhin erleichtert und gleichzeitig sehr beschämt das Chefbüro. Aber er hatte etwas fürs Leben gelernt. Sollte er jemals Chef werden, wollte er auch so reagieren, wenn Menschen Fehler machten und sie eingestanden.

Mit dieser Erinnerung im Hinterkopf setzt Bodo sich an seinen Besprechungstisch. Die Kollegin hat Unterlagen dabei und legt diese in mehreren kleinen Stapeln aus. „Herr Leiter, was ich Ihnen jetzt sage, ist wirklich schlimm. Die Klassenfahrt von Herrn Oberbeier haben wir komplett falsch berechnet. Um es kurz zu machen, wir haben den Eltern der Jugendlichen in Summe 2.143 Euro zu viel zurückbezahlt. Das ist leider niemandem aufgefallen." Bodo spürt, wie sein Herz schneller schlägt. Das ist nun doch eine andere Situation. Er bemüht sich um einen ruhigen Ton in seiner Stimme:

„Wie kann es denn sein, dass Ihnen diese große Summe nicht aufgefallen ist? Das hätten Sie doch sehen müssen." „Es sind immerhin vier Klassen zusammen gefahren; also um die 100 Personen, und es war also eine Erstattung von lediglich 20 Euro pro Person. Das war ja nicht so viel. Ich möchte aber darauf hinweisen, dass ich nicht die Alleinschuldige bin. Die Abrechnung und Überweisungen haben Sie abgezeichnet und durchgeführt. Das hätten Sie auch prüfen können und müssen."

Nun wird Bodo doch etwas ärgerlich. Er überlegt, ob er laut wird, fängt sich aber gerade noch im letzten Moment. „Ich brauche etwas Zeit, um darüber nachzudenken. Bitte lassen Sie die Unterlagen hier." Bedrückt und leise verlässt die Kollegin das Büro, während Bodo mit den Unterlagen am Tisch zurückbleibt. „Mist", denkt Bodo. „Dieses Mal bin ich voll mit dran."

Solche oder ähnliche unangenehme Situationen haben viele von uns schon erlebt. Da macht jemand einen Fehler, den wir voll zu verantworten haben. Das ist der Nachteil, wenn man Verantwortung abgibt, andere relativ frei arbeiten lässt und nicht alles kontrolliert. Wenn diese Menschen dann einen Fehler machen, sind wir als Leitung dafür verantwortlich. Wir hätten die Ausführung der Arbeit überprüfen müssen. Wir hätten nicht die Verantwortung abgeben dürfen, denn nun wird uns vermutlich genau das von der vorgesetzten Dienststelle mitgeteilt. Im Zweifel, vor allem immer dann, wenn es um Geld geht, werden wir eventuell sogar persönlich in die Haftung genommen. Das ist eine komplizierte Situation, in der man sich sehr unangenehm fühlt.
Aus diesem Grund ist es auch genau richtig, dass Bodo sich zurückhält. Herumzupoltern und ärgerlich die Mitarbeiterin anzuschreien, würde hier niemandem helfen. Denn sie hat ja Recht. Sie ist zwar diejenige, die alles ausrechnet und vorbereitet, aber als Leitung ge-

hört es zur Pflicht, die Dinge zu kontrollieren, bevor man sie abzeichnet. Am Ende trägt die Schulleiterin oder der Schulleiter eben die Gesamtverantwortung, und das bedeutet, dass man auch für die Fehler Verantwortung trägt, die man nicht direkt selbst gemacht hat.

T

Mein Tipp

- Aber wie kann man hier die Kuh vom Eis holen? Wenn mich Schulleitungen mit einer solchen Problemlage anrufen, empfehle ich immer das Gleiche: Gehen Sie mit dem Fehler absolut transparent um. Informieren Sie die vorgesetzte Dienststelle und auch den Schulträger. Es kann sein, dass diese Institutionen Ihnen das Leben richtig schwer machen, aber es ist immer noch die bessere Alternative, als durch Gemauschel und Lügen etwas zu vertuschen.
- Mein Weg in diesem konkreten Fall wäre ein Schreiben an alle Eltern, in dem man sich entschuldigt und um Verständnis und Rückzahlung bittet. Grundsätzlich ist es ratsam, sich gegen solche Fehler zu versichern. Es kann im Alltag sehr schnell passieren, dass Sie eine Rechnung abzeichnen oder eine Abrechnung durchwinken, ohne dass Sie diese geprüft haben. Der Alltag lässt manchmal keine andere Möglichkeit zu. Zwischen Unterricht, Vertretungsplanung, Gesprächen mit Kolleginnen und Kollegen legt Ihnen jemand eine Abrechnung hin und sagt: „Können Sie das eben unterschreiben? Ich brauche das dringend." Wer prüft dann schon exakt die Zahlen und Rechnungen, während draußen ein aufgebrachter Vater steht, der kurz davor ist, handgreiflich zu werden, oder eine Klasse bereits zehn Minuten auf Ihren Mathematikunterricht wartet? Es ist also absolut verständlich, dass solche Fehler passieren können. Juristisch ist dies allerdings keine Entschuldigung. Sie zeichnen ab, also tragen Sie auch die Verantwortung.

Bodo geht ebenfalls nach vielem Hin und Her den Weg, die Elternhäuser anzuschreiben, den Fehler zu erklären und um Rückzahlung zu bitten. Das ist ihm zwar sehr peinlich, aber er sieht keine andere faire und offene Möglichkeit. Die letzten 40 Euro, die am Schluss fehlen, zahlt er aus seinem eigenen Portemonnaie. Damit ist die Sache geregelt, und es gibt für ihn selbst keine Konsequenzen. Auch die Kollegin betraut er weiterhin mit der Aufgabe der Abrechnung der Klassenfahrten. Er weiß, ihr wird so etwas nicht wieder passieren.

9.10 Zusammenlegung

Seit diesem Problem sind sechs Wochen vergangen, in denen es in der Schule ruhig und angenehm war. Bodo kommt gerade aus dem Unterricht wieder. Es war aufregend, weil er eine Klassenarbeit zurückgegeben hat, die sehr schlecht ausgefallen ist, und somit ist seine Stimmung gerade nicht so gut. Er hat es lieber, wenn alle glücklich und zufrieden sind, aber das geht eben auch nicht immer, und speziell in diesem Fall waren die Schülerinnen und Schüler der 8Rb auch wirklich faul.

Er setzt sich an seinen Schreibtisch. Während er den PC hochfährt, liest er den Text auf dem roten „Alarmzettel“, den ihm seine Sekretärin auf den Tisch gelegt hatte. „Bitte umgehend die Bürgermeisterin anrufen!“ Bodo mag sowas gar nicht. In den meisten Fällen geht es nur um Kleinigkeiten. Früher hätte Bodo sich sofort aufgeregt ans Telefon gesetzt, aber er merkt, dass er ruhiger und erfahrener als früher agiert. Viele Dinge erledigen sich mit etwas Geduld oft von ganz alleine. Diese Erfahrung hat er schon oft sammeln dürfen. Er trinkt seine Tasse Tee und ruft innerlich aufgeräumt und ruhig die Bürgermeisterin an. Deren Sekretär hingegen ist deutlich aufgeregt: „Herr Leiter, endlich rufen Sie zurück. Hier ist gerade eine Menge los, und wir wollten Sie in Kenntnis setzen, aber ich stelle schnell durch.“

Bodo wundert sich. So aufgeregt hat er den Herrn aus dem Vorzimmer noch nie erlebt. Sodann hört er eine weitere aufgeregte Stimme: „Herr Leiter, vielen Dank für Ihren Rückruf. Ich wollte Sie schnell persönlich informieren, bevor Sie es aus der Presse oder der Politik erfahren. Die Partei, die gerade im Stadtrat die Mehrheit hat, wird heute Nachmittag den Antrag stellen, dass Ihre Schule mit dem AGG zusammengelegt wird. Haben Sie davon schon gehört?“

Bodo ist geschockt. Das AGG ist das Anton-Granz-Gymnasium. Er hatte schon gehört, dass dort die Schülerzahlen langsam wegbrechen. Dass das aber direkte Auswirkungen auf seine Schule haben sollte, ist ihm absolut neu. „Nein, das habe ich bisher noch nicht gehört. Das trifft mich absolut unvorbereitet. Danke für den Anruf und die Information. Werden wir Schulen dazu noch angehört?“ „Nein, der Vorsitzende der Partei hat das nahezu im Alleingang durchgedrückt, und seine Parteimitglieder werden dem Vorschlag wohl folgen, wie es aussieht.“

Bodo ist komplett durcheinander. „Wie ist das denn gedacht, werden die uns angegliedert oder werden wir eine neue Schule?“ „So wie es beantragt wird, sollen beide Schulen aufgelöst werden und zu einer ganz neuen gemeinsamen Schule vereinigt werden. Es tut mir leid, aber ich wusste das selbst auch nicht.“ Bodo legt auf. Ihm wird bewusst, welche Konsequenzen diese Entscheidung hätte, wenn sie umgesetzt werden würde – für die Schülerinnen und Schüler, für die Lehrkräfte und auch für ihn selber.

Eine solche Situation haben viele Schulleiterinnen und Schulleiter schon erlebt. Aufgrund politischer Entscheidungen und Veränderungen werden gewachsene und gut funktionierende Systeme verändert, aufgelöst oder mit anderen zusammengeführt. Ich habe gehört, dass in vielen, vor allem kleinen Gemeinden Grundschulen zusammengelegt werden. Danach gibt es nur noch eine Schulleitung, die nun die Arbeit von zweien erledigen muss. Hinzu kommt die Komplikation, dass es ja nun zwei Teilgebäude sind, zwischen denen man hin- und herfahren muss. Ich habe Fälle mitbekommen, in denen ohne den Wunsch der Schule die Schulform geändert wird. So werden etwa ehemals getrennte Haupt- und Realschulen kurzerhand in Gesamt- oder Oberschulen umgewandelt; mit der Folge, dass die Schulleitung sich neu um ihre Stelle bewerben muss, obwohl sie diese seit vielen Jahren ausübt.

Auch das gibt es: Förderschulen werden geschlossen und „laufen aus". Das ist aus meiner Sicht für eine Schule die schlimmste aller möglichen Arten, zu „sterben". Die Kolleginnen und Kollegen werden hoch belastet, weil in jedem Jahr weniger Klassenräume belegt sind und weniger Menschen die Schule besuchen. Lehrkräfte wandern nach und nach ab. Freundschaften gehen auseinander, sowohl bei den Kindern als auch bei den Lehrkräften. Diese Schulen haben wirklich oft das Gefühl, dass sie langsam, Schuljahr für Schuljahr, immer weiter sterben, bis sie schließlich nur noch aus einem Jahrgang und sehr wenigen Kolleginnen und Kollegen bestehen. Eine Schule, die 30 Klassen hatte, hat dann am Ende nur noch eine Handvoll. Wo vorher 60 Lehrkräfte das Lehrerzimmer belebten und über die Enge klagten, sitzen nun nur noch sieben, die nichts sehnlicher als die alten engen Zeiten zurückwünschen.

All diese Situationen sind für Schulen katastrophal. Die Auswirkungen der politischen Entscheidungen können diejenigen, die diese Entscheidungen treffen, meist gar nicht absehen. Sie sehen, dass Geld eingespart wird, dass man leichtere Organisationsformen schafft oder dass man Schulformen übernimmt, die aktuell „modern" und gewollt sind. Sie vergessen dabei sehr oft, dass eine Schule ausschließlich daraus besteht, was zwischen den Menschen passiert. Sie besteht aus Beziehungen, aus Zuneigung und Abneigung, aus Konflikten und Versöhnungen, aus dem zwischenmenschlichen Lernen. Wir sind weder Fabriken noch Roboter, die man von da nach dort verlagern kann. Alle Schulen und Kollegien haben eine Identität. Sie empfinden sich als eine Gemeinschaft. Sie sind einmalig und unverwechselbar. Die Lehrerinnen und Lehrer identifizieren sich mit ihrer Schule.

Ein einziger politischer Entschluss kann dazu führen, dass sehr viel davon verloren geht, was man nicht einmal mit Worten beschreiben kann. Für die an diesen Schulen tätigen Lehrkräfte und Schulleitungen entstehen aufgrund der politisch gewollten Veränderungen oft sehr schwere persönliche Situationen. Natürlich wird dann oft mit „der Wirtschaft" argumentiert, wo Auflösungen und Veränderungen an der Tagesordnung sind. Es wird gesagt, dass die Beamten und Beamtinnen sich ja nicht beschweren könnten. Sie bekämen ja weiterhin ihr Geld und müssten sich keine Sorgen machen. In einer Firma wäre in einem ähnlich gelagerten Fall die Geschäftsführerin oder der Geschäftsführer arbeitslos – also solle man sich nicht beklagen. Hier kann man dann wirklich nur entgegnen, dass Menschen, die auf diese Art und Weise argumentieren, keine Ahnung davon haben, wie Schule funktioniert.

In Bodos Welt spulen wir ein halbes Jahr vor. Es kommt, wie es kommen musste. Die politischen Entscheidungen werden sehr schnell getroffen und beide Schulen zum nächsten Schuljahr aufgelöst. Aus dem Gymnasium und aus Bodos Schule wird eine neue gegründet. Bodo und die Schulleiterin des Gymnasiums haben sehr schnell Kontakt aufgenommen und sich mit Eltern und Schülerschaft gegen den Plan gewehrt. Aber alle Proteste brachten keinen Erfolg. Da die organisatorischen Veränderungen doch länger dauern, als erwartet, bleiben beide Leitungen trotz der bereits aufgelösten Schulen zunächst kommissarisch im Amt. Gespräche mit der Behörde haben ergeben, dass alle an den Schulen tätigen Lehrkräfte einen Versetzungsantrag stellen müssen, obwohl sie das Gebäude gar nicht wechseln werden. Die Schulleitungsstelle wird neu ausgeschrieben und man wird sehen, wer von den beiden die neue Stelle erhalten wird. Sie wird aufgrund der gewachsenen Schülerzahl eine Stufe höher besoldet sein.

Bodo ist verzweifelt. Er hat das Gefühl, dass ihm seine eigene Schule, in der er so viel an der Kultur und an der Haltung gearbeitet hat, unter den Händen wegstirbt. Wo er früher noch lächelnde Lehrkräfte sah, sieht er nun nur noch Frust und Ärger. Niemand möchte an einer sterbenden Schule unterrichten. Neue Stellen erhält die Schule nicht mehr, weil niemand weiß, wie sich die Schülerzahl entwickeln wird. Zunächst sollen beide Gebäude erhalten bleiben und beide sollen von den Schülerinnen und Schülern des direkten Umkreises besucht werden. Es wird eine Schule mit Außenstelle. Bodo kann das alles kaum fassen. Er hat viel Arbeit und Zeit investiert, damit die Schule ein bisschen zu „seiner" Schule wurde; und nun wird durch rein politische Interessen alles das zerstört, was er aufgebaut hat.

Anstatt über Schulentwicklung zu konferieren, wird nun darüber gesprochen, wie die Schule abgewickelt wird und welche Regeln wohl an der neuen Schule gelten werden. Die gute Zusammenarbeit im Kollegium, die über viele Jahre gewachsen ist, ist einem Einzelkämpfertum gewichen. Neue Ideen kommen gar nicht mehr auf. Wenn Bodo jetzt in einer Dienstbesprechung fragen würde, wer Lust auf eine Arbeitsgruppe hätte, würde sich niemand mehr finden. Aber wozu sollte er auch fragen? Was sollte man verändern, wenn man sowieso weiß, dass man ein Enddatum hat? Bodo fühlt sich so, als würde die Schule ins Bodenlose fallen. Ihm fällt auf, dass bereits wenige Minuten nach dem Klingeln niemand mehr in der Schule ist. Während die Kolleginnen und Kollegen früher noch etwas zusammenstanden, fahren jetzt die Autos so schnell vom Hof, als hätten alle zu Hause einen Notfall.

Das nächste halbe Jahr vergeht wie im Flug. Bodo bewirbt sich nach langem Grübeln auf die Stelle der Leitung der neuen Schule. Da die Schulleiterin des Gymnasiums sich beruflich anders orientiert, bleibt er der einzige Bewerber und erhält die Stelle. Er dachte viel darüber nach, ob er diesen Schritt gehen sollte. Die höhere Gehaltsstufe ist natürlich schön, aber ihm ist auch absolut klar, was auf ihn zukommen wird.

Am Tag nach seiner Einsetzung ins neue Amt führt ihn sein erster Weg in das frühere Gymnasium. Er hat hier das gesamte ehemalige Kollegium zusammengerufen, um ein paar Worte zu sagen und sich vorzustellen. Mit all seiner Erfahrung gelingt es ihm, hier und dort ein Lächeln in die misstrauischen Gesichter zu zaubern. Er legt seinen Schwerpunkt auf die Information, dass sich zunächst einmal an der Arbeit der Schule, die nun Außenstelle ist, nicht viel ändern wird.

Er hat eine Koordinatorenstelle für die Außenstelle zugewiesen bekommen und überträgt diese Aufgabe einem seiner vertrautesten Kollegen. Er möchte, dass die beiden Kollegien nach und nach zusammenwachsen. Er kündigt daher an, dass man in Zukunft eine Dienstbesprechung für alle durchführen würde, die jeweils abwechselnd mal in diesem und mal in jenem Schulgebäude stattfinden werde. Man würde auch einen Ausflug des Kollegiums planen und die Lehrerinnen und Lehrer einander vorstellen. Sein Ziel sei, in sechs bis sieben Jahren eine neue, gemeinsame Identität zu finden.

Bodo geht es nun wieder zunehmend besser. Es ist schöner, etwas Neues aus etwas Altem entstehen zu sehen, als eine Schule abzuwickeln und zu ihrem unausweichlichen Ende zu führen. Er regelt in der nächsten Zeit alle Dinge, die nötig sind, um eine neue Identität zu schaffen. Es müssen eine neue Personalvertretungen gefunden, ein neuer Schulvorstand gebildet und eine neue Eltern- sowie Schülervertretung eingesetzt werden. Bodo ist klar, dass er in den folgenden Monaten sehr viel Zeit in die Klärung von zwischenmenschlichen Problemen investieren muss. So kommen beispielsweise schon wenige Monate später fünf Lehrkräfte zu ihm, die aus dem früheren Gymnasium stammen und nun an der alten Schule unterrichten. Sie würden sich im neuen Kollegium nicht aufgenommen fühlen und wollten daher fragen, ob man nicht einen der alten freistehenden Klassenräume zum Lehrerzimmer für die Kolleginnen und Kollegen des früheren Gymnasiums machen könnte.

Bodo lehnt die Bitte trotz deutlichem Widerstand seitens der Lehrkräfte ab. Ihm ist es wichtig, dass ein Gesamtkollegium zusammenwächst und keine Untergruppierungen gebildet werden. Immer wieder lädt er daher zu gemeinsamen Terminen ein und bringt auch die Konferenzen auf fachlicher Ebene zusammen. Das ist ein sehr schwieriges und komplexes Unterfangen. Es zeigt sich auch hier wieder, dass es lange dauert, bis man in der Schule eine Veränderung der Haltung und der Einstellung bemerkt. Erst sechs Jahre nach der Zusammenlegung, Bodo ist immer noch Schulleiter, spürt man zwischen den ehemaligen Gymnasiallehrkräften und seinem früheren Kollegium keinen Unterschied mehr.

9.11 Außergewöhnliche Situation – außergewöhnliche Wege

Bodo fühlt sich wohl. Aktuell läuft in der Schule alles rund. Es gibt wenig Ärger. Er fühlt sich akzeptiert und ruhig. Doch es war wohl die Ruhe vor dem Sturm. Seit einigen Wochen geht im Land ein Virus um. Aus diesem Grund wurde bereits vor Wochen eine allgemeine Gefährdung bekannt gegeben: Die Schulen sind angehalten, Kinder mit Fieber nach Hause zu schicken. Um Ansteckungen zu vermeiden, werden einige Schulen bereits geschlossen. Wie es kommen muss, passiert dies natürlich Bodos Schule. Es ist Montag. Um 11:17 Uhr klingelt das Telefon: „Herr Leiter, hier Marco Bitter vom Gesundheitsamt. Sie müssen Ihre Schule sofort schließen. Wir haben einen begründeten Verdachtsfall in Ihrer Schule. Bitte veranlassen Sie nun alles Nötige!"

Bodo bleibt innerlich ruhig. Da diese Situation bereits seit Wochen droht, und die Landesregierung öffentlich über eine Unterbrechung des Schuljahrs nachdenkt, geht es nun darum, die geplanten Schritte nach und nach durchzuführen. Zunächst müssen alle Schülerinnen und Schüler das Gebäude verlassen. Nach und nach kommen die Eltern und holen die Kinder direkt im Klassenraum ab. Ein unnötiger Kontakt zwischen den Kindern muss nun verhindert werden. Es bleiben komplett verwirrte Lehrkräfte zurück. Um genau zu sein: Alle sind verwirrt. So etwas gab es noch nie. Einige Stunden später sind alle zu Hause. Die Schule ist leer. Dort, wo eigentlich viele Lehrkräfte und Kinder herumlaufen sollten, ist nun keine Menschenseele zu sehen.

Bodo schließt die Tür hinter sich zu. Zum ersten Mal schließt er ab. Das machen sonst die Hausmeister, aber auch die mussten zu ihrer eigenen Sicherheit das Gebäude verlassen.

Es folgen schwere Tage. Bodo muss irgendwie den Kontakt zum Kollegium herstellen und allen das Gefühl geben, dass sie gut aufgehoben und informiert sind. In dieser stressigen Zeit bleibt er fast Tag und Nacht wach und ist stets erreichbar. Seine E-Mails an das Kollegium sind ungewohnt emotional. Seine Handynummer gibt er sofort an das gesamte Kollegium heraus, damit alle ihn erreichen können.

Die Kommunikation mit dem Kollegium, den Eltern, vor allem aber auch den Schülerinnen und Schülern, spielt sich Stück für Stück ein. Kommen anfangs per Mail oder telefonisch dutzende von Fragen nach dem „wie", stellt sich im Laufe der Zeit eine beruhigende Routine ein. Manch einer entdeckt sogar Vorzüge des Digitalen und grübelt darüber nach, was man davon später in den Schulalltag integrieren kann.

Merkwürdig ist nur, dass auf einmal alle Werte verändert sind. Distanz und Nähe sind gerade nicht das Problem. Die Erledigung der Aufsichtspflicht oder das korrekte Erstellen von Arbeiten sind gerade kein Thema. Es geht darum, dass sich alle betreut fühlen, obwohl sie nicht zusammen sind. Bodo richtet ein Forum ein, in dem sich alle unterhalten können. Themen wie „die beste Serie im TV" oder „mein Lieblingsplatz" werden auf einmal diskutiert. Auch Bodo macht Fotos von seinem Lieblingssofa. Es geht nicht mehr darum, sich Fragen zu stellen, wer wohl was denkt, sondern es geht darum, die Gemeinschaft am Leben zu halten; allen Sicherheit zu geben und klarzustellen, dass man weiterhin zusammengehört, auch in den Zeiten, in denen man sich nicht sieht.

T

Mein Tipp

- In Zeiten, in denen das Kollegium neue Wege gehen muss und verunsichert ist, geht es nicht darum, Chef zu „spielen". Es geht darum, emotional da zu sein. Seien Sie also bereit, alte Werte komplett neu zu denken, und seien Sie flexibel. Zeigen Sie auf der einen Seite, dass auch Sie unter der Situation leiden, aber geben Sie auf der anderen Seite Halt und Sicherheit. Sagen Sie, was zu tun ist und was nicht, aber seien Sie eben auch und vor allem emotional für Ihre Kolleginnen und Kollegen da.

9.12 Abschied von Bodo

Liebe Leserin und lieber Leser, es ist nun an der Zeit, dass wir von Bodo Abschied nehmen. Ich hoffe, dass sich die eine oder der andere in Bodo wiedergefunden hat. Er ist den ganzen Weg einer weitgehend typischen Schulleitung gegangen und hat alle Widerstände und schweren Zeiten „überlebt". Auch sein Privatleben war schwierig, aber er hat auch dort alle Krisen überstanden.

Stellen Sie sich einfach vor, dass Bodo heute eine zusammengelegte Schule leitet und in Ehren älter wird und ergraut. Oder stellen Sie sich vor, dass er sich dafür entscheidet, seinen Weg in Behörde und Ministerium weiterzugehen. Nehmen Sie sich vielleicht einige Minuten Zeit und stellen Sie sich den Bodo vor, den Sie gerne hätten und überlegen Sie, in welchem Büro er wie und wo seinen Alltag verbringt. Vielleicht überlegen Sie auch, wie sein Privatleben aussieht. Vielleicht hat er eine neue Partnerin gefunden und lebt mit dieser zusammen, vielleicht hat er auch entdeckt, dass er dieses Klischee nicht mehr leben möchte und folgt seinen Gefühlen und lebt bereits seit Jahren mit einem Mann zusammen.

Wie auch immer Sie sich Bodo vorstellen: Lassen Sie ihn einfach weiterleben und denken Sie immer wieder an ihn, wenn Sie vor Schwierigkeiten stehen. Vielleicht werden Sie dann auch dieses Buch noch einmal zur Hand nehmen, ein zweites Mal lesen und manchmal schmunzeln. Eventuell werden Sie auch nur die folgenden Seiten lesen, die sich herausgelöst aus der Geschichte um Bodo nur mit der Schulleitung und deren häufigsten Problemen beschäftigen. Ich bedanke mich an dieser Stelle bei Bodo und all den Menschen, die Bodo in meinen Gedanken haben entstehen und lebendig werden lassen.

10 Zusammenfassung oder: ein Plädoyer für Leitung

10.1 Gehen Sie Ihren Weg

Viele der Menschen, die ich als Schulleitung begleiten durfte und begleiten darf, waren schon immer irgendwie leitend tätig. Sie waren bereits in der Kindheit fasziniert von der Übernahme von Verantwortung. Einige haben aber erst später im Leben gespürt, dass sie mehr wollen. Andere wiederum haben sich nach Beratungen und durch Erfahrungen bewusst gegen die Aufgabe einer Schulleitung entschieden.

Es ist ein schwieriger Weg, den man gehen muss, um in die Leitung von Schule zu kommen. Zum einen müssen Sie jemand sein, der Verantwortung tragen kann und bewusst Verantwortung möchte; vielleicht sogar jemand, der Verantwortung braucht, um Zufriedenheit im Leben zu spüren. Zum anderen müssen Sie ein Interesse an Schule haben. Vom Schulrecht bis hin zur Pädagogik – das Spektrum der Aufgaben der Schulleiterin oder des Schulleiters fächert sich extrem breit auf. An vielen Schulen übernehmen Schulleitungen auch Aufgaben aus dem Sekretariat oder von Hausmeistern. Nur wer Schule mit all seinen Herausforderungen leiten möchte, sollte danach streben. Gleichzeitig ist Schule zu leiten sehr schwer, weil Sie von außen viel Druck bekommen.

Wir alle in der Schule haben grundsätzlich das Gleiche gelernt. Wir weichen zwar im Hinblick auf Fächer oder auch auf das Lehramt voneinander ab, aber eigentlich haben wir sehr viele Gemeinsamkeiten. Dies führt dazu, dass grundsätzlich viele Lehrkräfte denken, dass jede und jeder Schule leiten kann. Wenn es aber so wäre, dann frage ich mich, warum so viele Stellen unbesetzt bleiben. Vielen fehlt der Mut oder die Entschlossenheit. In dem Moment, in dem man seine Bewerbung auf den Tisch legt oder diese im Kreis aller Lehrkräfte bekannt wird, kristallisieren sich Freundinnen und Freunde aus dem Kreis der Kolleginnen und Kollegen heraus.

Diejenigen, von denen Sie Unterstützung erfahren, sind wirkliche Freunde. Viele werden Sie kritisch sehen. Sie werden Sätze hören, wie „Glaubst du, dass du das schon kannst?" „Meinst du nicht, dass das zu früh für dich ist?" Mein Rat ist, dass Sie nicht zu viel mit Kolleginnen und Kollegen Ihrer Schule sprechen sollten. Kennen die Sie wirklich? Kennen die Ihr Inneres, Ihre innere Kraft? Oder kennen die Sie nur als nette Kollegin oder lieben Kollegen, mit der/dem man sich durchaus auch mal privat treffen kann? Wenn Sie Ihren Weg in Leitung gehen wollen, dann treffen Sie die Entscheidung genau mit den Menschen, die Sie wirklich kennen. Fragen Sie diejenigen, denen Sie vertrauen und natürlich diejenigen, für die Ihre Entscheidung Folgen haben wird, wie zum Beispiel Partnerin oder Partner und Kinder. Am Ende aber müssen Sie die Entscheidung alleine treffen und die Konsequenzen tragen.

Grundsätzlich möchte ich Ihnen aber Mut machen. Schon alleine die Tatsache, dass Sie dieses Buch lesen, zeigt, dass Sie darüber nachdenken, die verantwortungsvolle und anspruchsvolle Aufgabe, eine Schule zu leiten, anstreben. Im Zweifel tun Sie es einfach! Bewerben Sie sich und schauen Sie, wie Sie sich fühlen, aber seien Sie ehrlich zu sich selbst. Wenn Sie zu sehr von der Schule vereinnahmt werden oder wenn Ihnen alles zu viel wird, dann ziehen Sie sich auch wieder zurück oder legen Sie das Amt nieder. Das ist keine Schande. Ganz im Gegenteil. Ich habe einige Schulleiterinnen und Schulleiter gesprochen, die ihr Amt wieder abgegeben haben; und das sind alles unglaublich starke und selbstbewusste Persönlichkeiten. Es gehört viel Stärke dazu, eine Schwäche einzugestehen.

10.2 Die erste Zeit

Haben Sie keine Angst. Wie alle anderen auch werden Sie in Ihrem Amt wachsen. Sie werden sich verändern. Sie werden erfahrener, Sie werden menschlich reifer. Das alles wird mit der Zeit passieren, aber zu Beginn Ihrer Aufgabe werden Sie auch Fehler machen. Verzeihen Sie sich selbst. Treffen Sie aber ein paar klare Entscheidungen und halten Sie so lange daran fest, bis Sie sich begründet und sicher für einen anderen Weg entscheiden. Wenn Sie also das „Sie" einführen wollen, dann bleiben Sie dabei; unabhängig davon, wie eine andere Person vor Ihnen das gehandhabt hat. Sie sind eine eigenständige Person, die sich unterscheidet. Sie treffen andere Entscheidungen. Wenn Sie sich für sehr förmliche Kleidung entscheiden, dann bleiben Sie mit dem Wissen dabei, dass Sie so oder so „Sprüche" im Kollegium ernten. Was das angeht, können Sie nichts „richtig" machen. Jede und jeder wird das anders beurteilen.

Denken Sie daran, dass jede einzelne Person eine andere Erziehung und Sozialisierung genossen hat und Sie daher völlig anders interpretieren und „sehen" wird. Sie können nicht allen gefallen. Also entscheiden Sie, wie Sie sich wohlfühlen. Das ist wichtig.

Versuchen Sie in der ersten Zeit, vorsichtig und mit Demut zu erkennen, wie die Schule funktioniert. Welche Regeln gelten hier? Welche sind fest und vor allem: Welche sind latent vorhanden? Schreiben Sie sich Ihre Eindrücke ruhig auf und besprechen Sie das alles regelmäßig mit externen Personen. Im

Idealfall haben Sie einen festen Coach an der Seite, den Sie im Zweifel auch anrufen können, wenn etwas wirklich anzubrennen droht; an Ihrer Schule und in Ihrem Herzen.

Sie sind nun Schulleitung, wollen und sollen Dinge verändern. Beginnen Sie damit, die kleinen Dinge anzufassen. Versuchen Sie nicht gleich, das große Rad der Schule zu drehen. Fassen Sie nicht gleich die Säulen an, auf denen die Schule steht, sondern verändern Sie Kleinigkeiten. Hören Sie zu. Fühlen Sie sich hinein in das, was jetzt Ihre Aufgabe sein wird. Ganz wichtig ist hierbei, dass Sie sich Zeit nehmen.

Geben Sie sich fünf bis acht Jahre, um die Schule zu verändern. Schreiben Sie sich die Dinge auf, die Sie angehen wollen und fragen Sie sich, welchen Effekt dieses oder jenes auf jede Person in der Schule haben wird. Je weniger Effekt, desto schneller ist ein Anliegen umzusetzen. Schauen Sie nach überflüssigen Belastungen. Oft haben Ihre Vorgängerinnen und Vorgänger Dinge ganz anders bewertet, wodurch große Belastungen auf ein Kollegium übertragen wurden. Checken Sie genau, welche Bürokratie die Lehrkräfte gewohnt sind zu leisten. Vielleicht kann man hier etwas vom Druck nehmen.

Erwarten Sie nicht, dass die Lehrerinnen und Lehrer Sie sofort kennen. Geben Sie auch ihnen sehr viel Zeit. Wenn Sie ein warmer und verständnisvoller Mensch sein sollten, werden die Kolleginnen und Kollegen das erst nach einigen Jahren wissen, weil Ihr Amt oft Kühle und manchmal auch Härte verlangt. Führen Sie viele Gespräche, um Ihr großes oder kleines Team kennenzulernen. Schule funktioniert sehr stark durch zwischenmenschliche Beziehungen. Bauen Sie diese nach und nach auf.

10.3 Widerstand

Wenn Sie dann etwas fester im Sattel sitzen und sich sicherer fühlen, dann werden Sie vermutlich Dinge angehen und verändern wollen, die Widerstand zwangsläufig hervorrufen. Dann wird es schwer. Sie sollten sich klarmachen, dass niemand – auch Sie nicht – Widerstand gerne hat. Es ist kein schönes Gefühl. Wir alle wollen am Ende geliebt werden und erfahren, dass wir gut sind, so wie wir sind. Wir wollen, dass in Ordnung ist, was wir machen, und dass bitte alle erkennen mögen, dass wir nur Gutes wollen. Fakt ist aber, dass das, was wir gut finden, von anderen ganz anders gesehen wird. Einiges kommt vielleicht einer Bedrohung gleich, anderes erfordert ein Umdenken und Veränderung. Doch manche Menschen wollen das überhaupt nicht. Aber Sie möchten etwas verändern, weil Sie es verbessern wollen, weil Sie einen Missstand gesehen haben oder weil Ihnen jemand gesagt hat, dass das gut wäre für die Schule.

Überlegen Sie immer, ob Sie aktuell willens und in der Lage sind, eine harte Zeit durchzustehen. Es wird Sie Kraft kosten, über die Notwendigkeit der Veränderung zu diskutieren und sich kritisieren zu lassen. Wägen Sie auch ab, ob nicht von außen schon genug Veränderungen zu erwarten sind, die nicht von Ihnen veranlasst wurden, aber für die Sie vom Kollegium in die Verantwortung genommen werden. Gibt es eine neue Verordnung oder eine neue Gesetzeslage, die Sie in der Schule einführen müssen und die ebenfalls Widerstand hervorrufen wird? Sind Ihr Privatleben und Ihre körperliche Gesundheit aktuell in der Lage, stressige Zeiten zu ertragen und das Kollegium zu führen?

In einer Phase des Widerstands und der Teilung eines Kollegiums sind Sie als Führung entscheidend. Wenn *Sie* nicht führen, wird es jemand anders machen. *Sie* müssen stark sein und genau wissen, was *Sie* wollen.

Wenn Ihnen das alles klar ist, dann gehen Sie die Veränderung mit Mut und Freude an. Versuchen Sie, das Kollegium mitzunehmen. Bieten Sie Gespräche an. Hören Sie auf die „Nörgler", aber lassen Sie sich nicht von Ihrem Weg abbringen. Seien Sie auch bereit, auf diejenigen zu verzichten, die sowieso niemals mitgehen. Die werden nie mitgehen, egal, was Sie tun. Verzichten Sie auf die Zustimmung der permanenten Gegenfraktion. Freuen Sie sich stattdessen auf die vielen, die mit Ihnen gehen. Schauen Sie bewusst dorthin, wo Zustimmung ist. Widmen Sie den Unentschlossenen Ihre Aufmerksamkeit. So werden Sie nach und nach Menschen überzeugen.

Am Ende seien Sie unbedingt ehrlich zu sich selbst und gegenüber allen anderen. Wenn Sie die Mehrheit am Ende nicht haben, dann haben Sie sie eben nicht. Dann seien Sie bereit loszulassen und setzen Sie keine Veränderung mit Gewalt durch. Sie brauchen das Kollegium hinter sich. Werden Sie nicht zu einer Leitfigur, die niemanden mehr hat, den sie anleitet, weil sie alle auf dem Weg verloren hat.

10.4 Schwierige Gespräche führen

Je tiefer Sie in Ihr Amt eindringen und die Macht ausfüllen, desto mehr müssen Sie schwierige Gespräche führen. Ich habe immer wieder mitbekommen, dass dies für viele von uns der schwierigste Teil des Jobs ist. In den Gesprächen müssen Sie Kolleginnen und Kollegen, Schülerinnen und Schüler oder Eltern kritisieren oder zwischen zwei Parteien vermitteln. Hören Sie gut zu und sagen Sie wenig. Bekommen Sie ein Gefühl für die Situation und planen Sie Gespräche sehr gut vor. Wer ist dabei? Aus welchem Grund sitzen wir hier zusammen? Wo wollen wir gemeinsam hin? Das muss für Sie und alle im Raum zunächst klargestellt werden. Dann haben Sie eine gute Gesprächsbasis.

Achten Sie darauf, dass Sie keine kritischen Gespräche zwischen Tür und Angel führen. Bauen Sie sich „Alarmgeber" ein. Bestimmte Worte und Fragen sollten bei Ihnen sofort ein bestimmtes Verhalten auslösen. „Hast du mal eben fünf Minuten?" ist eine sehr geschickte Formulierung des Gegenübers. Sie sagt Ihnen, dass jemand mal reden muss und dass das Problem, wenn Sie jetzt keine Zeit haben sollten, eventuell größer wird und dann noch viel mehr Zeit in Anspruch nehmen wird. Dieser Satz sollte immer ein „Alarmgeber" sein und als Antwort ein „Nein" auslösen. Sie könnten es ergänzen mit den Worten: „Ich habe entweder eine Minute jetzt oder zwanzig Minuten, wenn wir einen Termin vereinbaren." Somit weisen Sie niemanden zurück, aber machen deutlich, dass Sie den Anlass des Gesprächs und auch die Person ernst nehmen.

Weitere Anlässe, alarmiert zu sein, sind Sätze wie „Das haben wir doch schon immer so gemacht" und „Das haben wir ja noch nie so gemacht". Oder auch: „Das haben wir schon einmal erfolglos probiert." Da will jemand nicht mitziehen und übt Widerstand aus. Ratsam ist, Antworten in petto zu haben: „Nur weil es damals nicht geklappt hat, heißt es nicht, dass wir es nicht nochmals versuchen können." Sie können auch mit einer Ich-Botschaft reagieren: „Warum habe ich das Gefühl, dass Sie die Veränderung nicht wollen?" Überhaupt sollten Sie ein paar grundsätzliche Knackpunkte in Gesprächen kennen und sich gut vorbereiten.

Achten Sie darauf, dass Ihnen nicht zu viele Aufgaben zwischen Tür und Angel aufgebürdet werden. Die „mal eben" im Lehrerzimmer formulierte Aufforderung, dies und das den Eltern zu schreiben, nehmen sie besser nicht als „Rucksack" mit in Ihr Büro. Gewöhnen Sie sich auch hier bestimmte Sätze an. „Bitte schick mir eine E-Mail oder lege mir einen Zettel ins Fach." Schon sind Sie das Problem in der Situation los und zeigen dennoch Bereitschaft, es anzunehmen. Grundsätzlich empfehle ich Ihnen, sich im Bereich der Kommunikation fortbilden zu lassen. Das schadet nie und bildet die Grundlage unserer Aufgabe.

10.5 Die Behörde

Im Rahmen Ihrer Tätigkeit als Schulleiterin oder Schulleiter sind Sie die höchste Instanz in Ihrem Haus. Sie haben aber, wie alle, noch jemanden über sich, die oder der Sie kontrollieren und unterstützen soll. Dezernentinnen und Dezernenten haben eine sehr schwierige Aufgabe, weil sie je nach Situation Coach, Richterin oder Richter sein müssen. Sie rufen Sie an, wenn sie Fragen haben oder sie sprechen ein klares Wort, wenn Sie einen Fehler gemacht haben.

Achten Sie darauf, dass Sie als Schulleiterin oder Schulleiter nun Teil eines Systems sind, das Sie vorher nicht kennengelernt haben. In diesem System können Sie viele Fehler machen. Die Arbeit in klaren Hierarchien und nach Befehl und Gehorsam kennen wir in Schule so nicht. Wenn Sie also neu ins Amt kommen, dann sprechen Sie mit Ihrer Vorgesetzten oder Ihrem Vorgesetzten ganz konkret alle Fragen an, die Sie beschäftigen. Diese Person wird für Sie und Ihre Schule sehr wichtig sein. Tun Sie also alles, um ein vertrauensvolles Verhältnis aufzubauen und zu ermöglichen.

10.6 Die Einsamkeit

Sie werden einsam sein. Das habe ich schon einige Male betont. Das Aushalten von Einsamkeit fällt vielen von uns sehr schwer. Es wird Tage geben, an denen Sie das Gefühl haben werden, dass Sie ganz alleine sind und niemand auf Ihrer Seite steht. In diesen Momenten sind Sie als Führungskraft gefordert. Meistens sind diese Momente sehr wichtig, für die Schule und deren Entwicklung. Denken Sie immer daran, dass es ganz egal sein wird, wie alle anderen Sie beurteilen werden. Es wird immer (!) Fürsprecher und Gegner geben. Sie werden aber niemandem gegenüber wirklich Rechenschaft ablegen müssen, sondern am Ende des Tages müssen Sie allein mit der Entscheidung leben. Nur Sie liegen abends im Bett und grübeln, ob Sie alles richtig gemacht haben. Diese Last trägt niemand für Sie. Nicht Ihre Partnerin oder Ihr Partner, niemand in der Behörde, niemand in der Schule, nur Sie! Also hören Sie nur auf Ihr Bauchgefühl und hören Sie auf Ihren Kopf. Mit welcher Entscheidung können Sie besser leben und vielleicht besser schlafen?

Wenn Ihre Entscheidung dann steht, wird es viele geben, die diese beurteilen. Sie werden den Zuspruch kaum wahrnehmen, weil diejenigen, die Ihren Weg richtig finden, oft schweigen werden. Diejenigen aber, die ihn ablehnen, werden sich schnell zusammenfinden und lautstark protestieren. Halten Sie sich in diesen Phasen aus dem Lehrerzimmer heraus und achten Sie gut auf sich selbst. Machen Sie Dinge, die Ihnen guttun. Treiben Sie Sport, essen Sie gut, lassen Sie sich etwas verwöhnen. Dann stehen Sie solche Phasen durch. Die gehören dazu, und genau dafür beziehen Sie etwas mehr Gehalt als die Lehrkräfte. Versuchen Sie, Entscheidungen und Ihre Haltung transparent zu machen in dem Wissen, dass Sie niemals alle überzeugen werden.

10.7 Gute Sorge für sich selbst

Sie haben als Schulleiterin oder Schulleiter einen sehr verantwortungsvollen Job. Sie müssen entscheiden, Sie müssen Ihren Rücken hinhalten, Sie brauchen Kraft und müssen Orientierung bieten. Ihre Aufgabe erfordert, dass Sie sehr viele Fähigkeiten haben müssen. Sie müssen stark sein und alleine sein können. Kein Mensch kann das alles immer und ohne Schwächen.

Sorgen Sie also gut für sich. Haben Sie den Mut, sich krankzumelden, wenn Sie krank sind. Es dankt Ihnen niemand, wenn Sie zur Schule gehen, obwohl Sie den Kopf unter dem Arm tragen. Wenn Sie viel Stress haben, sagen Sie wenn möglich „Nein" zu Aufgaben. Sagen Sie „Nein", wenn Sie keine Zeit für ein Gespräch haben. Schließen Sie auch dann einmal Ihre Tür, wenn manche Kolleginnen und Kollegen sagen: „Nie ist die oder der zu sprechen." Nehmen Sie sich an einem anstrengenden Tag Zeit für sich. Fahren Sie kurz weg, machen Sie einen Spaziergang, ziehen Sie sich um.

Fakt ist: Alle sehen, was Sie vordergründig tun. Niemand sieht, was Sie wirklich tun. Jeder sieht die guten Seiten Ihrer Aufgabe. Wie schwer es manchmal ist, sieht man von außen nicht. Haben Sie Mut und seien Sie gut zu sich selbst. Sie sind auch nur ein Mensch und haben Fürsorge und Auszeiten verdient.

10.8 Das Privatleben

Wenn Sie die Leitung einer Schule übernehmen, wird das zwangsläufig Veränderungen in Ihrem Privatleben mit sich bringen. Die meisten Menschen denken jetzt sofort an den erhöhten Zeitaufwand, den man hat. Das ist auch richtig. Sie werden aber auf anderen Ebenen ganz tiefgreifende Veränderungen wahrnehmen. Die Aufgabe wird Sie prägen. Die Erfahrung, Verantwortung zu tragen und erfolgreich eine Schule zu verändern, bringt neue Gefühle und somit eine neue Ausrichtung Ihrer Person mit sich. Viele haben erst in der Ausübung des Amtes der Schulleitung erfahren, wie stark sie sind. Sie wollten immer Leitung ausüben, waren aber voller Zweifel. Aber auf einmal wird man erfolgreich. Man scheitert nicht, sondern man erreicht Ziele und lernt, sich durchzusetzen. Das ändert den Menschen. Diejenigen, mit denen Sie sich privat umgeben, werden das wahrnehmen. Sie werden merken, dass Sie stärker werden oder auch, dass Sie überfordert sind oder dass Sie leiden. Wie auch immer: Sie werden sich verändern, und Ihr Umfeld muss sich ebenfalls anpassen.

Das Kapitel über Bodos Trennung habe ich geschrieben, weil ich viele Gespräche über das Thema geführt habe. Oft führt der Wechsel in die Schulleitung zu Konfrontationen in Beziehungen. Je mehr ich spüre, wer ich bin, desto mehr hinterfrage ich auch, ob das Leben, das ich führe, meines ist. Veränderungen und Neuorientierung können die Folgen sein. Das müssen nicht immer Trennungen sein. Das können auch Wohnortwechsel oder Auseinandersetzungen mit dem eigenen Elternhaus sein. Aber es wird Sie verändern, wenn Sie in Leitung gehen. So viel ist sicher. So, wie Sie Ihre Schule positiv verändern, wird auch Ihre Schule Sie positiv verändern.

10.9 Warum das alles?

Wenn Sie nun all das gelesen haben, werden Sie möglicherweise zweifeln. Warum das alles? Warum tue ich mir das alles an? Warum soll ich so eine anstrengende Aufgabe übernehmen oder habe sie bereits übernommen? Ich könnte auch wieder normale Lehrerin oder normaler Lehrer sein. Dann werde ich eben Vorsitzende oder Vorsitzender in meinem Verein und bringe mich da ein. Da sagen wenigstens alle Bitte und Danke.

Lassen Sie diese Gedanken bewusst zu. Ich kann Sie gut verstehen. Wir alle müssen immer wieder durch diese Phasen gehen. Seien Sie ruhig einmal trotzig und schimpfen Sie auf die Welt. Aber: Wollen Sie wirklich etwas anderes tun, als diesen Job auszuüben? Wollen Sie darauf verzichten, Verantwortung zu tragen, für Schülerinnen und Schüler da zu sein, Eltern zu beraten, Grenzen zu setzen, die Chancen zu nutzen, eine Schule zu verändern?

Wahrscheinlich antworten Sie: „Darauf möchte ich nicht verzichten." Denn wir Schulleitungen verändern Leben. Wir arbeiten daran, Menschen durch ihr Leben zu begleiten, sie zu verantwortungsvollen und großen Wesen zu erziehen. Wir möchten, dass sie sich so akzeptieren, wie sie sind. Wir möchten, dass sie gegen Ungerechtigkeiten aufstehen und sich wehren. Wir wollen ihnen Rüstzeug für ihr Leben mitgeben. Wir wollen, dass sie voller Ehrgeiz, Liebe und Mitgefühl durch ihr Leben gehen und es mit anderen teilen können. Das alles tun wir in der Schule.

Schulleitung zu sein, ist eine Ehre und eine Erfüllung, und sie spielt eine ganz entscheidende Rolle bei der Frage, wie sich zukünftige Generationen entwickeln. Wenn Sie darüber nachdenken, Schulleiterin oder Schulleiter zu werden, dann haben Sie das Entscheidende auf dem Weg dorthin schon geschafft. Darum: Reichen Sie Ihre Bewerbung ein!

Ihr Tjark Ommen

Literatur

Schulz von Thun, Friedemann (1981): Das Kommunikationsquadrat: Miteinander reden 1. Störungen und Klärungen. Reinbek bei Hamburg

Schulz von Thun, Friedemann (1989): Das Wertequadrat: Miteinander reden 2. Stile, Werte und Persönlichkeitsentwicklung. Reinbek bei Hamburg

Thomann, Christoph/Schulz von Thun, Friedemann (1988): Klärungshilfe 1: Handbuch für Therapeuten, Gesprächshelfer und Moderatoren in schwierigen Gesprächen. Hamburg

Fachbuch

Schemapädagogik – ein neuer Ansatz zwischen Psychotherapie und Schulpädagogik

MARCUS DAMM

Guter Unterricht braucht Beziehungen

Schemapädagogik – ein Ansatz zum Umgang mit verhaltensauffälligen Schülern

16 x 23 cm, 229 Seiten + Downloadmaterial

ISBN 978-3-7727-1196-1

€ 24,95

Alle Preise zzgl. Versandkosten, Stand 2020.

Unterrichtsstörungen sind ein weit verbreitetes Phänomen, mit dem viele Lehrende täglich konfrontiert sind. Der Band eröffnet Einblicke in typische Lebensthemen von Lehrenden, die die Unterrichts- und Beziehungsgestaltung beeinflussen können. Er zeigt effiziente Möglichkeiten, konstruktiv mit typischen Unterrichtsstörungen umzugehen, und führt ein in die Grundlagen schemapädagogischen Denkens und Handelns und in die Psychologie von Heranwachsenden mit narzisstischer, antisozialer, passiv-aggressiver und Borderline-Struktur. So können Sie tiefgründige Konflikte besser verstehen, Widerstände auflösen und Beziehungen zwischen Lernenden und Lehrenden verbessern.

Klett Kallmeyer

Unser Leserservice berät Sie gern:
Telefon: 05 11 / 4 00 04 -150
Fax: 05 11 / 4 00 04 -170
leserservice@friedrich-verlag.de

www.klett-kallmeyer.de

Kommunikation verbessern – Störungen entgegenwirken

THOMAS KLAFFKE

Unterrichtsstörungen – Prävention und Intervention

Möglichkeiten und Chancen einer ressourcenorientierten Pädagogik

16 x 23 cm, 128 Seiten + Downloadmaterial

ISBN 978-3-7727-1392-7

€ 22,95

Fachbuch

Alle Preise zzgl. Versandkosten, Stand 2020.

Unterrichtsstörungen sind für Lehrkräfte belastend. Die Ursachen liegen oft im Verhalten der Schülerinnen und Schüler. Auch das Agieren der Lehrkräfte und ein wenig motivierender Unterricht können die Quelle solcher Störungen sein. Das Buch zeigt fünf wesentliche Ansatzpunkte zur Prävention von Störungen: den Unterricht, die Gestaltung der Beziehungen zu den Lernenden, eine professionelle Selbstkompetenz, die Klassenführung und die Zusammenarbeit der Fachleute. Darüber hinaus vermittelt es ein Handlungsrepertoire für niederschwellige Maßnahmen und für den Umgang mit schwerwiegenden Störungen und Konflikten in der Klasse sowie für Schulen in „sozialen Brennpunkten".

Klett Kallmeyer

Unser Leserservice berät Sie gern:
Telefon: 05 11/4 00 04 -150
Fax: 05 11/4 00 04 -170
leserservice@friedrich-verlag.de

www.klett-kallmeyer.de